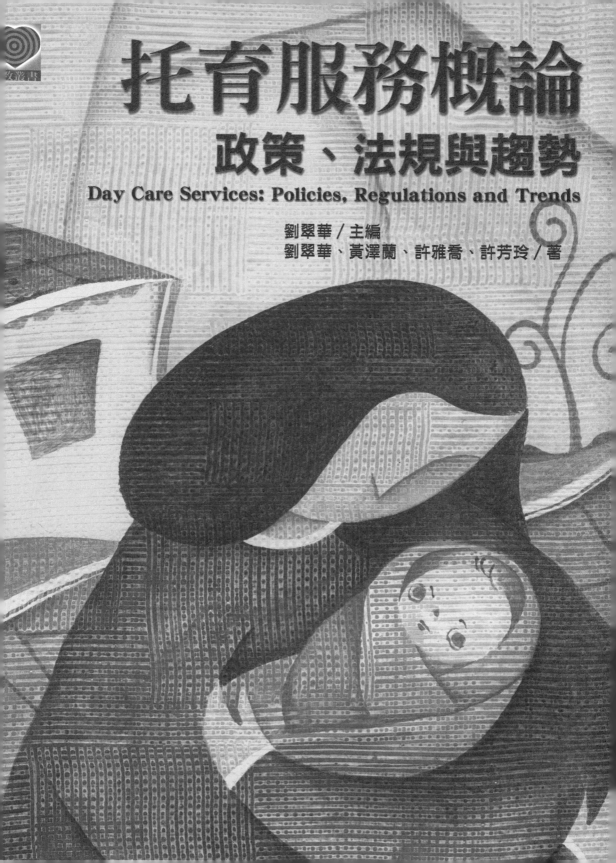

托育服務概論
政策、法規與趨勢

Day Care Services: Policies, Regulations and Trends

劉翠華／主編
劉翠華、黃澤蘭、許雅喬、許芳玲／著

主編序

　　隨著社會發展，「托育服務」成為世界性議題，也成為兒童教育與照顧重要課題，職此，政府積極從事幼托整合政策，未來不僅幼兒保育，即使幼兒教育與相關科系都需修習「托育服務」課程，因為不管教保專業人員或行政管理者都需要具備托育服務的專業知能，才能勝任托育服務工作。

　　鑑此，筆者群深感一本涵括托育服務理論與實務的大專用書實有必要，因此彙整托育服務學理以及實務面服務體系的論述，並且納入與托育服務發展脈絡息息相關之政策與法規的探討，再加入世界主要國家托育服務的介紹，以瞭解目前我國與世界托育服務的面向，最後再及於托育服務專業人員的培育與政策分析，期能集結托育服務的主要知識做為教學與實務所用。

　　本書共分四篇十四章，第一篇共三章，從托育服務的界定、發展兼及相關政策與法規的探討，引領讀者瞭解托育服務的內涵；第二篇計四章，乃針對我國托育服務的主要服務系統，例如家庭保母托育服務、幼兒托育服務、兒童課後托育服務以及特殊兒童托育服務等現況、法規與趨勢做分析；第三篇則有四章，介紹世界主要國家的托育服務現況以及政策、法規，以為借鏡；第四篇共三章，探討我國托育服務專業人員之養成與政策；最後附錄有三，收錄我國目前托育服務最新法規並提供相關法規搜尋目錄。

　　本書之完成要感謝許多人，尤其夥伴群們雅喬、澤蘭、芳玲等日夜趕稿的辛勞，同時要感謝揚智公司同仁們的支持，以及編輯

的細心編排、校對與製作。惟本人才疏學淺，尚祈先進不吝指正，以為日後再版修訂之參考，謹此致謝。

劉翠華　謹識

2007年3月

目　錄

第一篇

托育服務導論

第一章

托育服務的界定

劉翠華

本章首先界定托育服務要義與目的，藉以闡述其功能與重要性，接著分析托育服務的對象與類型。總括而言，托育服務之定義或由於觀點的不同而有所差異，但大都同意其為補充性的福利措施，且具有補充父母及家庭照顧兒童的功能，是至為廣泛的服務系統，對於兒童、家庭乃至社會具有深遠的貢獻，故其服務對象與類型也趨於多元化，才能滿足多樣化托育需求。

 第一節　托育服務意義與目的

一、托育服務意義

托育服務的定義儘管因學理角度有所差異，但是都同意托育服務為「補充性服務」。托育服務（day care services）可視為兒童福利服務中，對父母親職角色的「補充性服務」（supplementary services）（Kadushin & Martin, 1988; Laird & Hartman, 1985）具有補充父母角色暫時缺位的功能，其服務方案都應該是完整性的能使兒童受到充分照顧、保護與學習的需求（Costin & Rapp, 1984）。即當環境造成家庭正常照顧兒童功能不足時，兒童必須於一天當中的一段時間離開父母及家庭的照顧，這時需要有組織化的服務，以補充父母的家庭照顧（郭靜晃，2004）。

站在兒童與家庭本位觀點，全美兒童福利聯盟（Child Welfare League of America, 2006）於最新修訂定之「托育服務標準」（Excellence of Child Care Standards）更清楚的指出：

> 兒童托育為一項兒童的福利，用來支持兒童家庭之功能，以
> 兒童健康成長與發展為方針，並且補充家庭照顧之不足……
> 兒童托育服務應以兒童為中心（child centered）、家庭為本位
> （family focused），以家庭或機構型式團體或個人等不同的
> 方案補充父母教養的功能與責任。（p.5）

　　站在社會工作角度，社會工作百科全書（Lansburgh, 1979）中
對兒童托育的定義便更為周延：「兒童的托育是指為補充父母的
照顧與教養，而於家庭外提供一段時間的組織化照顧、督導及發
展機會，其組織與服務型態是多樣化的。父母保有養育子女的主要
責任，家庭仍是兒童生活的重心，托育服務則是由父母授權，以完
成父母不能親自照顧時的任務。提供托育服務的設施有：兒童發展
中心、『啟蒙計畫』方案、育兒學園、托兒所、幼稚園、家庭式托
兒、課前課後輔導、假期托育，以及全日托育中心等各種形式。」
（引自馮燕，1997a：92）

　　根據上述定義，托育服務有以下的意涵：

(一)托育服務乃「補充性」，而非「取代性」

　　美國「社會工作百科全書」（Encyclopedia of Social Work,
1979）針對「補充性服務」指出，托育服務乃是為了補充雙親的照
顧和教養，而於家庭之外提供一段時間有組織的照顧、督導與發展
的機會。此項服務乃是兒童福利中對父母親職角色一種補充性服務
（林勝義，2002），這項福利服務有加強和支持正向親職角色扮演
的功能（陳淑琦，1991）。

(二)托育服務組織與服務型態乃多樣化

　　托育服務組織與服務型態多樣化由父母授權，以完成父母不能親自照顧的責任（Encyclopedia of Social Work, 1979），其方式有保母照顧（baby sitter）、家庭式托兒（day care home）、托兒所（day care center）、幼稚園（kindergarten）以及課後托育中心（after school day care）等（馮燕，1997a；林勝義，2002）。因此托育服務決非只有一、兩種類別形式，而是有多樣類型，可以滿足多元需求，而且有多種主辦單位（auspice）的一個系統（system）。這個系統內有相當多分化的次系統，次系統間的邊界也不十分明確。但整個系統的主要目標已逐漸明朗：提供兒童發展之所需，補充家庭親職教養功能，因而需兼顧教育與養育的任務（馮燕，1997a）。

(三)托育服務乃選擇性

　　Costin和Rapp（1984）指出，托育服務是父母為子女所選擇的日間照顧的各種安排。由兒童的父母委託，在一天中父母不在的時間，給予兒童適當安置與照顧的服務（馮燕，1997a）；或是當家庭照顧兒童的功能在一天當中有部分時間要補充時，而提供的兒童福利服務（Kadushin & Martin, 1988），讓父母、監護人或養父母等兒童的家庭照顧者所使用（CWLA, 2006）。

(四)托育服務方案應具完整性

　　托育服務方案應該是一完整的方案，使兒童受到照顧、被保護與充分學習的需求得到滿足，因此所有的學習方案都應包括對兒童發展階段的了解、一致性的教養、支持性的情緒反應、兒童成長

及健康的關注，以及對兒童智能與社會發展有益的各種刺激與經驗
（Costin & Rapp, 1984），亦即任何形式的托育服務、任何服務的
對象都要能提供兒童發展性適宜的經驗（developmental appropriate
experiences），以培養兒童生理、情緒、智能與社會發展各方面
的潛能，並且滿足個別需求（CWLA, 2006）。易言之「保護」與
「照顧」為托育服務的首要工作，「教育」則為附帶的功能（郭靜
晃，2002）。托育服務的焦點從早期照護而發展成為維護兒童健全
成長之「全人發展」觀點（林廷華，2004），其服務方案更需完整
性。

　　綜合上述，可以知道托育服務乃為補充家庭照顧兒童功能不
足之補充性服務，在一天中的一段時間透過有組織且多樣性的服務
型式，提供父母或主要照顧者選擇，其方案是完整性的設計兼顧保
護、照顧與教育功能，以培養兒童各方面的潛能。

二、托育服務的目的

(一)CWLA托育服務的目的

　　有關托育服務之目的，最具代表性的當推全美兒童福利聯盟
（CWLA）訂定的「兒童托育服務標準」（Standards of Excellence
for Child Day Care Services），根據二○○六年修定版，CWLA托
育服務的目的與目標如下：

1. 補充性目的：托育服務的目的在於補充父母對兒童照顧、保
   護與發展的需求之不足，因此不管任何形式的服務都須具備
   有發展與組織性。在發展性的托育設計下可以提供豐富的環
   境，培養兒童身心、情緒、智能、社會及文化的潛能。同時

也可以幫助整個家庭成員追求自己的自主性與整體性目標。

2. 預防性目的：因此兒童托育也是一項預防性的服務，支持家庭養育兒童，幫助家庭處理壓力，強化家庭與兒童的聯結，而免於家庭破碎。

3. 治療性目的：兒童托育也是一項治療性服務，協助心理受創的家庭得到平復，舉凡被剝奪、中斷教養、具體虐待、貧窮、流離失所、文盲、暴力、犯罪、家庭危機等。而且兒童托育也可以用來做為協助身心障礙兒童的治療計畫，比如發展遲緩、被虐待、忽視的兒童。

根據上述目的，托育服務的具體目標有：

1. 滿足兒童在一個安全與滋養的環境中成長的基本需求，使其能健康成長與發展。

2. 提供父母夥伴關係以支持其照顧子女。

3. 扮演社區中「人力服務網絡」的整合角色。

4. 提供兒童或家庭支持性服務，並促進服務的取得。

5. 體認所有兒童間存在的差異性，並尊重其個別性。

6. 針對個別兒童提供適性發展及滿足其文化需求的服務，並定期做評估。

7. 鼓勵兒童能有自信心、好奇心、創造力、及自律的發展。

8. 提供兒童有益健康的環境，鼓勵兒童解決問題、熟習自助及學習的技巧，能做決定、投入活動、問問題、在環境中進行探究及實驗等。

9. 透過健康的社會關係及對種族與個別性的自覺提昇每個兒童的自我價值感。

10. 培養兒童與兒童間、兒童與成人間的合作及社會關係。

(二)我國托育服務目的

我國托育服務目的及其目標載明於「托兒所設置辦法」或「幼稚教育法」，兩者均強調兒童身心發展之重要性，而托兒所設置辦法則另外強調家庭需求與婦女就業權利，接下來分別加以說明：

■「托兒所設置辦法」的規定

依據「兒童及少年福利法」第十九條之「托兒所設置辦法」中托兒所設置規範第一章，托兒所以促進幼兒身心健康與平衡發展，並配合家庭需要協助婦女工作，藉以增進兒童福祉為宗旨。民國七十年八月十五日內政部修訂之托兒所設施標準明定托兒所的教保目標為：

1.增進兒童健康。
2.培養兒童之優良習慣。
3.啟發兒童基本之生活技能。
4.增進兒童之快樂與幸福。

■「幼稚教育法」的規定

依據民國七十年十一月六日公布之幼稚教育法第三條規定，幼稚教育以促進兒童身心健全發展為宗旨，而其實施應以健康教育、生活教育及倫理教育為主，並以家庭教育配合已達成幼稚教育目標，在此宗旨下，幼稚教育之目標為：

1.維護兒童身心健康。
2.養成兒童良好習慣。
3.充實兒童生活經驗。

4.增進兒童倫理觀念。

■各縣市托兒所設置標準的規定

　　以臺北市為例，九十年四月修正公布「臺北兒童福利機構設置標準與設立自治條例」，第十六條規定托育機構應提供下列服務為目標：

1.良好生活習慣的養成。
2.兒童健康管理。
3.親子關係及支持家庭功能之服務。
4.社會資源及轉介服務。
5.課業照顧及課業輔導。

第二節　托育服務的功能與重要性

一、托育服務的功能

　　托育服務的功能從兒童福利的角度來看，雖然在於補充家庭功能之不足，然而隨著社會結構轉變及教養價值觀轉變，托育服務的功能除了照顧與保護兒童的首要責任外（馮燕，1997a），亦負擔「教育」的功能（楊曉苓、胡倩瑜，2005；郭靜晃、黃惠如，2001），因為好的托育服務的確能充分達成增強兒童發展的功能（馮燕，1997b）。再者從許多工業國家的例子來看，托育服務增加婦女就業率、提升家庭品質、增加職業婦女之自我效能及自我實現（郭靜晃，1999），因此托育服務具有多元性的功能（林廷華，

2004），茲分述如下：

(一)補充並支持正向親職角色的功能

　　當父母在某些時間、因某些因素無法親自照顧子女，則可藉由各種托育服務措施，協助父母照顧子女，使子女可以暫時獲得妥善照料，以「補充」父母角色功能不足，並且進一步支持家庭運用本身資源，強化、增強親職角色功能之發揮。以臺北市為例，九十年四月修正公布「臺北市兒童福利機構設置標準與設立自治條例」第十六條規定，托育機構適當的安排親職教育及家庭訪談，以協助家庭補充其照顧子女的知識和技能，共同培養兒童身體、智能、情緒及社會發展等各方面的潛能。

(二)促進兒童身心發展的功能

　　人的早年是奠定人生架構和基礎的重要時期，已是不爭的事實。人的第一個六年，是最具可塑性和模仿性的階段，他們的身心發展大於以後的任何一個時期。無論在身體的成長及人格的形成，動作與能力、智慧、情緒、社會、語言、感覺等各方面，都有顯著的發展，而且是以後發展的重要基礎。孩子的肢體、情緒和智力的發展延伸至其一生（Gammage, 2006; OECD, 2001, 2003; DfES, 2004）。

　　為了補充家庭照顧之不足，「臺北市兒童福利機構設置標準與設立自治條例」要求托育機構應必須提供兒童良好的教保環境，有計畫的安排飲食、穿衣、遊戲等生活教育，協助兒童養成良好的生活習慣，獲得健全的成長。同時特別注意兒童的兒童健康管理，兒童正處於快速發展的階段，應加強體能活動、改善兒童營養、定期防疫注射、安排疾病治療、避免意外傷害等。尤其對於身心障

礙或發展遲緩的兒童，應提供其接受更多刺激、訓練和社會化的機會，做為復健的一部分。托兒所及課後托育中心（安親班），除前述服務項目外，並應提供單元活動或課業輔導，兼具保育和教育的雙重功能。

因此，當父母無法在某些時間照顧教育子女時，托育服務提供照顧與保護，並以「兒童為主體」提供促進兒童身心均衡發展之各種活動方案。

(三)維護家庭完整性的功能

當父母能兼顧工作與照顧子女兩者，親職角色功能之執行則能避免角色間衝突或親子關係緊張等巨大壓力（林廷華，2004），托育服務是以家庭系統，而非兒童個人系統為服務的單位對象，以維持家庭正向功能之運作。現代家庭受社會變遷結果的影響，結構與功能均發生變化，家庭本身能力不足以完成照顧子女的任務，故需透過各種正式與非正式的制度系統，來支持或補充其功能。托育服務中不論是學前幼兒托育機構，或學齡兒童課後托育中心，或受過訓練的保母，因為都是社會行政體系中督導管理的對象，所以具有社會工作專業水準，能夠為整個家庭規劃，提供其所需之服務，讓兒童的家庭能擁有更完整健全的功能（馮燕，1997a）。

(四)連結社會服務網絡的功能

Zigler和Lang（1991）指出，因為托育服務為一長久存在的社會單位，並遍布於社區內，不但容易因日常接觸而得到社區居民的信任，亦因地利之便，可以增加居民參與的動機，更可敏銳地感受到該社區的偏好與文化，所以非常適合作為提供甚且整合社區資源的中心。更多元化地使用設施資源，提供不同年齡層兒童，在不同

時間的照顧服務，甚或更有創意地結合其他資源共同提供另類照顧，以豐富社區的資源網絡（引自馮燕，1997a）。

因此，托育服務是一種綜合的服務，必要時必須連結衛生、教育、福利等相關服務的資源，或轉介兒童及家庭接受相關專業的服務，尤其是醫療及復健服務，進而建立托育服務網路（參閱「臺北市兒童福利機構設置標準與設立自治條例」）。

(五)促進企業生產力

兩性平權的社會，工作夫妻都需分攤育兒的責任，研究顯示美國企業員工三分之一的病假都在照顧孩子生病的相關事宜。有些公司讓員工攜帶子女至辦公室，結果發現辦公室更形混亂，工作大打折扣。因此許多大企業最後附設或補助托育服務，結果令工作父母安心工作，生產力大增，而且企業也因為小惠而雙贏，因為托育服務可以獲得減稅。因此Smith（1991）總結，「從企業觀點來看，幫助員工獲得托育服務的需求是一項明智之舉，托兒服務比起任何一項員工福利都來得實惠，讓企業體得以吸收菁英，改善流動率，減少缺、曠職率，提升員工生產力」，因此托育服務具有促進企業生產力功能。

二、托育服務的重要性

綜合學者專家的研究，托育服務的重要性闡述如下：

(一)以兒童為本位而言，提供並且滿足兒童發展之需要

彭淑華（1999）總結，托育服務對兒童而言，其重要性為「健全兒童發展」。許多兒童發展之相關研究均證實，兒童早期經

驗與生活環境對其日後成長與發展具有重要的影響；以人際關係發展而言，尤其以嬰幼兒與母親或照顧者之間所產生之連結，為最初也是最有影響力的關係。

　　歐美學者專家的研究也顯示幼兒階段發展的重要性，例如美國學者Bloom（1964）的研究指出，我們的智力發展在八歲以前完成了80%，且四歲以前是智力發展的關鍵期。而義大利著名幼教學家Maria Montessori（1870-1952）也指出，幼兒在五歲以前是語言、感官、肢體協調、社會情緒性等發展的重要階段，一旦錯過此一敏感期，日後很難加以補救。心理分析家Sigmund Freud（1856-1939）則主張，日後人格的建全發展與否決定於同年的經驗，人格發展在四、五歲時就已定型。

　　因此，王靜珠（1987）主張托兒所和幼稚園均應發揮相同的教育功能，對幼兒本身能夠：

1. 供給幼兒身心發展的良好環境。
2. 注意幼兒正常情緒的發展。
3. 激發幼兒的想像力和創造力。
4. 訓練幼兒基本的工作能力。
5. 鼓勵幼兒勇於參加團體活動，學習社會的禮俗和習慣，使幼兒的行動能逐漸符合社會禮儀的正常標準，以適應社會生活的需要。並可培養分工合作的組織能力、公正無私的治事態度及守法互助的生活美德。

　　總之，在家庭育兒功能不足下，托育服務不但發揮補充親職功能的不足，更透過各種發展適宜的方案以兒童為本位，提供並且滿足兒童發展之需要，是現代設社會不可或缺的服務系統。

(二)以社會福利角度看，托育服務為重要的服務輸送體系

　　根據馮燕（1997a）托育服務為社會福利體系，回應家庭功能變化所產生之社會需求而發展出的服務輸送體系。因為其服務對象為無法完全主張本身權益的兒童，所以需要政府的規範與監督，成為制度或社會福利服務系統中的一環。

　　所謂制度社會福利的功能，包括滿足弱勢者的福利需求，即所謂殘補或福利措施，與滿足一般人的福利需求，或謂預防性或發展性福利措施。換言之，托育服務的社會福利功能，即彰顯在除提供一般兒童良好照顧外，亦特別關注到弱勢兒童，如殘障兒、發展遲緩兒、學習障礙兒及其他有特殊需求兒童的照顧需求；除滿足一般工作父母家庭的托育要求外，亦會接受需臨時托育、延長時間托育、短期托育家庭的要求，而且雖然供給者可有多元發展，但政府的責任是很明確的。

(三)滿足雙薪家庭需求以及婦女就業權利

　　國內有關婦女就業與兒童福利需求之研究及資料顯示，已婚且有學齡前兒童之婦女就業人口呈現上升的趨勢，職業婦女對兒童照顧需求甚為殷切，而未就業婦女之原因以照顧子女為首因。國外學者Presser和Baldwin指出，婦女若能獲得適當的兒童照顧者暫代母親角色，大部分婦女便願意出外工作或工作更多時數（林廷華，2004）。

　　即使是西方先進國家，照顧子女還是母親的責任。母親與子女因為子宮的連結，社會價值觀仍會認為母親（或是女性）是照顧幼兒的理想人選。依據美國人口調查局一九九八年的普查資料（U.S Bureau of the Census, 1998），即使母親為職業婦女，也僅有

五分之一的父親會照顧幼兒。在雙薪家庭中，父親投入家務工作的時間僅有母親的三分之一。母親要負起90％照顧兒童起居的工作，父親的角色卻是過渡的、短暫的「協助者」角色（Lamb, 1987）（引自葉郁菁，2006：6-7）。

因此，此時托育服務的介入不但能協助家庭教養幼兒，也能聯絡家庭推廣親職教育（王靜珠，1987），滿足雙薪家庭需求以及婦女就業權利。

(四)傳承民主精神與社會價值

一個國家的生存繫於成人養育兒童的能力，是否能夠教養兒童順應並經營自己的生活朝向未來世界（CWLA, 2006）。鑒此，以美國社會的價值觀點而言，CWLA（2006）認為托育服務與其他的社會福利一樣，旨在協助兒童成長為一個民主社會中自信快樂的個體，其重要性在使得：

1. 每一個人成長為一完整的個體。
2. 任何人都享有公平的機會而有其獨特表現。
3. 每個人都有權追求自己的答案，堅持自己的看法，表達自己的信仰。
4. 每個人都有權用自己的方式追求自己的幸福。

以時代功能的重要性來看，我國學者王靜珠（1987）提及托育服務的托兒教育功能在於：

1. 加強民族精神教育，使幼兒養成愛國、守法的基本精神，以適應時代的需要。
2. 適應民主社會生活，藉以增進幼兒適應民主社會生活的能力，奠定其成為良好公民的基礎。

3.培養勤奮勞作興趣，從指導幼兒各種工作中，培養幼兒喜愛勞動與熱心服務的工作情緒。

綜合上述，可以知道托育服務深遠的重要性乃在傳承民主精神與社會價值，維繫國家民族之源源流長。

 ## 第三節　托育服務的對象與類型

托育服務（day care services）是兒童福利中重要的一個領域，更是完整的兒童福利輸送體系中，影響至為廣泛的一個環節（馮燕，1997a；林勝義，2002；林廷華，2004），在社會上的實踐是多元化的，舉凡幼稚園、托兒所、保育學校、發展學習中心、遊戲團體等（吳老德，2004），以兒童為服務對象的各類教保機構，皆為托育服務實現於社會中的種種類型。以目前托育服務的服務對象與實踐類型，有以下的區分方式與類型：

一、依服務對象區分

兒童福利服務的對象，包括零至十二歲所有兒童，依「兒童及少年福利機構設置標準」第六條規定（內政部兒童局，2004）：

1.托嬰中心：收托未滿兩歲之幼兒。
2.托兒所：收托兩歲以上、六歲以下之幼兒。
3.課後托育：收托國小課後之學齡兒童。

二、依收托時間區分

托育機構的收托時間又分為（依「兒童及少年福利機構設置標準」第七條）：

1. 半日托育：每日收托時間未滿六小時。
2. 日間托育：每日收托時間六小時以上、未滿十二小時。
3. 全日托育：每日收托時間十二小時以上、未滿二十四小時。
4. 臨時托育：父母、監護人或其他實際照顧兒童者因臨時事故送托。

三、依特殊需求區分

(一)臨時托育

臨時托育的功能是提供家長夜間加班的托育需求、延長時間的托兒，以及臨時或假日的托育照顧。或者當家庭成員、必須照顧其他人或有其他服務，或者家中有其他變故發生時，兒童的日常生活就會受到干擾，往往需要適當的托育設施與服務以支持家庭，使兒童可以維持基本的生活（馮燕，1997b）。臺北市政府首先於一九九五年創辦臨時托育與彈性托育服務的政策，提供二至十二歲兒童臨時托育服務；高雄縣政府也於一九九六年提出這類的服務（馬祖琳、梁書華、陳慧蘋、黃秀玲、張嘉琪，1999）。

(二)身心障礙兒童托育

身心障礙兒童因為生理與心理的特殊需求，更需要有專業的托育人員照顧。惟目前國內能夠收托身心障礙兒童的托育機構有限，而大部分的幼稚園、托兒所、安親班因師資、設備所限而不能收托，身心障礙兒童的教育與照顧需求更形迫切。陳美谷曾調查桃園縣國小身心障礙兒童課後托育的現況，發現僅有二成的身心障礙兒童參加課後托育，其他未參加者多半是因為照顧身心障礙兒之工作落在父母親身上，這些主要照顧者亟需托育服務的介入與協助（吳珊錞，2004）。

四、依服務性質區分

為因應雙薪家庭的增加，不同類型的托育型態如雨後春筍般產生，針對不同年齡的兒童及需求而有不同的托育機構提供不同的服務，依托育機構性質之不同，目前我國的托育方式有以下各種的名稱，呈現不同的服務性質（郭靜晃，1999）：

(一)托兒所

屬於「兒童照顧政策」之一環，其任務在協助家庭及父母分擔兒童照顧責任，依據「托兒所設置辦法」設立，以促進幼兒身心發展為宗旨，保育自出生滿一個月未滿六歲幼兒，提供適合幼兒期身心發展的學習活動。

(二)幼稚園

屬於學前教育學制，其任務在奠定幼兒接受國小教育的基

礎，依據「幼稚園設備標準」設置，以促進幼兒身心發展爲宗旨，教育四至六歲的幼兒，提供適合幼兒期身心發展的學習活動。

(三)安親班

由於雙薪家庭的增加，父母工作時間與孩子放學時間無法配合的影響，放學後兒童無法直接回家，而由安親班或課後照顧中心，提供保護、照顧、教育與輔導的服務。其法源有臺北市政府率先於一九八八年訂定之「臺北市兒童托育中心設置標準」；隨後高雄市政府社會局頒布之「兒童課後托育中心設置標準」；最後，省政府在一九八八年頒布之「臺灣省校外課後安親班輔導管理要點」，正式將安親班納入托育服務的機構之一（王順民，2005；葉郁菁，2006）。

(四)家庭托育

指利用家庭情境輸送兒童托育的服務，一樣是因應社會變遷、家庭結構改變，當職業婦女在工作時間無法善盡育兒親職時由家庭保母利用自家環境提供補充性的托兒服務（郭靜晃、黃惠如，2001），但仍保持家庭型式托育模式，能提供具彈性的托育時間以及與父母在家照顧的近似性的托育服務（吳蘭若，2006；Kontos et al., 1995）。

五、依設立性質不同區分

(一)政府設立

以照顧弱勢兒童爲優先，對收托之非弱勢兒童採分級方式收

費，以維公共資源公平運用原則。

(二)公辦民營

民間力量與政府共同設立，有以下兩大種類：

1.公私合營：由政府與民間共同提供資源共同管理經營。
2.公辦民營：由政府提供場地、設備，委託給民間經營者，主要有四種模式：
   (1)管理合約。
   (2)民間承包。
   (3)BOT：係指建造、營運和轉移（build, operate and transfer），亦即政府提供土地，民間團體負責興建，興建完成後，政府以特許方式交由民間團體經營一段期間，以作為其投資報酬，經營期滿之後，民間團體將其資產和設備轉移給政府。
   (4)特許學校：特許學校係指政府特別允許教師經營的學校。其基本理念乃一群教師或家長向主管教育行政機關，請求建立一所公立幼稚園，或在現有的公立幼稚園中實施一種特定教育方案。

(三)民間設立

民間設立可有下列幾種類型（引自吳老德，2004：86）：

1.由企業、團體、社區等組織附設，以成本價提供給其員工、成員及居民使用。
2.宗教團體或非營利組織設立，以慈善為目的。
3.私人設立：開放自由市場運作以滿足家長需求。

參考書目

王順民（2005），〈課後照顧服務的一般性考察：現況處境與未來展望〉，財團法人國家政策研究基金會，國家研究報告，社會（研）094-0011號。

王靜珠（1987），〈認識我國托兒所的社會地位與功能〉，《社會福利》，43期，頁7-11。

吳老德（2004），〈幼托整合的政策制定與立法趨勢之探討〉，《立法院院聞》，頁85-106。

吳珊錞（2004），《語言障礙幼兒主要照顧者對社會支持、家庭需求與生活品質之相關研究》，中國文化大學教育學院心理輔導所碩士論文。

吳蘭若（2006），〈以德國為境提升我國保母托育品質之道〉，《兒童及少年福利期刊》，10期，頁143-157。

林廷華（2004），〈托育服務〉，收於彭淑華總校閱，《兒童福利》，臺北：偉華，頁135-153。

林勝義（2002），《兒童福利》，五南。

馬祖琳、梁書華、陳慧蘋、黃秀玲、張嘉琪（1999），〈托育機構辦理臨時托育服務之探討——以臺北市與高雄縣為例〉，《社區發展季刊》，88期，頁295-304。

郭靜晃（1999），〈托育服務工作專業及專業倫理〉，《社區發展季刊》，86期，頁143-148。

郭靜晃、黃惠如（2001），《托育家庭的管理與佈置》。臺北：揚智。

郭靜晃（2004），《兒童福利》。臺北：揚智。

陳淑琦（1991），〈托育服務〉，收於周震歐主編，《兒童福利》。臺北：巨流。

彭淑華（1999），〈嬰幼兒托育導論〉，收於蔡延治、羅瑩雪、彭淑華等著，《嬰幼兒保育實務》。臺北永大書局，頁47-83。

馮燕（1997a），《托育服務：生態觀點的分析》。臺北：巨流。

馮燕（1997b），〈家庭需求與福利政策- 制定福利政策的探究〉，《臺大社會學刊》，25期，頁141-178。

楊曉苓、胡倩瑜（2005），〈臺北市合格家庭保母托育現況及托育服務品質認知之研究〉，《兒童及少年福利期刊》，8期，頁1-32。

葉郁菁（2005），〈托育服務導論〉，收於葉郁菁主編，《托育服務》。臺北：心理，頁1-16。

Child Welfare League of America (2006). Retrieved Dec 24 2006 from HYPERLINK "http://www.cwla.org/programs/standards/standardsintrochilddaycare.pdf" http://www.cwla.org/programs/standards/standardsintrochilddaycare.pdf.

Costin, L. B. & Rapp, C. A. (1984). *Child Welfare Policies and Practice*. NY: MaGraw-Hill Book Co.

Department for Education and Skills (DfES) (2004). *Five Years Strategy for Children and Learners*. Norwich: HMSO.

Gammage, P. (2006). Early childhood education and care: politics, policies and possibilities. *Early Years*, 26 (3), pp.235-248.

Kadushin, A. & Martin, J. A. (1988). *Child Welfare Services* (4th ed.). NY: Macmillan.

Kontos, S., Howes, C., Shin, M. & Galinsky, E. (1995). *Quality in Family Child Care & Relative Care*. NY: Teachers College Press.

Laird, J. & Hartman, A. (eds.) (1985) A Handbook of Child Welfare-Context, Knowledge and Practice. NY: The Free Press.

Lamb, M. E. (1987). Introduction: The emergent American father. In M. E. Lamb (ed.). *The Father's Role: Cross-Cultural Perspectives*. NJ: Erlbaum.

OECD (2001). *Starting Strong: Early Childhood Education and Care*. Paris: OECD.

OECD (2003). *OECD in Figures: Statistics on the Member Countries*. Paris: OECD.

Smith, B. (1991). On the outside looking in: what patents want from child care. *Personnel*, September, 1991.

U.S Bureau of the Census (1998). While moms work, dads or other relatives provide primary care for pre-schoolers. *Census and You, April*.

Zigler, E. & Lang, M. E. (1991). *Child Care Choices*. NY: Free Press.

第二章

托育服務演進與現況

劉翠華

　　以現代學理對於人類的兒童階段，咸認為由於其個體身心發展未達成熟階段，不能獨立生活，必須依靠成人的養護和教育，使其身心發展健全，奠定將來做人處世的良好基礎，成為國家的好公民（黃志成，1995）。生態學家及人類學家亦指出人類的孕育及出生型態，註定了比其他生物擁有較長的嬰幼期，人類家庭的形成即是基於此需要（Altmann, 1987）。因此在整個嬰幼期，幼兒完全由母親照顧的情形，在人類物競天擇的奮鬥史中並不多見，育幼（child care）從宗族、社群的責任分擔，到現代社會已成為普世的作為，包含對幼兒保護、養育及教育等方面的一切措施，包括對身體的保養和維護心靈健全的發展，並以生理學、教育心理學、發展心理學、人類社會學、醫學、營養學為依據，應用科學方法來養育和教養孩子，使其獲得身心的健康，成為社會的中間分子（馮燕，1997；Bailey, 2002; CWLA, 2006）。

第一節　西方國家托育服務的演進

一、西方國家托育服務起源與發展

　　在西方托育服務的演進可以溯源到漁獵與採集社會為濫觴（馮燕，1997），其發展軌跡主要受到兩大因素影響所致：(1)幼兒期教育重要性受到重視；(2)保護、養育以及被遺棄幼兒之需求（林廷華，2004）；而在近代工業社會中，其政策發展又受到兩大意識的影響：(1)女性勞動力的需求；(2)性別平權的倡導（Michel & Rianne, 2002）。

在西方社會育兒是與社會共長久的文化責任，有史以來家庭成員、親戚、乃至社群都需分攤育兒的責任，幼年期的保育與教育是重要的任務，此與今日情況並無二至。不同的是，在游牧、漁獵的原始社會，育兒這項重要的工作，由族人共同分擔，而在今日現代社會育兒的重要性一樣不減，只是其照顧的方式已經跨越原生社群（區）。特別是在十九世紀與二十世紀初，隨著勞動市場的需求，越來越多的婦女就業，向外尋求托育的支援與日俱增（Glenn, 2006），而家庭外的或機構式的托育服務則應運而生。

至於機構式托育服務源起的考證，於一七六七年，由法國路德會牧師Jean Frederic Oberlin在Alsace所創設，名為「幼兒保護所」，主要收托因戰禍或貧困而被遺棄之六歲以下的幼兒，並給予知識、道德及宗教方面的基礎教育（許興仁，1983），也為替下田母親照顧孩子而開設日托學園（garderie）。而法國最早的托育服務，是一八四〇年工廠設立的Crgoches，收托女工的幼兒，而Societe des Creches於一八六九年得到法國政府認可，訂定設施標準且給予補助，接著托兒所在歐洲許多工業區如雨後春筍般成立（Glenn, 2006）。

而托兒所與幼稚園概念的浮現，根據文獻則可源於一八一六年，英國Robert Owen於蘇格蘭新蘭納克紡織廠附近，為其工人子女創立幼兒學校，此為英國第一所招收三至十歲兒童的學校，創設目的是為了協助婦女解決托育問題，因此有學者將此學校視為托兒所之起源。一八四〇年Foriedrich Froebel於德國布朗根堡創辦了世界上第一所幼稚園Kindergarten（許興仁，1983）。

以因應母親工作而需要日間托育的出發點，到了第二次世界大戰更是大量需要，以英國而言，由於戰事的延燒，母親必須為後勤資源工作，托兒服務顯著擴張。戰後，雖然男人歸位，女性回到廚房，但是對優質幼兒教育與保育的信念卻越來越重視。其

實早在一九二〇年代，幼兒教育的信念隨著當時的幼兒教育哲人的理念與行動如Friedrich Froebel、Maria Montessori1、Margaret McMillan漸漸深植人心。在英國，從六〇年代的「遊戲團體」（play group）推展，到了一九九五年間私人托育機構已經成長了五倍（Penn, 1995）。現在則因應聯合國「兒童權利公約」（The UN Convention on the Rights of the Child, 1989）所提「家長應擁有權利獲得兒童照顧的協助（第十八條第二款）」，「得以充分就業」（第十八條第三款）。在此前提下，女性要能充分獲得平等的公民權以參與就業或取得教育機會，其關鍵便在於是否擁有「獲得兒童照顧的協助」，因此英國政府研擬「全國兒童照顧策略」（National Child Care Strategy），希望與民間共同推動英國托育服務政策（Randall, 2001）。

而以兒童學習與發展爲中心的托育服務機構，則爲一九〇七年由Montessori博士在羅馬創立之「兒童之家」（Children's House），其目的在於提供兒童發展活動機會之環境，所有設備、生活用具、教玩具皆以幼兒爲中心，旨在發展幼兒自主精神與生活能力，並以感覺、日常生活技能以及智能發展等領域納入托育服務之教育內容（劉翠華，2007）。

至於托育服務政策的發展，基於養育與照顧兒童是社會延續長存之所繫，有健康的幼兒才有健康的社會，托育服務的重要性不容忽視，因此近代西方國家均試圖擬定適合自己國情的托育服務政策，所以各國政策走向也各異其趣。以歐洲而言，托育服務不是由國家提供就是由國家資助或督導。例如法國與義大利將托育服務含括在公立學校系統，匈牙利有超過三千家以上的國家托兒所，在瑞典有60%以上的學齡前兒童在公立托兒所接受托育服務。

而以托育服務的「可及性」（available）政策而言，則與婦女就業比率有關，西班牙與葡萄牙因爲婦女就業相對較低，所以在托

育服務提供性較低，而在瑞典、丹麥、芬蘭等高婦女就業率的國家，則製定高可及性的托育服務政策，提供高可及性的托育服務。在澳洲與德國則因婦女選擇兼職情形，在托育服務的政策與提供上則趨向中庸。至於美國，則是在少數的工業先進國家中，沒有全面性政府補助的托育服務政策，雖然有一些法案陸續通過補助父母托育花費，但是都是片面的立法（Glenn, 2006），因此美國托育服務目前仍在多元發展模式整合中（吳老德，2004）。

二、美國托育服務發展

　　美國托育服務發展到今日尚未成為由政府全面負擔的福利服務，人民仍需負擔絕大部分的托育服務責任與費用，對於這一個全世界最富強並且擁有最大量兒童教育與發展研究的國家，實在值得一探究竟。從歷史的軌跡可以看出美國托育服務的演化過程主要受到政治、社會與經濟的決策影響，因此政治「決策者」與「政策」就成為美國托育服務發展的關鍵（Cohen, 2002; Ng, 2006）。

　　Cohen（2002）從政治與政策的角度檢視美國托育服務的發展，認為影響美國托育服務發展的並不只是婦女就業或單純的兒童福利問題，政治的問題以及政策的擬定才是主要因素。基於對美國托育服務政策三十年的觀察，總結美國近代托育服務的發展有三個關鍵期：(1)一九七一年美國Nixon總統否決「全面托育服務」法案（Comprehensive National Child Care Legislation）衍生出一九八〇年代重要法案的通過，如第二十號法案（Title XX）等，開始由聯邦政府補助州政府托育服務；(2)一九〇〇年通過第一個非與福利綁在一起的兒童托育辦法——「兒童照顧與發展綜合補助款」（Child Care and Development Block Grant），讓托育服務正式成為聯邦法案；(3)一九九六年福利改革法案之「個人責任與

工作機會促進法案」（Personal Responsibility and Work Opportunity Reconciliation Act, PRWORA）展現聯邦政府正視托育服務的法案，對具有托育服務政策具有實際之影響。

郭靜晃（2004）則從美國兒童福利政策觀點，分析美國托育服務的發展，主要受兩個因素之影響，而演化出七個階段。此兩個影響美國兒童福利服務發展的重要因素為：(1)觀念、知識的改變：由於人道主義與科學知識的發展，美國逐漸重視兒童的人權，加上心理學與兒童發展理論的研究盛行，都有助於催生兒童福利的專業服務制度與相關法案。(2)社會、經濟與政治的演變：美國社會在歷經一九三〇年代的經濟大蕭條、一九六〇年代的石油危機，與一九八〇年代的貧窮家庭增加等社會變動後，再加上婦女勞動參與率的增加，美國社會逐漸重視兒童個體及其發展的價值，聯邦政府不得不開始重視兒童托育的議題，政府除了編列預算經費，也促成兒童托育服務機構的設置。其發展階段大致分為：(1)萌芽期（一九〇〇年以前）；(2)啟蒙期（一九〇〇至一九三〇）；(3)創建期（一九三〇至一九六〇）；(4)大社會期（一九六〇至一九七〇）；(5)合夥期（一九七〇至一九八〇）；(6)新聯邦期（一九八〇至一九九〇）；(7)調整期（一九九〇年以後）等階段。

馮燕（1997）從社會工作發展之角度檢視美國托育服務之發展，認為美國托育服務起始於解決外出工作婦女育兒需求之保育學校與幼稚園，隨後跟著美國的政治、經濟、社會以及婦女政策等演變，托育服務成為中產階級的福利服務，其發展可分為五時期：(1)第一次世界大戰前（二十世紀初至一九二〇年）；(2)第一次世界大戰後（一九二〇至一九四〇年）；(3)第二次世界大戰（一九四〇至一九四五年）；(4)第二次世界大戰後（一九四六至一九六〇年）；(5)福利革命期（一九六〇至一九八〇年）。

綜合上述，不管是從社會工作的觀點或兒童福利的角度，美

國托育服務的演化可以從美國歷史重要分期尋找軌跡，同時與其各歷史分期所實行之政策與法規息息相關，以下歸納學者專家的看法（例如林廷華，2004；馮燕，1997；陳正宏、詹雅喬；2006；Rose, 1999; Michel & Rianne, 2002; Cohen, 2002; Glenn, 2006）檢視美國托育服務與其政策法規之發展。

(一)殖民地時期至十九世紀

殖民地時期不管漁獵的美國原住民或來自歐洲的農工移民都指望婦女加入勞動生產，托兒的需求因此產生，也演化出不同的形式。印地安人將孩子交由族人照顧，歐陸移民由親人互助或僕人代勞，甚至在某些殖民社區有所謂的「貴婦學校」（dame school）提供粗糙托育服務，收托從斷奶後的嬰幼兒，是最早的托育機構形式。

工業革命後，婦女勞動場所從農田移到工廠，儘管當時社會極力倡導男人養家、女人做個好母親（Republican motherhood; moral mother），但是事實證明女人也需要養家活口，因此在女權運動的倡導下，一七九八年費城婦女會在費城首先成立名為「工廠之家」（House of Industry）的托兒所（day nursery），從此影響之後至一九〇〇年間數百家托兒所之相繼出現（Rose, 1999; Michel & Rianne, 2002）。

其中，一八二八年的波士頓嬰幼兒學校（Boston Infant School），一般認為是美國第一家托兒所，提供十八個月至四歲大幼兒的托育服務，以使貧窮家庭的母親能夠出外謀生，讓這些年幼經濟、文化不利的兒童能夠脫離貧窮。一八五四年起，美國紐約市醫院中成立照護與兒童醫院（Nurse and Children's Hospital），仿照法國托育模式，由護士替產後需回去工作的母親照顧嬰兒。為內

戰時因母親們需縫征衣，並至醫院擔任清洗及看護義工，而開辦的永久性托兒所。一八八○至一九九○年代這段時間為因應歐洲地區的移民潮，許多類似的機構應運而生，女權運動組織更於一八九三年在芝加哥創設一永久性組織，名為全國托兒所聯盟（National Federation of Day Nurseries），共有一百七十五家美國聯邦日間托兒所參與，而且提出幼兒托育設施的第一份設置標準，其目的是要示範高標準、高品質的托育服務（model day nursery）。

(二)二十世紀至第一次世界大戰後（一九○一至一九四○）

婦女加入勞動市場比例升高、兒童發展研究與理論使得幼兒成長環境議題獲致普遍重視，一九二○年一些州政府陸續設立實驗托兒所，進行兒童托育方面的研究，以促進托育服務的發展。這些托兒所多設立於鄰里服務中心、教會及社會服務機構，服務對象為低社經地位家庭（含單親家庭），使勞動父母沒有後顧之憂，以維持生計。

一九三○年代，新政因應經濟蕭條，於公立小學開設幼兒團體托育服務；同時社會工作專業之萌起，社會個案工作多用於服務弱勢家庭，甚至用於審查家庭使用托育服務資格之標準。一九三三年「聯邦緊急救濟法案」（Federal Emergency Relief Act）與勞動發展部門（Works Progress Administration; WPA），在經濟大蕭條時期提供聯邦基金以補助一千九百所陷入困頓之托兒所（the Emergency Nursery Schools），一九三五年「社會安全法案」（Social Security Act）第五款通過，條文內容規定透過州政府的公共福利部門獎助兒童托育服務與研究。

到一九三八年，NFDN改組成NADN（National Association of Day Nurseries）繼續推動托育設施的設立，及服務品質的標準化，

後並於1943年合併入全美兒童福利聯盟（Child Welfare League of America, CWLA）。

(三)第二次世界大戰期間（一九四○至一九四五）

因應快速而來的婦女就業問題，一九四一「連漢法案」（Lanham Act），又稱為「第一三七號公共法」（Public Law 137）為幫助職業婦女，編列經費預算並廣設兒童托育中心。此法案共編列了五千一百九十二萬美元的聯邦基金及兩千六百萬美元的州立基金，補助法案底下設置的三千家兒童托育中心，總計超過十三萬兒童。透過「連漢法案」，原本在WPA支持下的托兒所得以繼續維持，但是根據估計，這些托兒所只能提供美國社會不到40%的兒童接受托育服務需求。許多職業婦女在找不到正式的托育服務之下只能轉而尋找其他非正式的資源，例如寄養在親戚家、鄰居輪流照顧、由兄姊代為照顧等方式，也因此漸漸出現「鑰匙兒」（latchykey child）這名詞。

(四)第二次世界大戰後（一九四六至一九六○）

大戰結束後，美國政府鑒於WPA與Lanham Act都是非常時期政策，於是在戰後陸續停止托育機構補助，使得戰時成立的托育中心（Emergency Nursery Schools）大幅關閉。然而婦女出外工作比例並未下降，托育需求仍然存在。這段期間，政府幾乎完全放棄托育服務的責任，此時民間托育機構市場（market-based services）應運而生，因應日增之就業婦女育兒需求，有營利的也有非營利的機構，也有商業化組織的托育型態，有家庭式的托兒服務，品質差異懸殊，規定也紛陳不一。一九五四年通過之托育減稅法（child care tax deduction）亦促使企業主補助員工托兒，使民間市場越形

熱絡。然而民間志願服務機構所辦托育服務，大多以低社經地位人口群為優先對象，以致逐漸形成托育服務為服務弱勢族群之福利服務。

(五)社會福利躍進期（一九六○至一九九○）

一九六○年成立National Committee for the Day Care of Children，簡稱NCDCC，於一九六八年改組為Day Care and Child Development Council of American。此官方組織結合社會工作與教育基礎，並致力於普及托育服務，國會1964年提出「啓蒙計畫」（Head Start Project）方案，促成聯邦政府補助社區托育與教育機構迅速在各地普遍設立，開始運作並專款補助，強調父母的教育及參與親職照顧活動，與及早教育學前兒童一樣重要，主要目的是促進環境、經濟不利的兒童能獲得補償性教育，使其早日脫離貧窮，幫助三至五歲低收入家庭的學前兒童，有接受高品質教育與照顧的機會，成為弱勢的永久性「幼教」公共政策，由於其成功的解決托育問題，九○年代已被普遍肯定是成功的托育服務模式，是教保合一的成功示範。

一九六二年隨著勞工福利法增修，企業補助或辦理托兒服務獎勵辦法，相關企業托兒服務如雨後春筍展開。

一九七一年「全面性兒童發展法案」（Comprehensive Child Development Act）提供兒童托育基金給接受福利者、開創附加性兒童托育服務者，根據家庭的收入與依賴人口數，收取他們負擔得起的費用，並有擴大啓蒙計畫等方案，但因冷戰的關係遭Nixon總統否決。

一九八一年「公共法案」第九七三五號（Public Law 9735）規定了日間托育中心的最低管理標準：成人與兒童的比例、收托人的

數量與托育人員接受的專業教育訓練等。同年,原屬社會「安全法」第二十號法案（Title XX）的基金納入社會服務基金（Social Service Block Grant）的範疇,補助各州與地方的社會服務項目,其中也包括托育服務。

一九八八年通過「家庭支持法案」（The Family Support Act）強化職業訓練與就業安置,也包含在家照顧小孩而無法求學或工作的母親。除了強調追究生父的撫養責任之外,該方案另一特色,就是撥款補助AFDC受惠者在其求學、接受職訓,甚至找到工作後一年內所需的托育費用,而且由家長自行選擇托育設施,但是直到九〇年間僅有13%至15%兒童受惠,因此尋求能普及且實惠的托育服務政策成為九〇年代的重要立法方針。

(六)福利改革期（一九九〇年以後）

九〇年代由於柯林頓政府的「福利改革」（welfare reform）,引發大眾對托育服務「質」與「量」的關注,隨著各項工作相關法案的通過,兒童福利與工作福利又緊密的綁在一起。例如「家庭及醫療假法案」（Family and Medical Leave Act,簡稱FMLA）,企業必須讓勞工可以在有生產、新生兒、親生或收養的子女、直系親屬或勞工自己發生嚴重疾病等情況時,在一年當中請假十二個星期,請假期間,年資和保險照算,而且銷假可以回到原工作,或相當的工作崗位上。然而這項法案只適用於五十人以上的公司行號,對廣大的中、小型企業或服務業的從業人員而言,則無法享受這項家庭照顧功能的保障。

一九九五年兒童托育局（Children Care Bureau, CCB）成立,隸屬於美國兒童、青少年與家庭部（Administration of Child, Youth and Family）,針對所有的美國家庭提供有品質的、價格合理的及

普遍可獲得的托育服務。透過撥款補助低收入家庭，以使父母外出工作謀生；提供適當的托育服務給參與教育或職業訓練的家庭，以減輕家庭育兒負擔，增進托育品質。

延續一九九〇年ABC（Act for Better Child Care Services）法案，聯邦撥款資助全國「啓蒙計畫」幼兒園以提升托育品質，同時通過設置「兒童照顧與發展綜合補助款」（Child Care and Development Block Grant, CCDBG），幫助低收入家庭接受公共救助並獲得適宜的托育服務，讓低收入戶家長有時間去工作或參與教育訓練。

接著是一九九六年的「個人責任與工作機會促進法案」（Personal Responsibility and Work Opportunity Reconciliation Act, PRWORA）， 柯林頓總統提出兩次才通過立法，其殷切乃直接關係貧窮婦女就業需求以及托兒服務之不足。此法案又稱104-193號公共法（Public Law104-193）規定各州政府要把75%的經費直接用在補助貧窮家庭上，25%則是用來改善各種兒童托育服務的品質。立意雖好但是根據最近美國健康與人類服務部的調查顯示，該項基金方案（照顧發展基金方案）僅協助了美國境內十分之一有資格的家庭，之所以成效不彰，可能是因是法案中規定了州政府的配合款責任，使得一些財政較爲困窘的州，根本不主動申請，而造成執行不力的情形。二〇〇二年當PRWORA法案重修時，關於普遍大眾之托育需求以及對「優質托育服務」（quality child care services）的殷切期盼，有一番熱烈的辯論，可惜的是，尋求普世作法仍付之闕如，由於立法涉及托育服務公私立區塊利益，如何整合共識、匯集力量，是美國托育服務政策最大的挑戰。

第二節　我國托育服務的演進

　　我國托育服務的發展，包括政策與法規，受到政治情勢與經濟結構的不同而有其階段性的發展過程，大致可以一九四九年作為分水嶺，一九四九年之前幼兒教保及其相關法規於大陸地區的發展，一九四九年之後政府播遷來臺，除延續臺灣地區於日據時期原有的幼教發展，也同時將國民政府在大陸地區的教保政策帶入臺灣。從這些發展階段，同時也可以溯源托育服務的相關政策與法規，並窺見我國托育服務形態：幼（幼稚園）托（托兒所）雙軌制的發展。以下參考學者的論述分期詳述（例如徐千惠、李美玉、黃文娟，2005；吳淑菁，2005；林廷華，2004；馮燕，1997）。

一、國民政府來臺前之托育服務發展

(一)民國以前

　　我國古代托育服務機構的產生或可推宋代的「義學」，日間收容貧寒子弟，但是以教育功能為主，而且就其功能來看，推測受教者當屬較大的學齡以上兒童。幼兒教保雖然在我國歷史脈絡中存在著特定的教育角色，但是在保育制度上一直是沒有正式的教保體制，所以也沒有托育相關法規的產生。

　　清朝末年，一九〇四年（清光緒二十九年）「奏定學堂章程」（亦稱癸卯學制）的頒行，在學制中納入「蒙養院」，蒙養院附設之「育嬰堂」專為保育三至七歲幼兒為幼兒教保納入學制之

始。該年，我國第一所幼稚園也在湖北武昌設立。

　　一九〇四年制訂「奏定蒙養院及家庭教育法章程」，其中共分：「蒙養家教合一」、「保育教導要旨及條目」、「屋場圖書器具」及「管理人事物」等四章。這是我國首度對於幼兒教保的對象、目標、實施方式、設備器具、人事管理等做出明確的規範。「蒙養家教合一」章之「保育教導要旨及條目」指出兒童教保的概念爲「保育教導要旨如下（外國所謂保育，即係教導之義，非僅長養愛護之謂也。茲故並加「教導」二字以明之）」（翁麗芳，1998；王靜珠，2002；徐千惠等，2005）。

　　從上述可以知道對於幼兒教保在清末已經有「教保合一」概念，含括「教育」及「保育」的雙重意義。

(二)民國以後

　　一九一三年國民政府公布「壬子癸丑學制」，在此學制中雖仍將幼兒教育納入學制，但對於修業年限也未做明確的規定，並將原清末使用的「蒙養院」名稱更改爲「蒙養園」。翁麗芳（1995）認爲名稱的修改一來是呼應新學校系統的「學堂」爲「學校」，二來是提升幼教機構形象，將「蒙養院」附設於救濟機構的形象，提高到學校附屬及可獨立設置「蒙養園」的教育機構地位。

　　接著由於北洋軍閥政府掀起教育復辟，「壬子癸丑學制」實行後只有四年便行中止。在此時期，對於幼兒教保並未做太多的重視，未做大改變。僅在一九一五年「國民學校令」及其之後的「國民學校令施行細則」對幼稚園設立情形與招生年限做出規定，例如：

　　「國民學校令」第十一條：「國民學校得設置蒙養園」。

　　「國民學校令施行細則」第七十二條：「蒙養園以保育滿三

周歲至入國民學校年齡之幼兒爲目的。」

此兩項法規雖對於幼兒教保對象做出規定，但其在條文中也僅視蒙養園爲國民學校的「附屬」單位，但未見有關幼稚園實際運作內容的相關法規（洪福財，2002）。

一九二〇年民間成立的「香山慈幼院」，可能是我國最早的機構式托育服務（馮燕，1997），院中第一校即爲「嬰幼兒教保園」，一方面訓練保母人才，研究推行嬰幼兒教保方法，一方面收容孤苦無依兒童，使其獲得良好環境健康成長設置（王靜珠，2002），因此我國托育服務最早期仍是以提供不幸兒童教育機會而舉辦的福利設施。

一九二二年教育部亦公布實施「新學制」，開始確立「幼稚園」的名稱，並規定「幼稚園收六歲以下之兒童」，奠下了學前教育在學制內的一個基礎。一九二九年八月，由國民政府公布「幼稚園暫行課程標準」，一九三二年公布「幼稚園課程標準」，此爲我國最早對幼稚園課程標準訂出統一標準之法規。一九三九年，教育部於「幼稚園規程」中對於我國幼兒教育的目標、招生方式與課程等做出明確規定，並於一九四三年後頒布「幼稚園設置辦法」（徐千惠等，2005）。

在同一時期，一九三〇年代至一九四〇年代前半，由於抗戰帶來生產力需求，出現了公辦的、便宜的，以廣納中庶民幼兒爲目的的幼托組織，以「托兒所」、「保育院」等爲名稱（翁麗芳，1998）。例如一九三三年，政府擴大原幼稚園功能，加入了「嬰幼兒教保園」，以訓練不幸婦女爲保母人材，使能自立；更於一九三四年增設「家庭總部」以模擬家庭方式，施以生活教育訓練爲主要功能，並採用個案工作方法，幫助貧苦的家庭兒童，能在日間「上學」時，得到正常發展過程中的各種學習機會。馮燕

（1997）認為，該家庭總部之實施可算是我國首度正式托育機構的創辦。

　　一九四〇年，內政部頒布「私立托兒所監督及獎勵辦法」，社會部根據此辦法，在各省設置示範托兒所，並通令各省市，規定每一工廠或礦場均須設立托兒所，國營事業編列預算支付，民營事業則在職工福利金項下撥付。其間，則有由民國三十年開始的戰後復元工作，由行政院善後救濟總署獲得聯合國資援，在各地開辦以提供營養（牛奶、食品、麵包等），醫藥和基本知識訓練為主的「保健館」、「教養站」、「托兒所」等日間托育設施（引自馮燕，1997）。

　　從上述可以知道從清末至國民政府，均視幼兒教保就是「保育教導」。而國民政府一方面從「善教」政策的觀點，認為托兒所是兒童教育的基本出發點，故劃歸在兒童教育範圍之內；另一方面又以兒童福利的觀點，在行政管理上，將托兒所隸屬於社會部統管，從此立下我國托育服務「雙軌制」的開端，導致今日幼托整合的問題。因此，於探討我國托育服務的發展脈絡時，必須兼及「幼稚園『教育』」與「托兒所『保育』」這兩個我國早期最主要的托育服務型式之溯源與發展。

二、臺灣之托育服務發展

(一)日據時期之托育服務

　　日本人為加深民眾的皇民化思想，乃透過托兒所的教保活動來做為同化思想的一種手段。根據記載，日本人為移民婦女工作需要，而由日本愛國婦人會臺灣本部臺東廳分會，於一九二八年於臺

東設立鹿野托兒所，後各地亦陸續仿效開辦，功能均在為從事農務的婦女分擔育幼工作，但其主要收托對象則僅限於日本人子弟。至於最早收托臺灣人的托兒所，則是一九三二年在新竹州「銅鑼庄三座厝」開辦的「三座厝農繁期托兒所」（翁麗芳，1998）。

(二)萌芽期（光復初期至一九七七）

從光復初期至一九七七年間，臺灣托育機構從無到有，其雛形可溯及日據時期的農忙托兒所，隨著政府當時的政策，使得「村里托兒所」在這十數年間建立起一個獨特的托育服務體系。一九五五年內政部發布「托兒所設置辦法」，次年起推行「農忙托兒所」，使原本屬於短期性質的「農忙托兒所」，只有在收成忙碌的時候，因應農忙時期婦女下田才有的托兒服務，到後來發展成常年、固定性，甚至一鄉一里均設有的「村里托兒所」，可以說是臺灣托育服務的萌芽期。

政府為重整戰後的臺灣，鼓勵全民一起奮鬥，而當時臺灣的經濟以農業為基礎，婦女在農忙之際，均得下田幫忙，無暇照顧年幼的孩童，政府為解決農民的困境，一方面讓他們能安心的工作，一方面讓兒童能有良好的照顧環境，一九五五年委託省政府社會處統籌，會請農林廳、財政廳、省農會等單位協助研擬相關推行辦法與規章，在各地鄉鎮市陸續成立「農忙托兒所」，供農婦在忙碌之餘有一托兒的地方，這也是臺灣設立托育機構的開始。其法源為一九五五年內政部發布「托兒所設置辦法」，法中除規定托兒所的設置、人員、行政等各項標準外，並明訂省（市）主管機關需另訂定「季節性、流動性或固定性農村村里托兒所」的條件。

農忙托兒所於一九五六年普遍推行，規定全省各鄉鎮，均要設立一所，每所至少要三班。到了一九五八年逐漸改為常年固定

舉辦之「農村托兒所」。主辦單位各地不一，有鄉鎮公所、有農會、漁會、婦女會、民眾服務站，或地方熱心人士。這些托兒班所僱之保育員並無資格要求，設備亦不講究，多半利用現成的房舍或社區（民眾）活動中心。到一九六二年底，全省二十一縣市設立示範農村托兒所，有一百四十二所「村里托兒所」，收托一萬三千七百八十名兒童。

一九六〇年臺北市通過臺北市立托兒所收托辦法，開辦市立托兒所，在各行政區開設一所，以優先收托低收入戶及清寒戶兒童為目的。

一九六八年起政府除獲聯合國兒童福利基金會（UNICEF）物質支援外，又向世界糧農組織申請物資支援，簽訂五年擴展村里托兒所計畫；到一九七三年政府為了要得到聯合國兒童福利基金會的援助，促成兒童福利法通過，轉而由政府全面接管托兒所業務，是年底共有一百九十二所村里托兒所設立。

一九七七年起，政府委託教育單位辦理保育人員進修課程，「村里托兒所」的設置也不再只侷限於農村地區，相反的，已擴及至各個社區之間。村里托兒所係由鄉鎮公所、農會、婦女會、民眾服務分社或國民中小學所主辦，負責各項業務的推動與督導。其托育的場地大多是社區活動中心、集會所、廟宇或國小的空教室（邱志鵬，2002）。

(三)發展期（一九七八至一九九二）

此時期為臺灣地區經濟與托育服務蓬勃發展之時期，托兒所與幼稚園均大量成長，政府在立法與管理法規上也緊追成長的腳步。

一九七九年內政部公布「托兒所教保手冊」，提及托兒教保

的意義是協助父母照顧幼兒生活、擴展幼兒生活經驗。一九八一年以後，政府修正托兒所設置辦法，以規範或提供滿足兒童照顧的福利服務。

以托兒所而言，在此期大量成長，據統計，一九八七年時，全省已有二千八百二十八所「村里托兒所」，收托幼兒人數達十三餘萬人。而其他的托育服務訓練方案也如火如荼的展開。例如保母培訓方面，一九八八年，臺北市擬訂「社會局委託民間機構辦理家庭托兒工作人員訓練實施計畫」，正式委託臺北市家扶中心代訓保母，並作訓練後追蹤輔導，組織保母協會。高雄市自一九八九年起試辦「鄰里家庭托育服務」，培訓家庭托育人員（即保母），並轉介需要收托之幼兒。臺灣省社會處亦自一九九〇起，委託中華兒童福利基金會辦理各地之保母訓練工作。此為我國家庭托育服務納入正式培訓與管理之開始……而課後托育服務也在同時納入法規管理，一九八八年臺北市訂定「托育中心設置立案標準」，為我國第一個對課後托育設施納入管理之辦法。

在幼稚園方面，此時期，私立幼稚園的數量也開始超越公立幼稚園，並且呈現逐年增加之趨勢，私立托育服務機構型態逐漸形成，至一九八〇年私立幼稚園占總辦學園之七成。因此此期之法規也針對私立幼稚園之設置而訂定，例如「幼稚園設置辦法」、「幼稚園呈報立案須知」及「臺灣省國民小學附設自立幼稚園（班）試行要點」。

同時，鑑於一九八三至一九九三年間之私人辦學率更是明顯增長，政府立法著重在私人興學之獎懲，以掌控幼稚園托育之品質。一九八三年頒布「幼稚園獎勵辦法」，對於私立幼稚園在教學、人事、設備、管理等各方面制度健全且有優良表現者予以獎勵，但是獎金得應用於「充實有關教學設備」（第十一條）。接著「臺灣省公立幼稚園評鑑暨獎勵實施要點」、「臺灣地區公立幼

稚園評鑑實施要點」等相關法規陸續頒布，顯示政府對於幼稚園發展的追蹤輔導與品質掌控作為，為後期各縣市自辦幼稚園評鑑之基礎。

(四) 多元期（一九九三年以後）

　　隨著社會結構的複雜化，單一的托育型態已漸漸無法滿足現代人的需求，於此期各種類型的托育機構在街頭林立，安親班、才藝班、保母、托嬰中心各有各的功能與不同的屬性，托育內容的多元化，連帶的也帶動了托育服務的蓬勃發展，管理督導的問題也慢慢浮上檯面（吳淑菁，2005）。故此期托育服務發展的最大特色乃多元化，而政府政策也隨著多元化所產生的問題企圖尋求解決之道。

　　機構式托育種類比起以往都複雜，計有公（私）立幼稚園、國小附設幼稚園、公（私）立托兒所、公辦民營托兒所、美語學校附設幼兒班、兒童托育中心（安親班）、企業附設托育中心（托兒所）、托嬰（兒）中心、才藝中心、示範教學中心、課後輔導班（中心）、家庭保姆、坐月子中心等（王順民，2005）。以下簡單區分為托兒所、幼稚園、安親班、家庭托育以及其他，以便進一步敘述。

　　1.托兒所：以托兒所而言，在各種托兒所型態中，「私立托兒所」在此期漸漸取代「村里托兒所」與「公立托兒」成為托育服務最大輸出類型。其關鍵在於一九九三年兒童福利法修正通過後，將兒童福利機構設置標準與設立辦法職權，改為由省（市）政府訂定，報請中央主管機關報備。是年，臺灣省政府訂定「臺灣省各縣市立鄉鎮市立托兒所組織規則」，以加強托兒所的管理，提升托兒所的教保品質，此後托兒所

便如雨後春筍般設立

2. 幼稚園：屬於托教服務的幼稚園，大抵有公私立型態，政府自民國七十六學年度起擴大辦理公立國民小學附設幼稚園，一方面擴大助弱勢幼兒進入公立幼稚園就讀，一方面縮短與私立幼稚園規模之差距。以臺北市而言，公私立幼稚園數比例為4：6，未來朝公私立幼稚園生態平衡與良性競爭方向努力，並且研訂「市有幼稚園委託民間經營管理實施要點」，以提供家長更多元的托教選擇機會（臺北市政府，2006）。

3. 安親班：安親班隨著雙薪家庭的增加，父母工作時間與孩子放學時間無法配合，應運而生。根據二○○二年八月行政院主計處統計，臺灣地區十四歲以下兒童放學後的情形發現，到課後托育中心、才藝班、補習班的人數高達三十五萬人之多，足見安親班的興起，已是提供父母解決兒童課後照顧的最佳途徑（葉郁菁，2006）。

4. 「托嬰中心」、「家庭保母」：此期家庭托育型式也由於家庭結構趨向核心家庭，職業婦女開始尋求親屬以外的托兒的方式，例如「托嬰中心」、「家庭保母」。家庭保母比托育機構所具有的優勢是能提供熟悉、溫暖的環境，以及穩定的依附對象，且在收托人數少的情形之下，使嬰兒得以獲得較多的關注與互動的機會，有助於建立社會關係與行為系統發展，在多元化的托育型態中，家庭保母托育照顧的選擇呈現逐年增加的趨勢（蘇怡之，2000；楊曉苓、胡倩瑜，2005）。

5. 其他：在上述各類型的托育服務之外，「其它」林林種種，有依「補習及進修教育法」成立之各類型才藝班、語文、數理或文理補習班等，還有許多未立案機構，在這多元、自由、開放的市場中，假各種名目行兒童照顧與教育之實

（Liu, 2004；吳老德，2004）。

　　面對如此多元之托育服務型態，政府也加緊政策制定，冀以立法加以規範，藉以提升兒童托教品質。其中最具體的作法當屬「兒童教育及照顧體系」的建構，對托育服務的範疇、內涵與實施以及人員資格明確立法予以界定與規範，於後續章節詳述之。

參考書目

王順民（2005），〈課後照顧服務的一般性考察：現況處境與未來展望〉，財團法人國家政策研究基金會，國家研究報告，社會（研）094-0011號。

王靜珠（1987），〈認識我國托兒所的社會地位與功能〉，《社會福利》，43期，頁7-11。

臺北市政府（2006），《臺北市教育年鑑》。臺北市：臺北市政府教育局。

吳老德（2004），〈幼托整合的政策制定與立法趨勢之探討〉，《立法院院聞》，頁85-106。

吳淑菁（2005），〈臺灣托育服務概況〉，於葉郁菁主編，《托育服務》。臺北：心理。

林廷華（2004），〈托育服務〉，於彭淑華總校閱，《兒童福利》，頁135-153，臺北：偉華。

邱志鵬（2003），《幼稚園教師與托兒所保育員整合方案之研究》，內政部、教育部專案委託研究。

洪福財（2002），《幼兒教育史——臺灣觀點》。臺北：五南。

徐千惠、李美玉、黃文娟（2005），〈我國幼兒教育相關法規發展探討〉，《馬偕學報》，第4卷，馬偕護專。

翁麗芳（1995），〈「幼稚園」探源〉，《臺北師院學報》，8期，頁451-470。

翁麗芳（1998），《幼兒教育史》。臺北：心理。

許興仁（1983），《新幼兒教育入門》。臺南：光華。

郭靜晃（2004），《兒童福利》。臺北：揚智。

陳正宏、詹喬雯（2005），〈美國托育服務〉，於葉郁菁主編，《托育服務》，頁155-178。臺北：心理。

馮燕（1997），《托育服務：生態觀點的分析》。臺北：巨流。

黃志成（1995），《幼兒保育概論》。臺北：揚智。

楊曉苓、胡倩瑜（2005），〈臺北市合格家庭保母托育現況及托育服務品質認知之研究〉，《兒童及少年福利期刊》，8期，頁1-32。

葉郁菁（2005），〈托育服務導論〉，於葉郁菁主編，《托育服務》，頁1-16。臺北：心理。

劉翠華（2007），《幼兒教玩具設計與應用》。臺北：揚智。

蘇怡之（2000），〈保母托育服務的支持與管理——系統面的策略〉，《社區發展季刊》，68期，頁299-310。

Altmann, J. (1987). Life span aspects of reproduction and parental care in anthropoid primates. In J. B. Lancaster (ed.), Parenting across the Life Span: Biosocial Perspectives, 15-29. NY: Aldine de Grutyer.

Bailey, D. B. (2002). Are critical periods critical for early childhood education? *Early Childhood Research Quarterly*, 17, 281-294.

Child Welfare League of America (2006). Retrieved Dec 24 2006 from HYPERLINK "http://www.cwla.org/programs/standards/standardsintrochilddaycare.pdf" http://www.cwla.org/programs/standards/standardsintrochilddaycare.pdf.

Cohen, S. S. (2002). Championing Child Care. NY: Columbia University.

Glenn, S. M. (2006). Child care /day care. In Neil J. Salkind (ed.), Encyclopedia of Human Development, 244-246.

Liu, C. H. (2004). *Preschool teacher stress*. Unpublished PhD dissertation of Education School, Birmingham University, UK.

Michel, S. & Rianne, M. (2002). Child care policy at cross roads: gender and welfare striate restructuring. NY: Routledge.

Ng, G. T. (2006). Child care in the United States: who shapes state policies for children? *Social Work Research*, 30(2), 71-81.

Penn, H. (1995). The relationship of private day care and nursery education in the UK. *European early Childhood Education Research Journal*, 3(2). 29-41.

Randall, V. (2001). *The Politics of Daycare in Britain*. Oxford: Oxford University Press.

Rose, E. (1999). *A Mother's Job: The History of Day Care, 1890-1960*. NY: Routledge？

第三章

我國托育服務的概況與展望

劉翠華

第一節 我國托育服務的概況

一、目前我國托育服務需求

　　我國托育服務發展至今成為托育、幼教、才藝與補教百花齊放所共築的兒童服務消費市場（王順民，2005），即使在少子化的效應下，托育機構仍然不斷成長設立（徐聯恩、彭志琦，2006）。根據2005年「臺閩地區兒童及少年生活狀況調查報告」，分析兒童托育主要原因為婦女勞動參與率增加、少子化、升學主義壓力，以下分別詳述之。

(一)婦女勞動參與率增加

　　傳統家庭裏原有的「男主外、女主內」之專業分工的運作型態，已經逐漸被替代，而有偶婦女勞動參與率不斷的增加，再加上小家庭的盛行、離婚率與單親家庭的竄升以及家戶規模的縮減，都讓女性的勞動參與率攀升，然而家庭的主要照顧者仍以「母親」比例最高。根據臺閩地區受訪家庭兒童主要照顧者以「母親」比例最高，占70.75%。就家庭型態而言，居住在核心、混合、單親家庭之兒童的主要照顧者皆以「母親」的比例最高，且都在六成四以上（內政部兒童局，2005）。隨著女性就業人口日益增加（臺閩地區兒童「母親」目前有工作者高達74.26%），母親親自照顧幼兒的比率逐年降低（兒童「主要照顧者」目前有工作者為66.04%），當家庭原本所承載的支持功能不斷被削減與弱化的同時，迫於生

計努力工作以掙取更多經濟貲產的同時，小家庭的職業婦女尋求托育服務綜括孩子照顧、保護、教育的責任更形迫切（王順民，2005）。

(二)少子化，量少質優

少子化雖然影響幼兒園、課後照顧、托嬰中心等托教產業規模，但是每對夫妻生育子女數越生越少之量少質優的教養觀念，彰顯出來托育服務隱涵著將會出現更為「價昂質優的高檔托育商品」（王順民，2005）。二〇〇〇年以後我國新生兒人數從九〇年大致每年約三十三萬人驟降至約二十二萬人，然而幼兒園數卻不降反升，根據徐聯恩、彭志琦（2006）我國幼兒園數從一九九八年之5,292所快速增加至二〇〇四年之7,509所，增加41%，但園所實際的師生比已經下降。從二〇〇〇年1：12下降至二〇〇五年之1：10.3，托兒所則為1：14.1下降至二〇〇五年之1：12.6，顯然已經比幼托主管機關所規定之15低；而安親班也從二〇〇三年1：18下降至二〇〇五年之1：15.8（如**表3-1**），足見在量少質優的概念下，托育服務需求透露出在自由市場中將有極致商品出現。

(三)升學主義壓力，贏在起跑點

在升學主義壓力下，父母莫不希望贏在起跑點，一般大眾對幼兒托育服務的內容所關心的焦點為，是否有教外文、有何種才藝課程、收費多少（翁麗芳，1998）。

九年一貫課程以課程綱要來代替課程標準，藉此降低教育部對課程實施的規範與限制，並提供民間教科書編輯者及學校實施課程時較大的自主性，以達到課程鬆綁的教改目標，然而，一綱多版所造成課程銜接與版本統整的學習焦慮，更是直接帶動民間業者安

表3-1　公私立幼兒園平均師生比

年度	幼稚園※			托兒所			安親班		
	教師數	收托人數	師生比	教師數	收托人數	師生比	教師數	收托人數	師生比
2000	20,099	243,090	1:12.0	21,941	309,716	1:14.1	-	-	-
2001	19,799	246,303	1:12.4	21,395	318,918	1:14.9	-	-	-
2002	20,457	241,180	1:11.8	22,044	327,125	1:14.8	-	-	-
2003	21,251	240,926	1:11.3	22,449	302,571	1:13.5	1,927	35,276	1:18.3
2004	20,894	237,155	1:11.3	22,872	300,257	1:13.1	1,881	30,686	1:16.3
2005	21,833	224,219	1:10.3	22,986	290,218	1:12.6	1,878	29,828	1:15.8

資料來源：內政部社會司托育機構概況統計，http://sowf.moi.gov.tw/stat/year/
　　　　y04-06.xls。

※幼稚園相關統計以學年度計，資料來源為教育部統計處各級學校概況簡
　表，http://www.edu.tw/EDU_WEB/EDU_MGT/STATISTICS/EDU7220001/
　data/serial/f.xls。

親課輔的服務商機（王順民、張瓊云，2004），父母將子女送往各
類型的托育服務機構如安親班、才藝班不絕於途。

　　綜合上述，當主要照顧者——母親——投入工作，雙薪家庭
只能尋求托育服務介入以解決燃眉之急，再基於愛子心切，在生
得少可以負擔的情況下，父母都希望送子女到托教機構去，即使上
幼兒園等於或超過上私立大學的學費，在「量少質優的教養觀念」
下，父母還是爭相送子女到各類型的托教機構去（王順民，2005；
施彥宏，2005），顯見我國托育服務需求之迫切。

二、各類型托育服務機構收托概況

(一)托兒所、幼稚園與兒童課後照顧中心

我國婦女的勞動參與率已從一九八○年的39.3%逐年成長到二○○二年的46.6%（周玟琪，2004）。臺灣地區三至六歲幼兒高達77.12%接受托育機構照顧，三歲以下兒童在托育機構的比例也有17.3%，可見臺灣家長大部分依賴托育機構照顧學齡前兒童及學齡兒童（王順民，2005）。

■托兒所

我國托兒所發展至二○○六年共有4,302所，收托295,527人，成為各類型托育機構中的最大宗，而其中更以私立托兒所獨占鰲頭，共有3,955所，收托209,271人。根據陳建志（2001）、吳淑菁（2005）表示私立托兒所成為民間托育服務之大宗其可溯及以下之軌跡（參閱**表3-2**）：

1. 「村里托兒所」收編：「村里托兒所」在一九九五年達到顛峰狀態，共有193所，共收托106,976人，一九九六政府收編村里社區托兒所，到二○○六年僅餘68所，收托4,259人。
2. 公立托兒所數量減緩：村里托兒所收編後的班級數移轉至「示範托兒所」，加上因應婦女就業需求，托兒所不再限制只給低收入戶就讀，大幅開放給一般有需求的民眾，使得公立托兒所的需求數量大增，從原本的21所激增至227所，並逐年遞增所數，至二○○一年達到297所，共收托97,838人。然而隨著行政體系人事凍結和經費有限，以及因應民營

表3-2　臺閩地區幼托機構概況

年度	幼稚園※ 總數		公立		私立		托兒所 總數		公立		私立		社區		安親班 私立	
	所數	人數	所數	人數	所數	人數	所數	人數	所數	人數	所數	人數	所數	人數	所數	人數
84	2,581	240,368	-	-	-	-	3,288	223,353	21	4,447	1,336	111,930	1,931	106,,976	-	-
85	2,660	235,830	-	-	-	-	2,222	234,967	227	81,903	1,548	122,657	447	30,407	-	-
86	2,777	230,781	-	-	-	-	2,304	246,418	284	98,883	1,763	134,015	257	13,520	-	-
87	2,874	238,787	1,065	64,936	1,809	173,851	2,348	241,669	288	98,369	1,892	133,883	168	9,417	-	-
88	3,005	232,610	1,060	68,563	1,945	164,047	2,715	259,161	293	98,280	2,283	152,671	139	8,210	-	-
89	3,150	243,090	1,230	73,434	1,920	169,656	3,345	309,716	295	99,196	2,955	202,973	95	7,547	-	-
90	3,234	246,303	1,288	75,956	1,946	170,347	3,600	318,918	297	97,838	3,216	213,850	87	7,230	-	-
91	3,275	241,180	1,331	76,382	1,944	164,798	3,897	327,125	296	94,960	3,505	224,557	96	7,608	1,015	40,309
92	3,306	240,926	1,358	74,462	1,948	166,464	4,082	302,571	291	81,721	3,705	216,374	86	4,476	1,036	35,276
93	3,252	237,155	1,348	73,177	1,904	163,978	4,257	300,257	288	83,156	3,896	212,229	73	4,872	1,083	30,686
94	3,351	224,219	1,474	69,186	1,877	155,033	4,307	290,218	280	76,393	3,960	209,375	67	4,450	1,150	22,273
95	3,335	240,079	1,507	74080	1,828	165,999	4,302	295,527	279	81,997	3,955	209,271	68	4,259	1,125	31,227

資料來源：內政部社會司托育機構概況統計。http://sowf.moi.gov.tw/stat/year/y04-06.xls。

※幼稚園相關統計以學年度計，資料來源為教育部統計處各級學校概況簡表。http://www.edu.tw/EDU_WEB/EDU_MGT/STATISTICS/EDU7220001/data/serial/f.xls。

化的浪潮席捲下，公立托兒所逐漸朝公辦民營的方向發展，公立托兒所的數量漸漸減緩，到二〇〇六年爲279所，收托81,997人。

3.私立托兒所激增：私立托兒所從一九九六年起即爲臺灣托育服務的主流，至二〇〇五年時已有3,960所，至二〇〇六年減爲3,955所，收托209,271人，推測是受到少子化影響，但不管在機構數還是收托人數，仍爲各幼托機構類型中占最大宗者。

■幼稚園

　　公、私立幼稚園從一九九五年開始不管在設立園數或收托人數上，大致呈現逐年成長趨勢。公立幼稚園園數及收托人數，由於政府一九九六年開始廣設國小附設幼稚園政策，從一九九八年至二〇〇六年均呈正成長，至二〇〇六年共有1,507園，收托74,080人，公私立幼稚園的規模漸漸拉近與（1,828所；16,599人）。以臺北市公私立幼稚園數比例而言，目前爲4：6，在權衡市府財政及鼓勵私人興學考量下，未來臺北市將朝公私立幼稚園生態平衡與良性競爭方向，已研訂「市有幼稚園委託民間經營管理實施要點」，以提供家長更多元的選擇機會，預期私立幼稚園應該還有成長的空間。

■兒童課後照顧中心

　　兒童課後照顧中心或稱安親班，目前國內實施課後照顧的方式包括：私立幼稚園、托兒所以及民間補習班設置的「安親班」、社會福利機構基於福利社區化發起的社區支持照顧系統，以及國民小學承辦的課後托育服務等各種模式。

　　兒童課後照顧中心的發展情況，依登記立案的資料來看，在短短五年間起伏甚大，二〇〇二年1,015所收托40,309人爲最多，

到二〇〇六年成長至1,125個中心，但只收托31,227。顯見自由市場的消長，加上少子化的衝擊，有不穩定的發展。

(二)家庭托育

隨著政府積極推動社區保母支持系統，建立保母人員培育訓練、媒合轉介、在職訓練之輔導機制，至二〇〇四年於二十三個縣（市）共有四十個社區保母支持系統，並輔導40,553人取得保母技術士證照（行政院新聞局，2006）。但是到底有多少合格保母真正執業，或多少不合格保母正在收托兒童，則無數據可查（楊曉苓、胡倩瑜，2005），惟可以確知的是，隨著女性就業人口數日益增加，母親親自照顧幼兒的比率逐年降低，而委由父母親、其他親屬照顧或保母托育者則有逐年增加的趨勢。

根據二〇〇三年十一月臺灣地區婦女婚育與就業調查結果顯示，已婚育齡婦女平均生育第一胎年齡為24.8歲，較二十年前提升2.7歲，其最小子女在未滿三足歲前的照顧方式，以小孩母親自己照顧為主，比率69.7%（行政院主計處，2003）；但到二〇〇五年零至未滿三歲兒童雖然仍以「在家由母親帶」為最主要，占45.44%（內政部兒童局，2005）；明顯的由母親帶的比例大量下降了24.3%，而委由褓母托育者比率隨育齡婦女教育程度同步升高，大學及以上程度者已突破三成委由褓母托育（行政院主計處，2003）；據此可以預見家庭托育的需求將繼續增加。

根據上述，可以知道我國目前各類托育機構收托概況，雖受少子化衝擊，但是由於「量少質優」的觀念，婦女就業人數的增加，以及對兒童教育的重視，機構數與收托人數只略有消長，未來可預期的是，不管公私立、或任何型態機構都將面臨優質托育服務的考驗，在自由開放市場中各憑本事，這也同時考驗政府的決策與管理能力。

第二節　我國托育服務政策與法規

有關托育服務政策與法案的討論，可以從公共政策、社會福利政策與兒童福利政策的方向尋求托育服務政策的意義，再從兒童照顧的政策取向檢視我國托育服務政策制定的精神，據以檢視目前的托育服務相關法規。

一、托育服務政策

托育服務（day care services）可視為兒童福利服務中，對父母親職角色的「補充性服務」（supplementary services）（Kadushin & Martin, 1988; Laird & Hartman, 1985；郭靜晃，2004），準此，托育服務政策的討論可以從兒童福利的政策取向切入，以下綜合學者看法（王順民，2005；彭淑華，2004；林勝義，2002；馮燕，1997）進一步探討托育服務政策。

(一)何謂托育服務政策

政策（policy）是「執行行動的指引」（林水波、張世賢，1991），為某項目標價值與實踐而設計之計畫，其過程包括各種認同、需求與期望之規劃、頒布及執行（Lasswell & Kaplan, 1950），對整個社會所從事的權威性之價值分配（Easton, 1953）。由此可知，政策即是指導行動的一套準則、行動方案、任何之計畫措施或作為（彭淑華，2004a）。

公共政策係指政府透過政府機關、團體或個人所制定之規章

與行動方針，從眾多可行的方案中選優而行，以解決某項社會問題（郭靜晃等，1995）。社會福利政策（social welfare policy）屬於公共政策（public policy）之一，是「政府為了直接影響人民福利所制定的政策」（李欽湧，1994），為政府選擇從事或不從事（choose to do or not to do）（Dye, 2002）與民眾生活福祉相關之任何行為皆稱之（DiNitto, 2000）。

兒童福利政策為社會福利政策中之一環，是一套謀求兒童福祉的方針或行動準則，旨在促進所有兒童的身心社會福祉（彭淑華，1995），是引導兒童福利發展的方向，也是推動兒童福利的工作準則（林勝義，2002）。在多元主義下，公共政策對資源的分配過程中，兒童為明顯的弱勢族群，如何使兒童獲得適切而合理的對待，則為兒童福利政策之目標（郭靜晃等，1995）。

托育服務屬於兒童福利的補充性服務，具有補充父母角色暫時缺位的功能（郭靜晃，2004），職是托育服務為兒童福利範疇之一。因此托育服務政策即為兒童福利政策之一環，其目的在於謀求兒童福祉，是一套謀求兒童托育服務的方針、計畫或行動準則，也是推動托兒童托育服務政策及立法的行動方案，以兒童福利政策為基礎，屬於政府公共政策中社會福利政策的一環。

(二)托育服務政策取向

一般探討兒童照顧（child care）的政策取向，有四種：(1)放任主義（laissez-faire）；(2)國家干預主義（state paternalism）；(3)尊重家庭與雙親權利（the birth family and parents' rights）；(4)尊重兒童權利與自由（children's rights and child's liberation），以下分述之（彭淑華，2004；林勝義，2002；彭淑華，1995；Harding, 1991；王順民，2005）：

■放任主義（**laissez-faire**）

即強調最少干預的自由主義，主張照顧孩子及教育孩子為家庭的職責，兒童與母親的關係是一種私領域的親密關係，政府則退居幕後擔任監督及補充的角色，政府對於家庭兒童照顧的強制干預，則只有在不得已的時候為之，如父母缺位、家庭解組、兒童虐待、家庭暴力等特殊狀況。其基本原則為：

1. 對家庭的干預減至最低：愈有為的政府應愈尊重家庭的自主性與個人的自由權。
2. 父母對子女的教養具有充分的決定權：父母的照顧加強父母與兒童間的特殊連結（bond），政府的介入是有害的。

自由放任主義的兒童照顧取向，其優點為尊重兒童與家庭之間的連結關係，符合人性原則；然其缺點為政府介入過於消極與被動，易造成兒童受害。

■國家干預主義（**state paternalism**）

指政府透過立法或國家法律以積極保障兒童福祉，這是二十世紀初期一種兒童福利政策觀點，認為政府應以兒童福祉為優先考量，強調兒童並非父母的資產，是社會的一種公共資產，政府應主動介入家庭事務，對不適任父母可採取國家介入兒童保護與照顧措施，避免兒童遭受不適當的照顧。

國家干預主義的優點是政府積極保護兒童，避免兒童遭受不適當的照顧；缺點則為輕視父母權利，而且當政府強行介入時，將傷害家庭的完整性。

■尊重家庭與雙親權利（**the birth family and parents' rights**）

指政府提供支持服務方案以維護家庭的完整，這是第二次世

界大戰後福利國家興起的政策取向。此派觀點認為政府的角色是在支持家庭，在保護與維繫家庭的發展，強調原生家庭對於父母和兒童的重要性，應盡可能維繫親子關係，即使因為某些特殊理由而讓父母與子女分開時，也應儘量加強父母與子女之間的連結。

政府應提供家庭所需的各種服務以確保家庭的完整，雖然政府介入家庭事務中，但政府的角色是支持性的，提供照顧方案以支持並維繫家庭功能。而服務方案應針對特殊群體的特性，如對低收入家庭或單親家庭等，提供適合的處遇計畫；同時亦應針對一般群體，如對雙薪家庭提供托育服務，以彌補家庭照顧的不足。

尊重家庭與雙親權利的照顧取向，優點是維護家庭完整性以及親子關係的連結；而缺點是人民享有各種的福利服務造成國家的負擔。

■尊重兒童權利與自由（children's rights and child's liberation）

這是突顯兒童自主性之政策取向，強調尊重孩子權利與自主的重要性，認為兒童如大人般為一獨立的個體，兒童的觀點、感覺、期望、選擇與自由應受到尊重與肯定。因此，兒童應被賦予較多類似成人的地位，以減少來自成人的壓制或不合理的待遇。相關法律與政策的制定應確保兒童的權益與兒童的自我決定權。

尊重兒童權利與自由的照顧政策取向，優點為視兒童為獨立個體，讓兒童擁有發言與做決定的機會，然受質疑的是兒童的心智成熟度是否足以做正確決定。

以上四種兒童照顧政策取向各有其優缺點，自由放任主義與國家干涉主義對於兒童照顧之理念較偏向二極化，且引發許多爭議。而尊重兒童權利與自由的觀點，雖然已逐步在一些福利國家被討論，且於檢討兒童政策時納入考量，但同樣的，仍有爭議且未能建立共識。目前大多數國家對於兒童福利政策之發展，仍然偏向於

尊重家庭與雙親之權利，亦即認為政府應採取支持與維繫家庭完整性之觀點，提供家庭支持性服務方案，以滿足兒童發展之需求，保障兒童之基本權益。我國有關兒童福利的立法，可以看到政府主導性角色，然其背後的精神仍強調尊重家庭與雙親之權利（彭淑華，2004a；林勝義，2002；彭淑華，1995）。

(三)我國托育服務政策

憲法為國家根本大法，為我國政策之制定、法規研擬與立法、法案執行等提供具體之準則與藍圖，因此本節首先針對中華民國憲法中有關兒童福利的主張臚列其要項；其次，則針對行政院為推展社會福利之依據而核頒之「社會福利政策綱領」中與兒童福利議題有關之政策內涵加以說明之。

■中華民國憲法

中華民國憲法係於一九四七年一月一日由總統公布，並自同年十二月二十五日起實施，共計十四章一七五條條文。其中第十三章為基本國策，列有「社會安全」共六條條文，其中與兒童福利有密切相關者有（林勝義，2002）：

1.實施婦女及兒童福利政策：憲法第一五六條規定，國家為奠定民族生存發展之基礎，應保護母性，並實施婦女兒童政策。兒童為國家未來發展之主人翁，兒童的身心狀況與未來發展皆應予以保護，故在憲法中明文規定，應保護母性，確保兒童之生育與教養得以獲得妥適之照顧，進而奠定民族生存發展之基礎。所以要保護兒童，必須先保護母性，制定婦女照顧政策，目前我國推動之「五五五安親照顧政策」、二○○四年行政院婦權會通過之「婦女政策綱領」均屬之。

2. 提供兒童保健服務：憲法第一五七條規定，國家為增進民族健康，應普遍推行衛生保健及公醫制度。兒童為國民之一份子，其身心健康攸關未來生存發展與競爭力，目前我國推動之托育服務政策，如政府「建構完整發展遲緩兒童早期療育體系」政策即是。

■社會福利政策綱領

行政院於二○○四年二月修正（原於一九九四年訂頒之）社會福利政策綱領，其中所規範之相關福利政策皆會影響到兒童之權益，如全民健康保險之實施、社區發展之推動等，特別提及兒童福利或托育服務的部分在「福利服務」部分，以下分項討論（彭淑華，2004a；行政院，2006）。

1. 積極協助兒童保護工作：「社會福利政策綱領」中之「福利服務」第六點規定，「政府與社會應協力營造有利於兒童與少年身心健全發展之家庭、學校、社區、及社會環境。當原生家庭不利於兒童與少年的身心健全發展時，政府應保護之，並協助其安置於其他適當之住所，以利其健康成長；不論兒童及少年在自家或家外被養育，其照顧者若有經濟、社會與心理支持之需求時，政府應給予協助。」就此要項而言，與托育服務範疇相關者如：營造一個有利之社會環境外，並提供照顧者必要之支持性服務與補充性服務，如兒童托育、心理諮詢與親職教育等。

2. 保障兒童獲得整合的教育與照顧機會：「社會福利政策綱領」中之「福利服務」第八點規定，「政府應保障兒童及少年獲得整合之教育與照顧機會，並對處於經濟、文化、區域、族群發展等不利條件下的兒童及少年提供額外之協助。」就此要項而言，目前我國托育服務政策有關兒童照顧

與教育的政策如「扶持五歲弱勢幼兒及早教育計畫」、「幼托整合政策」與各類學前幼童補助政策，如發放幼兒教育券、原住民幼兒就讀公私立幼稚園學費補助、中低收入家庭幼童托教補助均屬之。

3.提供專案協助經濟弱勢之家庭：「社會福利政策綱領」中之「福利服務」第四點規定，國家針對經濟弱勢之兒童、少年、身心障礙者、老人、婦女、原住民、外籍或大陸配偶等民眾的社會服務應有專案協助，以提升生活品質。就此要項而言，政府對於經濟弱勢兒童少年生活扶助、醫療補助，規劃並辦理外籍配偶、隔代、單親及失業等危機家庭子女教養及輔導計畫、加強弱勢婦女扶助與照顧、特殊境遇婦女扶助等計畫當中對兒童托育的補助措施即屬之，藉以嘉惠經濟弱勢家庭，確保家庭中兒童之基本生活福祉。

4.整合資源，辦理早期療育工作：「社會福利政策綱領」中之「福利服務」第七點規定，政府應整合社會福利、衛生、教育等部門，提供兒童早期療育服務。就此要項而言，針對發展遲緩兒童之早期療育工作列為福利政策中相當重要之一環，強調預防重於治療的處遇模式，如目前政府推動之「建構完整發展遲緩兒童早期療育體系」政策即是，包括研訂「托育機構兼收發展遲緩兒童實施計畫」、「托育機構兼收發展遲緩兒童巡迴輔導實施計畫」、「發展遲緩兒童到宅服務實施計畫」、「發展遲緩兒童早期療育費用補助實施計畫」等計畫均屬之。

二、托育服務法規

(一)何謂托育服務法規

　　「法規」，就是法令規定之意，有時以「法令」稱之，為法律及命令的簡稱。依照我國現行法律的制度，分為憲法、法律及命令三種形式。依其層次排列：

　　1.憲法：是國家的根本大法，國民大會制定憲法，具有最高效力的位階。

　　2.法律：是經立法院三讀通過，並由總統公布的法規，例如兒童及少年福利法、性別平等教育法、家庭教育法、家庭暴力防治法等。

　　3.命令：政府機關為處理行政事務而發布的各種命令，如臺灣省校外課後安親班輔導管理要點等，效力的位階最低（王順民，2005；馮燕，2000）。

　　據此，托育服務法規係指推動托育服務工作的法令規定。廣義而言，凡是能夠增進所有兒童福祉的各種法規均謂之，包括：社政、衛生、教育、勞工、建設工務，及消防、警政、交通、新聞、戶政與財政等政府不同部門的相關業務，凡是與兒童福祉相關之法規均包含在內。狹義而言，則是專指托育服務及其相關法規，係針對政府現行兒童福利、國民教育主管機關的業務，從托育服務專業、特定的角度著眼。

　　托育服務法規對推動托育服務工作有其重要的功能，列舉如下：

　　1.落實政策理念：經由法規揭示托育服務政策之理念，並作為

推動托育服務工作的指引方向。

2.建立規範制度：透過法規的制定，明確規範有關部門之組織
職掌及權限，以及托育服務工作之輸送體系。

3.保障兒童權益：以兒童最佳利益爲原則，確保兒童權益之維
護（彭淑華，2004b）。

(二)我國目前托育服務法規

我國目前實行之托育服務法規，主要的有「兒童及少年福利
法」、「幼稚教育法」、托兒所設置辦法、國民小學辦理兒童課後
照顧服務及人員標準（草案）、國民小學辦理兒童課後照顧服務及
人員標準（草案）、兒童福利專業人員資格要點、國民小學課後照
顧服務人員資格標準等等，實際影響我國托育服務工作之推行，包
含托育服務機構之輸出形式、功能屬性、收托對象、設備條件、班
級編制、人員資格、教保活動、人員待遇等，彙整如**表3-3**。

(三)我國托育服務托教補助措施

爲保障兒童受到良好保護、照顧與教育，我國目前除了加緊
腳步從事「幼托整合政策」，也積極建構我國「兒童照顧與教育體
系」（行政院，2006），其中二○○七年元月公布之「兒童照顧與
教育法草案」，可謂跨出一大步。

目前我國托育服務措施中針對「兒童及家庭」制定有各類托
教補助方案，如發放幼兒教育券、原住民幼兒就讀公私立幼稚園學
費補助、中低收入家庭幼童托教補助、扶持五歲弱勢幼兒及早教育
計畫學費補助、加強外籍配偶子女接受幼稚教育、五五五安親照顧
政策等措施，以落實托育服務政策理念（如**表3-4**），並保障兒童
福祉。

表3-3　我國托育服務形式與法規

機構/形式	公私立托兒所	公私立幼稚園	校園課後照顧中心	課後照顧中心
功能屬性	屬社福體系	屬教育體系	屬社福體系	屬社福體系
法令依據	兒童及少年福利法、托兒所設置辦法辦理。	依幼稚教育法暨施行細則,及幼稚園設備標準辦理。	國民小學辦理兒童課後照顧服務及人員標準(草案)。	兒童福利專業人員資格要點、國民小學課後照顧服務人員資格標準。
收托對象	收托自出生滿一個月到未滿六歲的幼兒。	招收四歲至入國民小學前的幼兒。	國民小學在籍學生及附設幼稚園之幼兒。	國民小學課後之學齡兒童。
設備條件	必要時得自二樓設起;平均每一幼兒之活動空間,室外面積得全數由室內面積抵充。	必須從地面一樓設起;平均每一幼兒室內外活動面積同時須具備,室外面積雖得以室內面積抵充,但不得少於標準之二分之一。	以運用學校內各項設施及設備為主。	室內活動面積每人至少1.5平方公尺,室外活動面積每人至少2平方公尺,活動面積係指機構內主要供學童活動場所之面積,合計不得少於100平方公尺,且平均每名兒童至少2平方公尺。
班級編制	招收出生滿一個月至未滿六歲的幼兒,依比例規定設置護理人員、保育人員。	招收四歲到六歲的幼兒,按年齡分班,每班三十名幼兒,教師兩名。	每班學生以二十人為原則,最多不得超過三十五人。	每三十人應設置保育員或助理保育員一人,未滿三十人以三十人計。
教保活動	依據托兒所教保手冊。	依據幼稚園課程標準。	應本多元活潑之原則,兼顧課業指導、單元活動及生活照顧。	生活照顧、家庭作業寫作、團康體能活動、才藝教學。

（續）表3-3　我國托育服務形式與法規

機構/形式	公私立托兒所	公私立幼稚園	校園課後照顧中心	課後照顧中心
人員資格	依兒童福利專業人員資格要點取得保育人員資格，並依該要點規定辦理進用人員。公立托兒所人員並應具備公務人員資格。滿四歲至未滿六歲之幼兒每十六至二十名置保育員乙名。	須具備師資培育法取得之教師資格，其進用依幼稚教育法及師資培育法等相關規定聘任教師，每班應置教師二人。	1.高級中等以下各級學校及幼稚園合格教師。 2.曾任國民小學代理教師、代課教師、兼任教師或教學支援人員且表現良好者。 3.公私立大專校院以上畢業並修畢師資培育規定之教育專業課程者。 4.符合兒童福利專業人員資格者，但保母人員除外。 5.具有本服務活動內容所需要專長之社會人士或義工。	1.依兒童福利專業人員資格要點取得社工人員資格。 2.依國民小學課後照顧服務人員資格標準要點接受三百六十小時專業訓練結訓者。
人員待遇	公立依公務人員各項法令；私立由經營者自訂。	公立比照小學教師；私立由經營者自訂。	260元及450元分別為現行國小教師上班及下班時間之授課鐘點費。	由經營者自訂。

資料來源：改編自王順民（2005）。

表3-4　各類托教補助措施

措施	說明
發放幼兒教育券	1.2000年9月2日以臺89教字第26025號函核定「發放幼兒教育券實施方案」。 2.2000年9月起實施，補助年滿5足歲至入國民小學前實際就讀已立案私立幼稚園、托兒所之幼兒，每人每一學期5,000。
原住民幼兒就讀公私立幼稚園學費補助	1995年9月1日起，凡年滿5足歲原住民就讀公立幼稚園者，每人每一學期最高補助新臺幣2,500元；就讀私立幼稚園者，每人每一學期最高補助新臺幣1萬元。
中低收入家庭幼童托教補助	1.自2004年度起補助年滿5足歲實際就讀於已立案公私立幼稚園、托兒所之幼兒。 2.2005年9月1日起補助對象向下延伸至年滿3足歲之幼童，每人每一學期補助6,000元。
扶持5歲弱勢幼兒及早教育計畫學費補助	93年9月1日起提供弱勢地區及5足歲弱勢幼兒接受普及與優質之幼兒教育，就讀公立國幼班（幼稚園）者每人每一學期最高補助學費2,500元；就讀私立國幼班（幼稚園）者每人每學期最高補助學費10,000元。
加強外籍配偶子女之幼稚教育	1.優先入公立幼稚園就讀。 2.辦理教師研習，以利輔導該類幼兒。 3.加強辦理親職教育。 4.加強相關研究。 5.補助地方政府增設幼稚園。
555安親照顧政策	1.提供單親家庭服務措施之加強實施單親家庭之子女照顧。 2.特殊境遇婦女扶助：兒童托育津貼。

資料來源：行政院新聞局（2006）。

第三節　我國托育服務議題與展望

一、我國托育服務議題

(一)「幼托整合政策」議題

「幼托整合」這個名詞是由教育政策所引發的熱烈討論話題，「幼兒托育與教育整合」是臺灣當前幼兒照顧與教育制度改革的重要議題之一，這個議題是在討論或企圖處理現行「幼稚教育」與「托育服務」體制中，「托兒所」、「幼稚園」雙軌制所衍生的問題，造成收托年齡重疊、教保目標課程相似，而主管機關、立案基準等卻分流管轄等諸多問題（Liu, 2004；翁麗芳，2004；吳老德，2004）。

此一議題再度受到重視是於一九九七行政院會請內政部與教育部正視幼托整合的問題，經過長達十年的努力，期間探討此一議題的博碩士論文就不下數十篇（段慧瑩等，2006；簡楚瑛，2004；邱志鵬，2003），終於在二〇〇五年六月二十日行政政院召開「研商教育部與內政部所擬幼托整合方案（草案）會議」，確立幼托整合後幼兒園之主管機關為教育部門，並確立未來規劃方向與時程，二〇〇七年元月將幼兒教育及照顧法函送立法院審議，如相關法令制定順遂，可望於九十八年一月一日完成整合。主要規劃方向如下述：

1.幼托整合後學前托教制度：
　(1)家庭托育及托嬰中心：辦理零至兩足歲幼童照顧工作，
　　該機構之管理由社政部門主政。
　(2)幼稚園與托兒所整合稱為「幼兒園」：辦理兩歲至入國
　　民小學前幼童之教育與照顧工作，且可提供課後照顧等
　　複合式之服務內涵，機構之管理由教育部門主政。
2.人員培訓與轉換：
　(1)幼兒園專業人員類別：
　　‧教師：大學幼教科系或幼保系或相關科系，且通過幼
　　　兒園教師資格檢定，持合格教師證者。
　　‧教保員：大學幼教科系或幼保系或相關科系。
　(2)幼兒園專業人員職稱（級）：
　　‧目前托教職場上之助理保育人員，於整合後改稱為助
　　　理教保員；保育人員改稱教保員；幼稚園園長、托兒
　　　所所長可繼續採認為（幼兒園）園長。
　　‧教保員、教師未具大學以上學歷者，須於若干年內取
　　　得大學或以上學歷，若干年限內未取得者，限制於原
　　　單位服務至離退職為止。
3.幼兒園內人員之配置：依所服務幼童之年齡規範幼兒園應配
　置各類工作人員之比例。幼兒園內各類人員配置比例及員額
　編制標準授權中央主管機關訂定，並應聘請相關專家議定
　之。
4.幼兒園設置及立案基準：目前合法立案幼稚園及托兒所轉換
　為幼兒園。整合後立案幼兒園依新訂基準設置幼兒園立案基
　準由中央主管機關訂定，設備基準之訂定應聘請相關專家議
　定之。

(二)建置完整的兒童照顧與教育體系

幼托整合後，在托育服務可以預見的是「十二年一貫的幼托產業」（段慧瑩等，2006）。此說法乃是根據未來幼托整合成功後，零至二歲幼兒以「托嬰」為主，隸屬社政部門；二至六歲幼兒強調「教育與照顧」並重，二至三歲將偏重托育，四至六歲則強調教育，建立「專業的學齡前教育體系」。因此若將「專業的學齡前教育體系」，加上六至十二歲學童的「課後照顧」，我國托育服務就有「十二年一貫的幼托產業」，不容否認的，這對建置完整的兒童照顧與教育體系是一里程碑。我們可以看出政府的具體政策如：

1. 建構社區化、普及化托育環境，結合民間興辦托兒所提供托育服務。

2. 輔導地方政府辦理兒童福利專業人員訓練，透過職前訓練及在職訓練，以提升托育。輔導地方政府透過評鑑作業，提升托育機構服務品質。

3. 推動社區保母支持系統，建立保母人員培育訓練、媒合轉介、在職訓練之輔導機制

4. 發放幼兒托教補助金：發放幼兒教育券實施方案、辦理中低收入戶幼童托教補助。

5. 建構完整發展遲緩兒童早期療育體系：建置個案管理資訊系統及研訂「托育機構兼收發展遲緩兒童實施計畫」、「托育機構兼收發展遲緩兒童巡迴輔導實施計畫」、「發展遲緩兒童到宅服務實施計畫」、「發展遲緩兒童早期療育費用補助實施計畫」等計畫，輔導建立完整早療服務體系。

6. 加強婦女福利及其子女之托育照顧：

   (1)落實「五五五安親照顧政策」、「建立減低婦女照顧負

擔評估指標」。

(2)提供單親家庭服務措施：其中特加強實施單親家庭之子女照顧。政府並補助民間團體辦理「單親子女課業輔導」、「單親家庭支持性服務措施」及「單親家庭個案管理」，內政部於八十九年公布施行「特殊境遇婦女家庭扶助條例」，特將女性單親家庭所需的經濟扶助措施納入法律的保障中，包含兒童托育津貼。

7.逐步規劃實現國民教育向下延伸：在考量國家整體財政、幼教機構供需現況，全面實施國教向下延伸將面臨政府財政困窘、普及化與優質化衝突的問題，同時考量學前教育階段幼兒人格陶冶與智能發展有助未來之正向成長，且對部分社會弱勢幼童若能及早介入，將有助於教育機會均等之實踐。爰訂定「扶持五歲弱勢幼兒及早教育計畫」，做為國民教育向下延伸之近程計畫，提供弱勢地區及一般地區五足歲經濟弱勢幼兒接受普及與優質之幼兒教育，以為未來國民教育向下延伸一年做準備。長程則俟幼稚園及托兒所整合後，在國家整體財政充裕，及配套措施研訂周全情況下，再研議全面辦理國民教育向下延伸。其階段有四：

(1)第一階段九十三學年度起於離島三縣三鄉實施。

(2)第二階段九十四學年度起再納入原住民地區五十四個鄉鎮市。

(3)第三階段九十五學年度起復納入全國五足歲經濟弱勢（低收入戶與中低收入戶）幼兒。

(4)第四階段則俟幼托整合後及國家整體財政充裕，再研議全面辦理國教向下延伸一年（行政院，2006）。

以上可以看見政府規劃之「完整的兒童照顧與教育體系」正

在成形，「托育服務十二年一貫」的產業也見雛形，當然不容諱言，對於建置完善的體系仍是在開頭的階段，還有許多配套措施必須研訂。

二、我國托育服務展望

綜合上述，我國幼托服務發展至今，不只是「臺灣一項重要的社會事實」（內政部，1997），而且蓬勃發展，多樣化的托育機構林立，提供家長多元選擇，但是顯見若干隱憂：例如托育品質難以掌握，政府政策仍以隱含性、殘補性為原則，以及兒童托育服務的品質與方案不夠支持家庭需求等（葉郁菁，2006；郭靜晃等，2000），都是我國建構完整的兒童照顧與教育體系還須要努力的目標。

(一)制定完善兒童照顧政策

我國憲法第一五六條規定：「國家為奠定民族發展之基礎，應保障母性並實施婦女兒童福利政策」。國家應制定以家庭為導向的兒童政策。先進國家均意識到照顧教育兒童已經是國家的責任，不再只是父母的責任，因此全球三十個富裕國家組成之「經濟合作發展組織」（Organization for Economic Cooperation and Development）於一九九八至二〇〇〇年特別針對「兒童早期教育與照顧主題回顧」（Thematic Review of early childhood Education and Care）進行十一個國家之跨國研究計畫，希望就各國的ECEC（Early Childhood Education and Care）經驗，互為借鏡，以做為各國的決策參考（Gammage, 2006）。

而我國目前的家庭與兒童托育照顧政策還是以隱含性、殘補

性為原則,比較欠缺明顯的家庭政策與統一立法明定政府角色與定位,並且立法上缺乏各種體系的平行協調(郭靜晃等,2000)。相對於歐洲工業國家(如德、法)從九○年代即開始之「整合性兒童教育與照顧」政策(Integrated Early Childhood Education & Care),提供支持家庭的產假、親職假,以及廣設公立幼托機構,提升幼托人員專業品質等,為我國托育服務政策在「幼托整合政策」推行之際,必須平行考慮的重要方向。

(二) 提供質優量足的托育服務

■提供十二年一貫托育服務

在法國,有95%的三歲以上幼兒在國家補助的托兒設施中被照顧,北歐國家的瑞典、丹麥,也有三至四成零至二歲幼兒在國家提供的公職體系下受照顧,但在臺灣,只有二成五的幼兒可以進入公立幼托機構,其他的七成五以上念的都是私立學校(唐文慧,2004)。由此看來,我國對學齡前幼兒照顧的普遍不足,僅能依賴私有市場的供給。臺灣地區兒童托育率始終維持在20-30%之間,總體而言,兒童接受托育服務人數仍有限,臺灣兒童照顧比率略顯不足,可見國家尚有介入空間(吳老德,2004)。至於兩歲以下的「托嬰」與國小學齡兒童的「課後照顧」托育,根據前述,仍在大量的增長,但目前幾乎依賴私有市場,政府的介入實在有其必要性,尤其在這「十二年一貫托育服務產業」,政府的監督、示範與參與,不只不能缺席,還要引領此一標竿。

■嚴格執行托育服務機構與家庭托育評鑑

政府雖實施幼稚園與托兒所的評鑑制度,但評鑑報告的結果並未落實,尤其對於明顯違法或評鑑結果不理想的園所,並沒有

強制的機制可以強迫園所限期改善（賴亦志，2003）。托兒所和幼稚園尚有評鑑制度，至於安親班、民間團體經營的托嬰中心、課後照顧學校、家庭保母等，則是完全無法納入妥善的管理與評鑑考核，無形中對於兒童的安全和照顧品質形成一大隱憂（施彥宏，2005）。為免私人興學視托教為撈錢的園地，政府必須謹慎評估托育機構與家庭托育的評鑑制度，並且嚴格執行獎懲，嚴密控管托育服務品質。

■提升私立托育機構服務人員待遇與福利

　　幼兒園聘用不合格教師並不是因為合格教師不足，而是薪資太低，合格教保人員不願屈就這樣的行業，公立幼稚園、托兒所教保人員流動率偏高，就是最佳的證據（施彥宏，2005；Liu, 2004）。以幼稚園教師師資培育的管道，通過教育實習及教師資格檢定等程序均與中小學教師相同，但其待遇竟不足其七成，可見政府若要正視幼兒教育，應該從正視幼稚園教師的薪資著手（施彥宏，2005）。至於私立托兒所教保人員的待遇就更差了，甚至無勞保或健保，其高流動率已經嚴重影響幼兒的學習、依附關係等發展（Whitebook et al., 1982; Whitebook et al., 1989），私立托育機構服務人員待遇與福利攸關工作穩定性，也攸關托育品質，政府應研擬相關辦法，提升私立托育機構服務人員待遇與福利，進而提升托教品質。

■提供托育服務人員專業發展機會

　　因應社會變遷以及家庭結構之改變，托育服務人員的專業成為背負教育與照顧國家未來良好公民的重責大任（OECD, 2001; Patterson, 2005），可是臺灣對托教工作還停留在照顧小孩的觀念上：社會地位低落、薪資少、工作時數長、母職角色重疊和父權主義等等，都讓托育工作者無法提升其社會形象以及爭取合理的

工資待遇（王淑英、孫嫚薇，2003；王淑英、張盈堃，1999；Liu, 2004）。

當政府努力在整合教育與托育（education and care）提升托教服務品值之際，教保人員的專業形象必須同步提升，不能再停留在「哄孩子」的形象中，政府有責任打破這種迷思，因爲唯有專業的服務或具有專業形象的服務人員，才能說服大家是專業的服務品質、優質的保證。所以從托育服務專業人員的薪水、待遇、職前訓練、在職進修及終身學習等，政府有責任提供改善方案與提供進修管道，協助教教保人員建立專業形象與專業發展（Cameron, 2005），最終還是回饋到優質的托教服務品質讓兒童、家庭與社會均蒙惠。

(三)他山之石可攻錯

他山之石可攻錯，參考其他國家托育服務的政策，有益我國托育服務的完整建構（郭靜晃等，2000；翁麗芳；2004），共同點可爲我國制定政策之參考，相異點可爲我國「本土化」發展之參考（簡楚瑛，2003），所以觀摩與檢視各國經驗是我國規劃未來托育服務發展方向的重要方針，在宏觀的世界角度下，兼顧我國特殊國情，才能建構符合世界潮流與國家需求的優質托育服務品質。

參考書目

內政部兒童局（2005），〈94年臺閩地區兒童及少年生活狀況調查報告分析〉。臺北：內政部兒童局，http://www.npf.org.tw/PUBLICATION/SS/094/SS-R-094-011.htm。

王淑英、孫嫚薇（2003），〈托育照顧政策中的國家角色〉，《國家政策季刊》，2卷4期，頁147-174。

王淑英、張盈堃（1999），〈托育政策女性化與相關政策檢視〉，《婦女與兩性學刊》，10期，頁167-194。

王順民（2005），〈課後照顧服務的一般性考察：現況處境與未來展望〉，財團法人國家政策研究基金會，國家研究報告，社會（研）094-0011號。

王順民、張瓊云（2004），《青少年兒童福利析論——童顏、年少、主人翁！？》。臺北：洪葉。

行政院主計處（2003），〈中華民國臺灣地區家庭收支調查報告91年度〉。

行政院新聞局（2006），《中華民國年鑑》。臺北市：行政院新聞局。

吳老德（2004），幼托整合的政策制定與立法趨勢之探討，立法院院聞，85-106。

吳淑菁（2005），〈臺灣托育服務概況〉。於葉郁菁主編，《托育服務》。臺北：心理。

李欽湧（1994），《社會政策分析》。臺北：巨流。

周玟琪（2004），〈生養孩子與執業婦女何以難以兼顧？論勞基法與兩性工作平等法「制度支持不足」〉，國立中正大學「勞動基準法實施二十週年學術研討會」，嘉義縣，11月6日。

林水波、張世賢（1991），《公共政策》。臺北：五南。

林勝義（2002），《兒童福利》。臺北：五南。

施彥宏（2005），〈強化幼兒教育政策減緩少子化衝擊〉，《嘉南學報》，31期，頁476-492。

段慧瑩、張碧如、蔡嬙娟、張郁辛（2006），〈托育機構因應幼托整合政策之現況研究〉，《教育資料及研究》，68期，頁1-22。

唐文慧（2004），〈誰來照顧？臺灣幼托政策的政經分析〉，國科會專題研究計劃成果報告。臺南：成功大學。

徐聯恩、彭志琦（2006），〈我國人口結構變化對幼教環境的影響及其因應之道〉，《兒童及少年福利》，10123-140，1-7。

翁麗芳（1998），《幼兒教育史》。臺北：心理。

翁麗芳（2004），《當代日本的幼托政策》。臺北：心理。

教育部統計處各級學校概況簡表，http://www.edu.tw/EDU_WEB/EDU_MGT/STATISTICS/EDU7220001/data/serial/f.xls。

郭靜晃等（2000），《兒童福利——兒童照顧方案規畫》。臺北：揚智。

郭靜晃等（1995），《兒童福利》。臺北：揚智。

郭靜晃（2004），《兒童福利》。臺北：揚智。

陳建志（2001），《臺北市公立及公設民營托兒所經營績效之研究》，中國文化大學兒童福利研究所碩士論文。

彭淑華（1995），〈我國兒童福利法政策取向之評析〉，《社區發展季刊》，72期，頁25-40。

彭淑華（2004a），〈兒童福利政策〉，於彭淑華等編著，《兒童福利——理論與實務》，頁57-72。臺北：偉華。

彭淑華（2004b），〈兒童福利法規〉，於彭淑華等編著，《兒童福利——理論與實務》，頁74-89。臺北：偉華。

馮燕（1997），《托育服務：生態觀點的分析》。臺北：巨流。

馮燕、李淑娟、謝有文、劉秀娟、彭淑華（2000），《兒童福利》。臺北：空大。

楊曉苓、胡倩瑜（2005），〈臺北市合格家庭保母托育現況及托育服務品質認知之研究〉，《兒童及少年福利期刊》，8期，頁1-32。

賴亦志（2003），〈托育服務〉，於鄭鈞源、賴亦志、黃瑋瑩編著，《兒童福利》。臺北：群英。

簡楚瑛（2003），《幼兒教育與保育之行政與政策》（歐美澳篇）。臺北：心理。

Cameron, C. (2005). Building on integrated workforce for a long-term vision of universal early education and care. Leading the Vision Policy Papers No.3, London: Daycare Trust.

DiNitto, D. M. (2000). Social Welfare: Politics and Public Policy. Englewood Cliffs, NJ: Prentice Hall.

Dye, T. R. (2002). Understanding public policy. Englewood Cliffs, NJ: Prentice Hall.

Easton, D. (1953). The Political System. NY: Knopt.

Gammage, P. (2006). Early childhood education and care: politics, policies and possibilities. *Early Years*, 26 (3), 235-248.

Harding, L. F. (1997). *Perspectives of Child Care Policy* (2nd ed.) London: Longman

Kadushin, A. & Martin, J. A. (1988). *Child Welfare Services* (4th ed.).NY: Macmillan.

Laird, J. & Hartman, A. (eds.) (1985). *A Handbook of Child Welfare-context, Knowledge*, and Practice. NY: The Free Press.

Lasswell, H. D. & Kaplan, A. (1950). Power and Society. New Heaven: Yale University Press.

Liu, C. H. (2004). *Preschool teacher stress*. Unpublished PhD dissertation of Education School, Birmingham University, UK.

OECD (2001). *Starting Strong: Early Childhood Education and Care*. Paris: OECD.

Patterson, K. (2005). Howard government enhances support for the child care industry. (media release), Canberra, government of Australia, 11 Nov.

Whitebook, M.; Howes, C. & Phillips, D. (1989). *Who cares? Child care teacher and the quality of care in America*. National Child care Staffing Study Oakland, CA: Child Care Employee Project.

Whitebook, M.; Howes, C.; Darrah, R. & Friedman, J. (1982). Caring for the caregivers: staff burnout in child care. In L. Katz (ed.), *Current Topics in Early Childhood Education Vol. 4*. Norwood, NJ: Ablex.

第二篇

我國托育服務
主要系統

第四章

保母家庭托育服務

許雅喬

　　臺灣目前已經進入少子化的年代，加上快速而繁忙的工商業社會，致使大多數家庭均以小家庭及雙薪家庭為主流，所以新生兒的誕生對有職業的媽媽而言，就必須面臨寶寶托育的選擇問題。

　　政府為解決婦女托兒的困難，並使我國托育服務品質提昇，自民國八十七年行政院辦理第一屆保母丙級技術士檢定考後，對於保母專業的要求更趨嚴格。及至二○○七年一月，教育部通過「兒童教育及照顧法」草案，規定沒有證照的保母不能受托幼兒，可見政府及相關單位越來越重視家庭托育服務品質及問題。但事實上，保母家庭托育服務的相關法令仍舊不夠完備及詳盡，何況市場混亂，以致服務品質參差不齊。

　　以下即就我國保母家庭托育服務現況、保母家庭托育政策與法規，及其趨勢和議題作一簡要的說明。

 # 第一節　保母家庭托育服務現況

　　家庭保母是融合經濟生產與家庭工作的職業，以家庭現有的資源，包括空間、設備、人力等來從事具經濟價值的生產性工作（Molgaard, 1993; Saggers, Grant, Woodhead & Banham, 1994; 張碧如、蔡嬋娟，2004），一般認為這種照顧方式比起托育機構的服務具彈性，而且照顧的孩子較少，父母較能安心及接受。

　　然而，E世代的父母，生得少、工作繁忙，對於保母的要求，往往有別於以往只要求餵養、照顧而已，還希望保母能夠兼負教育功能。這也是市場上大量興起嬰幼兒托育中心的原因，強調專業照顧技能、知識、態度，以及優良的設備，以區隔傳統家庭托育的服務機能。

　　不過，目前保母家庭托育的服務市場相當混亂，父母應該將小寶寶交給何種保母或機構形態？則是難以抉擇的選題。但無論何種型態的保母或機構，根據內政部兒童局（2001）的調查，保母應該具備的最重要選項，依其重要性包括：

1.有幼兒照顧經驗。
2.身心健康、生活規律、無不良嗜好。
3.具愛心、耐心、喜愛兒童。
4.住屋環境整潔、安全。
5.具有保母證照。
6.瞭解不同年齡孩子的需要與行為發展。

　　根據統計報告得知，從二○○一年臺閩地區兒童生活狀況，在零至三歲幼兒的保母托育占7.18%，而三至六歲幼兒的保母托育則占1.25%，由此可知，利用家庭托育型態者主要為三歲以下嬰幼兒之家庭。而目前臺灣地區學齡前兒童約有一百五十五萬人（內政部兒童局，2004），零至三歲之人口數約69.6萬人。若以二○○一年送托保母之比例計算，推估目前約有六萬名學齡前幼兒待在保母家。若以每名保母收托不超過三名幼兒為原則來推估，則臺灣地區至少有兩萬名以上的現職保母，然而實際收托比例為何，並無確切的數據（楊曉苓、胡倩瑜，2005）。

　　目前市場上的保母分類，約可分為四大類：傳統保母、結訓保母、證照保母及受輔導保母（參閱**表4-1**），其中後三者是邁向專業保母之路，但只有後兩者才是合格的保母。亦即傳統保母就是未經任何訓練的無照保母；結訓保母乃指非幼保科系，經過政府委訓八十個小時以上的專業課程，並取得結業證書者；證照保母是指結訓保母及幼保相關科系畢業生參加保母檢定，學科及術科合格取得丙級技術士證者；至於受輔導保母，則是指結訓及證照保母審核

表4-1　目前市場保母的分類

傳統保母	末經過任何訓練的無照保母。
結訓保母	非幼保科系，經過政府委訓八十個小時以上的專業課程，並取得結業證書者。
證照保母	結訓保母及幼保相關科系畢業生參加保母檢定，學科及術科合格取得丙級技術士證者。
受輔導保母	結訓及證照保母審核通過參加政府「社區保母支持系統者」。

資料來源：許雅芳（2005）。

通過參加政府「社區保母支持系統者」。

　　根據楊曉苓、胡倩瑜（2005）針對臺北市現職合格保母為對象的研究指出，發現現職合格保母在托育個人特性中，保母的性別多為女性，年齡層以中年為主。此外，大多為已婚者，且多數的保母工作，都受到家人支持。在教育程度上與相關科系方面，受訪保母之教育程度以高中職為多，且多數保母沒有幼保相關學歷背景。在托育現況中之專業特性中，研究發現受訪的保母多數為托育年資長，有豐富的托育經驗。就托育類型而言，大多數保母以提供八至十二小時的日間托育為主。至於受訪保母之托兒數則為1.52人。在保母的托育對象年齡層方面，受訪保母較多托育的是三歲以下的幼兒。每週工作的時間，受訪保母每週工作時數以五十一至六十小時為主。在薪資特性上，37.9%的保母其月薪在臺幣一萬五至兩萬元間，其次為三萬元以上，占了23.2%。在專業訓練部分，高達98.2%的保母曾接受某些類型的專業訓練，且平均每位保母接受過2.67類的專業訓練。

　　因此，市場上的保母需求並非以證照為首要考量要素。不過，證諸相關研究，證照保母在養育能力方面，顯然比非證照保母優秀，並且和家長在共養育的互動與支持度也較佳（郭育祺，

2004）。所以保母的專業素質不容輕忽，目前政府相關單位也逐漸重視，而且透過市場動力的催化，再加上保母自我提升專業的意願，期能有效地促進傳統保母逐步邁向專業、證照及加入支持系統的領域（參閱**表4-2**、**表4-3**）。

表4-2　家庭托育保母專業化的發展歷程

年代	發展的歷程
76年	臺北市開始委託家扶中心，實施第一次免費的「家庭托育保母專業訓練及轉介」的服務。
77年	正式委託臺北市家扶中心代訓保母。臺北市將相關機構或課後托育單位納入制度管理。
78年	高雄市試辦「鄰里家庭托育服務」，培訓保母課程，並提供轉介服務。
79年	臺灣省政府社會處委託中華兒童福利基金會辦理各地之保母訓練工作。
82年	內政部開始擬定保母證照化制度。
84年	內政部依兒童福利法第十一條規定保母人員應經技術士檢定及格，並取得技術士證。
87年	第一屆的技術檢定考（行政院勞工委員會），須通過健檢。 內政部召開「家庭托兒保母人員督導事宜」，以建立督導制度。
88年	內政部函文各單位確立家庭托兒督導事宜，查照辦理。 成立兒童局，設有托育服務組執掌管理。 臺北市社會局試辦「保母督導系統」。
89年	兒童局以第890044720號函頒「社區保母支持系統計畫」，其督導內容：職前訓練、媒合轉介、支持輔導工作（諮詢、家訪輔導、在職訓練）。
90年	內政部發函各縣市政策性推動社區保母支持系統。
93年	建立保母支持系統。
94年	核心課程為126小時。

資料來源：許雅芳（2005）。

表4-3　目前社區保母支持系統的發展成果

91年4月	新竹縣保母職業工會承辦由內政部兒童局主管、新竹縣政府社會局主辦之「社區保母支持系統」。
91年11月	舉辦「新竹縣社區保母支持系統」工作研討會，會中擬訂來年各項工作方針及長中短期系統推廣規劃。
92年1月	舉辦「新竹縣社區保母支持系統——91年度工作成果發表」，初步統計，納入支持系統的保母人數為50名。
92年6月	舉辦「新竹縣社區保母支持系統」92年度工作研討會。
92年7月、11月	舉辦四場社區保母支持系統在職訓練，加強延伸所有系統中在職保母的本職學能、育兒新知及相關系統工作業務概況。
92年12月	舉辦「92年度新竹縣社區保母支持系統——親職活動暨系統推廣座談會」，廣邀系統所輔導之保母及其所受托育之幼兒和家長共同參與，以期達到「雙向溝通、提昇素質」之功能，會後並進行相關問卷調查，以作考據。
93年1月	舉辦「新竹縣社區保母支持系統——92年度工作成果發表」，統計至舉辦日止，登記在職之系統保母成員人數已達103名。

資料來源：許雅芳（2005）。

第二節　保母家庭托育服務政策與法規

　　保母家庭托育向來屬於三不管地帶，其服務政策及法規缺乏統整及管理，雖然政府推廣證照制度多年，但由於沒有罰則及明確的管轄單位，多數保母仍然無照，照顧的品質及幼兒安全令人憂心。

　　目前比較明確的有關保母家庭托育服務政策及法規，大致上以兒童及少年福利法規、托兒所相關法規、臺北市兒童福利機構設置標準與設立自治條例相關托嬰法規爲主軸，並且旁及臺北市政府托育資訊服務網的保母契約和相關民法及刑法的法條。此外則爲教育部最新公布的「兒童教育及照顧法」草案，以及內政部規劃的保

母人員技術士技能檢定等規定，以下分別加以陳述：

一、兒童及少年福利法規

(一)保母人員定義

「兒童及少年福利機構專業人員資格及訓練辦法」第二條規定，保母人員指於托育機構、安置及教養機構照顧未滿二歲兒童之人員。

(二)保母資格要點

「兒童及少年福利機構專業人員資格及訓練辦法」第五條規定，保母人員應具備下列資格之一：

1.高中（職）以上學校幼兒保育、家政、護理相關科系畢業，並取得保母丙級技術士證者。
2.高中（職）以上學校畢業，修畢保母、教保或保育核心課程，並取得保母丙級技術士證者。
3.其他於本辦法施行前，已取得保母人員丙級技術證者，於本辦法施行起十日內，得遴用為保母人員。

(三)受托幼兒不當對待的相關項目及罰則

1.「兒童及少年福利法」第三十條規定，任何人對於兒童及少年不得有下列行為：
(1)遺棄。
(2)身心虐待。

(3)利用兒童及少年從事有害健康等危害性活動，或欺騙之行為。

(4)利用身心障礙或特殊形體兒童及少年，供人參觀。

(5)利用兒童及少年行乞。

(6)剝奪或妨礙兒童及少年接受國民教育之機會。

(7)強迫兒童及少年婚嫁。

(8)拐騙、綁架、買賣、質押兒童及少年，或以兒童及少年為擔保之行為。

(9)強迫、引誘、容留或媒介兒童及少年為猥褻行為或性交。

(10)供應兒童及少年刀械、槍、彈藥或其他危險物品。

(11)利用兒童及少年拍攝或錄製暴力、猥褻、色情或其他有害兒童及少年身心發展之出版品、圖畫、錄影帶、錄音帶、影片、光碟、磁片、電子訊號、遊戲軟體、網際網路或其他物品。

(12)違反媒體分級辦法，對兒童及少年提供或播送有害其身心發展之出版品、圖畫、錄影帶、影片、光碟、電子訊號、網際網路或其他物品。

(13)帶領或誘使兒童及少年進入有礙其身心健康之場所。

(14)其他對兒童及少年或利用兒童及少年犯罪，或為不正當之行為。

2.「兒童及少年福利法」第三十二條規定，父母、監護人或其他實際照顧兒童之人，不得使兒童獨處於易發生危險或傷害之環境；對於六歲以下兒童或需要特別看護之兒童及少年，不得使其獨處，或由不適當之人代為照顧。

3.「兒童及少年福利法」第六十條規定，若違反第三十二條規定者，處新臺幣三千元以上，一萬五千元以下罰鍰。

(四)受托幼兒有下列情形應通報主管機關的相關法規

1.「兒童及少年福利法」第三十四條規定，醫事人員、社會工作人員、教育人員、保育人員、警察、司法人員及其他執行兒童及少年福利業務人員，知悉兒童及少年有下列情形之一者，應立即向直轄市、縣（市）主管機關通報，至遲不得超過二十四小時：

  (1)施用毒品、非法施用管制藥品或其他有害身心健康之物質。

  (2)充當第二十八條第一項場所之侍應。

  (3)遭受第三十條各款之行為。

  (4)有第三十六條第一項各款之情形。

  (5)遭受其他傷害之情形：

   ・其他任何人知悉兒童及少年有前項各款之情形者，得通報直轄市、縣（市）主管機關。

   ・直轄市、縣（市）主管機關於知悉或接獲通報前二項案件時，應立即處理，至遲不得超過二十四小時，其承辦人員並應於受理案件後四日內提出調查報告。

   ・第一項及第二項通報及處理辦法，由中央主管機關定之。

   ・第一項及第二項通報人之身分資料，應予保密。

2.「兒童及少年福利法」第四十八條規定，父母或監護人對兒童及少年疏於保護、照顧情節嚴重，或有第三十條、第三十六條第一項各款行為，或未禁止兒童及少年施用毒品、非法施用管制藥品者，兒童及少年或其最近尊親屬、主管機關、兒童及少年福利機構或其他利害關係人，得聲請法院宣

告停止其親權或監護權之全部或一部，或另行選定或改定監護人；對於養父母，並得聲請法院宣告終止其收養關係。

法院依前項規定選定或改定監護人時，得指定主管機關、兒童及少年福利機構之負責人或其他適當之人為兒童及少年之監護人，並得指定監護方法，命其父母、原監護人或其他扶養義務人交付子女、支付選定或改定監護人相當之扶養費用及報酬，命為其他必要處分或訂定必要事項。

前項裁定，得為執行名義。

3.「兒童及少年福利法」第六十一條規定，違反第三十四條第一項規定而無正當理由者，處新臺幣六千元以上，三萬元以下罰鍰。

(五)保母須接受親子教育輔導之相關法規

「兒童及少年福利法」第六十五條規定，父母、監護人或其他實際照顧兒童及少年之人有下列情事之一者，直轄市、縣（市）主管機關得令其接受八小時以上五十小時以下之親職教育輔導，並收取必要之費用；其收費規定，由直轄市、縣（市）主管機關定之：

1.對於兒童及少年所為第二十六條第一項第二款行為，未依同條第二項規定予以禁止。

2.違反第二十八條第二項、第二十九條第一項、第三十條或第三十二條規定，情節嚴重。

3.有第三十六條第一項各款情事之一者。

(1)經直轄市、縣（市）主管機關令其接受前項親職教育輔導，有正當理由無法如期參加者，得申請延期。

(2)拒不接受第一項親職教育輔導或時數不足者，處新臺幣

三千元以上，一萬五千元以下罰鍰；經再通知仍不接受者，得按次連續處罰，至其參加為止。

二、托育機構有關托嬰服務的相關法規

(一)托嬰中心

「兒童及少年福利機構設置標準」第六條規定，托嬰中心專門收托未滿兩歲的兒童。其中托嬰中心若兼辦托兒業務、托兒所若兼辦托嬰業務，應報請主管機關許可，其兼辦業務收托人數不得超過原申請設立托育機構之收托對象人數，且其主要活動空間應相互區隔。

(二)托嬰基本設施

「兒童及少年福利機構設置標準」第二十條規定，專辦或兼辦托嬰中心，除第一項設施（設備）外，並應增設調奶檯、護理檯及沐浴檯或沐浴設備：

1. 調奶檯：長一百二十公分至一百五十公分，寬五十公分至六十公分，離地面高五十公分至八十五公分。
2. 護理檯：長一百五十公分至二百公分，寬五十公分至六十公分，離地面高五十公分至八十五公分。
3. 沐浴檯或沐浴設備：長一百五十公分至二百公分，寬五十公分至六十公分，離地面高五十公分至八十五公分。

(三)最低面積

「兒童及少年福利機構設置標準」第九條規定，兒童安置機構應具有下列設施（設備）：寢室（含工作人員值夜室）、盥洗衛生設備、廚房、醫務室、保健室或保健箱、餐廳、辦公室、活動室、諮商（輔導）室、圖書室。此外應符合第十條規定：

1. 專辦托嬰業務者，合計應達六十平方公尺以上。
2. 專辦托兒業務、托兒所兼辦托嬰業務、托嬰中心兼辦托兒業務、托兒所兼辦課後托育業務或專辦課後托育業務者，合計應達一百平方公尺以上。

(四)人員編制

托育機構除另有規定外，應置專任主管人員一人，綜理機構業務，並依「兒童及少年福利機構設置標準」第十一條規定配置工作人員。托嬰中心除應置特約醫師或專任護理人員至少一人外，每收托五名兒童應置護理人員、教保人員、助理教保人員或保母人員一人，未滿五人者，以五人計。

三、臺北市兒童福利機構設置標準與設立自治條例相關托嬰法規

(一)收托幼兒的規定

「臺北市兒童福利機構設置標準與設立自治條例」第十七條規定，托兒機構收托方式分下列四種：

1.半日托：每日收托時間在三至六小時者。

2.日間托：每日收托時間在七至十二小時者。

3.全日托：收托時間連續二十四小時以上者。

4.臨時托：因家長暫時需要收托者，每次不得超過十二小時。

　　托兒機構收托一歲以上之兒童，除家長因特殊情形短期無法照顧，經報請主管機關核備者外，不得為全日托。

(二)樓層及設備的規定

1.「臺北市兒童福利機構設置標準與設立自治條例」第十八條規定，托兒機構其樓層依下列規定：

(1)托嬰中心及托兒所：以地面層一樓及二樓層為限。如需使用至第三樓層，則該樓層不得供兒童使用。

(2)兒童托育中心：以地面層一樓至四樓層為限。

2.「臺北市兒童福利機構設置標準與設立自治條例」第十九條規定，托兒機構應符合下列規定：

(1)室內活動淨面積：每人不得少於1.5平方公尺。

(2)室外活動面積：每人不得少於1.5平方公尺，無室外活動面積時，得以室內活動淨面積替代。但每人應占室內活動淨面積不得少於2平方公尺，合計不得少於3.5平方公尺。

(3)前項機構之土地及建築改良物如為租賃（借用）者，至少應訂定三年以上租賃（借用）契約，並經法院公證。

3.「臺北市兒童福利機構設置標準與設立自治條例」第二十條規定，托兒機構應具備下列設施（設備）：

(1)教保活動室。

(2)遊戲空間。

(3)寢室及寢具設備。

(4)保健室或保健箱。

(5)辦公區或辦公室。

(6)廚房。

(7)盥洗衛生設備。

(8)其他法令規定之必須設備。

前項第一款至第五款之設施（設備）得視實際需要調整併用。

第一項第七款之兒童廁所設備每二十名兒童設置二套，未滿二十名以二十名計，每增加十五名兒童增設一套；其規格應合於兒童使用。

托嬰中心除第一項設施（設備）外，並應增設調奶檯、護理檯及沐浴檯或沐浴設備（基本要求和托兒所法規相同）。

(三)專任人員的要求

1. 「臺北市兒童福利機構設置標準與設立自治條例」第二十一條規定，托兒機構應置下列專任人員：

   (1)所長（托嬰中心、兒童托育中心為主任）。

   (2)保育人員。

   (3)助理保育人員及行政人員得視需要設置之。

   (4)托嬰中心應置專任護理人員及特約醫師。

   (5)收托滿一百人之托兒所及兒童托育中心，應置專任護理人員及社會工作人員；未滿一百人者得以特約或兼任方式辦理。

2. 「臺北市兒童福利機構設置標準與設立自治條例」第二十二條規定，托兒機構專業人員應依下列規定設置之：

　　(1)收托滿二個月至未滿二歲之兒童，每五名應置護理人員，
　　　或保育人員或助理保育人員一名，未滿五人者以五名計。
　　(2)收托滿二歲至未滿四歲之兒童，每十名應置保育人員或
　　　助理保育人員一名，未滿十名者以十名計。

四、保母契約相關規定
（臺北市政府托育資訊服務網）

(一)保母契約

　　保母契約之意義：「保母契約」為當事人約定一方為他方照
顧孩童，他方支付報酬之契約，亦可稱為「托兒契約」、「保母聘
僱契約」等，只要顯示委託保母照顧孩童之意思，名稱如何，不影
響契約的效力。

(二)保母契約的重要性質

1.母契約為債權契約，只能約束簽約的當事人，未參加約定的
　其他關係人，即使是受托孩童的父母、祖父母或保母的配
　偶，也沒有履行契約的義務，除非他們同意作履約保證人或
　連帶保證人。
2.保母契約是不要式契約，也就是沒有一定的形式，不一定要
　作成書面，只要雙方就約定的主要內容意思一致，契約就算
　成立，雙方都有履行的義務。
3.書面契約有以下防止紛爭之優點：
　(1)促使當事人慎重行事：口頭約定容易流於輕率，訂立書
　　　面契約，一般人較為慎重，且透過逐條討論，可促使當
　　　事人仔細考慮相關事項。

(2)釐清雙方權利義務：以文字將約定內容記載清楚，確定當事人的權利義務範圍，可減少日後之爭執。

(3)補強記憶：書面資料可防止當事人因記憶消退或錯誤，對約定內容有不同的主張。

(4)留存證據：如果雙方就約定之內容發生爭議，契約書可為強而有力的證據。

(三)事故責任

孩童成長過程中，難免有生病、受傷或死亡情形發生。有些事故純粹出於意外，如天災、人禍等。有些肇因於嬰兒的特殊體質，如嬰兒猝死症、突發性心臟病等，都無法事先預防，保母如果沒有過失，即不能要求他們負責。但若保母可以預先防範卻疏於注意，如明知孩童體質虛弱，仍隨意帶他進出醫院，或明知孩童對花粉敏感，仍讓其在公園內玩耍，就不能免責。換言之，保母只在故意或有過失時，才有責任。保母可能面對之事故責任包括刑事責任、民事責任及兒童及少年福利法所定的責任。

五、其他相關之刑事及民事相關法規

（臺北市政府托育資訊服務網）

(一)刑事部分

1.保母如果因故意或過失致使孩童受傷或死亡，所觸犯之罪可分為告訴乃論及非告訴乃論兩大類：

(1)屬告訴乃論者，有普通傷害、過失傷害與業務過失傷害罪等，孩童的父母或其他告訴權人可以在知悉後六個月內對行為人提出告訴，超過六個月，不得再告。提起告

訴後，在地方法院言詞辯論終結前，告訴人可以撤回告訴。

(2)屬非告訴乃論者，有普通傷害致重傷或致死罪、重傷罪、重傷致死罪、重傷未遂罪、業務過失致死罪及違背法令契約義務遺棄罪等，只要有人告發，讓檢察官知情，都應依職權進行偵查，無告訴期限的問題。

2.兒童及少年福利法規定，成年人教唆、幫助或利用兒童及少年犯罪，或與之共同犯罪，或故意對其犯罪者，加重其刑至二分之一。對於兒童、少年犯罪者，兒童福利主管機關得獨立提出告訴，不受孩童之父母是否提起告訴拘束。

(二)民事部分

1.賠償責任：保母有保護孩童安全的責任，如孩童因保母之故意過失而受傷或死亡，應對孩童及契約之相對人，即孩童之父母等，負違約及侵權行為之損害賠償責任。

2.賠償之範圍：

(1)被害人受傷者：被害人得請求賠償因傷害所受之一切損失，包括醫藥費、看護費、交通費、喪失或減少勞動能力，或增加生活上之需要之損失及精神上損害賠償等。因孩童尚未成年，此等請求必須由法定代理人（通常為父母）代為提起或經其同意提起。

(2)孩童死亡者：死者父母除以上費用外，另可請求精神上慰藉金。支付殯葬費用的人，也可要求賠償所付費用。

3.其它：當保母拿不到保母費，可以進行下列幾項動作：(1)口頭催告；(2)存證信函；(3)調解委員會；(4)法院──簡易或小額訴訟。並參考下列相關的民法法規（賴月蜜，2005）：

(1)民法第二百五十條：當事人得約定債務人於債務不履行時，應支付違約金。違約金，除當事人另有訂定外，視爲因不履行而生損害之賠償總額。其約定如債務人不於適當時期或不依適當方法履行債務時，即須支付違約金者，債權人除得請求履行債務外，違約金視爲因不於適當時期，或不依適當方法履行債務所生損害之賠償總額。

(2)民法第二百五十一條：債務已爲一部履行者，法院得比照債權人因一部履行所受之利益，減少違約金。

(3)民法第二百五十二條：約定之違約金額過高者，法院得減至相當之數額。

(4)民法第二百五十八條：解除權之行使，應向他方當事人以意思表示爲之。契約當事人之一方有數人者，前項意思表示，應由其全體或向其全體爲之。 解除契約之意思表示，不得撤銷。

(5)民法第二百六十六條：因不可歸責於雙方當事人之事由，致一方之給付全部不能者，他方免爲對待給付之義務，如僅一部不能者，應按其比例減少對待給付。前項情形已爲全部或一部之對待給付者，得依關於不當得利之規定，請求返還。

(6)民法第二百六十七條：當事人之一方因可歸責於他方之事由，致不能給付者，得請求對待給付。但其因免給付義務所得之利益或應得之利益，均應由其所得請求之對待給付中扣除之。

六、「兒童教育及照顧法」草案

　　近來虐童事件頻傳，教育部二○○七年一月二十四日通過「兒童教育及照顧法」草案，希望能連同內政部統合整個托兒體系，包括學齡前保母、托嬰中心、幼稚園、安親班等人員及機構一併納入管理。其中有關家庭保母托育的收托人數、保母資格，以及罰則和管轄機關的規定如**表4-4**所說明。

　　此法案規定未來沒有執照的保母，不能再收取費用替人帶孩子，而且必須取得教保人員證照，否則會被處六至三十萬元的罰款，且抓一次罰一次，三親等以外的收費保母必須取得證照，才擁有資格帶小孩，但如果是由親戚或者朋友幫忙，且未收費，就不受該法的保母資格限制（東森新聞，2007年1月25日）。

表4-4　「兒童教育及照顧法」草案內容

要項	草案內容
收托人數	1.未滿兩歲的幼兒，一位保母最多只能照護兩名。 2.二至六歲的幼兒，一位保母最多可照護三名。
資格	1.取得教保人員證照。 2.有性騷擾、性侵害、虐兒前科且被判刑確定者，均不得擔任保母或出任幼教機構工作。
罰則	1.保母如果虐兒或讓兒童看妨礙身心發展的刊物或影音產品，都將被罰三至十五萬元罰金。 2.沒有保母執照者，罰六至三十萬元罰金。 3.曾有性侵害、性騷擾或虐待兒童行為，經判刑確定或尚未結案的教保人員或教保機構服務人員，應予以免職、解聘、解雇。
管轄機關	二歲以下嬰幼兒的托嬰中心或居家照顧保母，仍歸內政部主管。

資料來源：作者整理，http://tw.news.yahoo.com/article/url/d/a/070125/17/9rkc.html，2007年1月25日。

七、保母人員技術士技能檢定規範

　　不管是因應市場需求，或是配合政府相關單位的要求，保母必須有意而積極地加強專業知識，才能符合需求。因此，成為證照保母是刻不容緩的事，唯有專業的保母才能為整體社會謀福祉。

　　目前經由內政部勞委會頒布「保母人員技術士技能檢定規範」，規範保母報考資格及考試內容，其相關規定如下所述：

(一)保母證照檢定的應檢資格及相關科系規定

■應檢資格

1. 年滿二十歲，完成國民義務教育，民國五十九年前，以小學畢業證書為準，民國六十年後，以國民中學畢業證書為準。並接受各級社政主管機關，或其認可之單位所辦理，累計時數至少八十小時保母人員訓練合格，且取得保母結業證書或累計卡證明者。
2. 高中職以上幼保相關科系畢業。

■高中（職）以上幼保相關科系

1. （嬰）幼兒保育（學）（技術）科（系、所）。
2. 青少年兒童福利學系（所）。
3. 生活應用科學（學）（技術）系（所）──兒童與家庭（研究）組。
4. 生活應用科學（學）（技術）系（所）──幼教組。
5. 護理（學）科（系、所）。
6. 家政（教育）（學）科（系、所）。

7.幼兒教育（學）系（所）。

8.幼稚園教師教育學程。

9.幼稚（兒）教育師資科。

10.生活應用科學（學）（技術）系（所）──學前教育組。

11.兒童發展與家庭學系。

12.家庭研究與兒童發展學系。

13.兒童發展與家庭教育學系。

14.人類發展與家庭學系。

15.特殊教育學系（幼教組）。

16.社會福利學系。

17.社會工作學系。

(二)專業保母相關訓練規定

■專業保母的訓練課程內容

基礎課程為八十四小時，實習課程為十六小時，其內容如下所述：

1.嬰幼兒托育導論。

2.嬰幼兒托育發展與政策（含嬰幼兒動作、身心、人格發展等）。

3.嬰幼兒保育（含照顧、營養、食物調配等）。

4.嬰幼兒衛生保健（含疾病、意外傷害預防與急救處理）。

5.嬰幼兒生活與環境（含環境規劃、布置，以及活動、遊戲之設計等）。

6.親職教育（含溝通、教養技巧）。

7.特殊嬰幼兒照顧（含殘障兒童）。

8.育嬰示範（協助兒童如廁、洗澡、洗頭、換衣服等）。

表4-5　專業保母的訓練課程

課程及時數（臺北市為例）	基礎課程：八十四個小時 實習課程：十六個小時
八十四小時的基礎課程	1.嬰幼兒托育導論。 2.嬰幼兒托育發展與政策（含嬰幼兒動作、身心、人格發展等）。 3.嬰幼兒保育（含照顧、營養、食物調配等）。 4.嬰幼兒衛生保健（含疾病、意外傷害預防與急救處理）。 5.嬰幼兒生活與環境（含環境規劃、布置，以及活動、遊戲之設計等）。 6.親職教育（含溝通、教養技巧）。 7.特殊嬰幼兒照顧（含殘障兒童）。
十六小時的實習課程	1.育嬰示範（協助兒童如廁、洗澡、洗頭、換衣服等）。 2.調製兒童食物（沖泡牛奶及製作副食品）。 3.說故事。 4.幼兒意外傷害人工急救，即CPR（含嬰幼兒呼吸道阻塞急救法及心肺復甦術演練）。 5.疾病處理與照顧。 6.家庭訪視。 7.模擬考場。
受訓費用	大多在五千至七千元不等，各地不一，可尋求補助。
受訓資格	1.需年滿二十歲，且完成國民教育（民國五十九年前，以小學畢業證書為準，民國六十年後，以國民中學畢業證書為準）。 2.需身心健康，無肺結核或其他傳染病者。 3.已婚、未婚均可，但以已婚、育有子女為優先。

資料來源：許雅芳（2005）。

9.調製兒童食物（沖泡牛奶及製作副食品）。

10.說故事。

11.幼兒意外傷害人工急救，即CPR（含嬰幼兒呼吸道阻塞急救法及心肺復甦術演練）。

12.疾病處理與照顧。

13.家庭訪視。

14.模擬考場。

(三)保母證照檢定的相關規定

有關保母證照檢定的有關報名簡章發售地點亦可至「勞委會中部辦公室網站」查詢，目前丙級參考資料是屬公開題庫，命題委員會參考手冊內容，從其中選出試題進行考試。有關保母考試題庫及報名簡章，臺北行政院勞委會職訓局也有出售。

至於學科測驗內容包括嬰幼保健、嬰幼兒保育概論、嬰幼兒的活動設計、親職溝通、基本托育法律常識等，其測驗方法分學科和術科兩個部分，學科測試成績以達到六十分（含）以上為及格，術科測試成績之評定，按各職類試題所訂評分標準之規定辦理。僅學科及格者，其成績最長得保留三年，第二年後拿學科及格證明表報名，可免筆試。不論學科成績是否及格均可參加術科測試；學科或術科成績及格者可保留三年，於下次報名時檢具及格成績單，申請免試學科或免試術科。

此外，報名時須準備身分證正本及影本兩份、學歷證件正本及一份影本、非幼保科系另需訓練時數證明，如累計時數卡，結業證明正本（驗畢退還）及影本一份。還有個人照片五張和健康檢查合格表。若懷孕者欲報檢參加保母人員測試，但未能於規定時間內出具合格健康檢查表內之「結核病胸部X光檢查」乙項者，除須檢

附健康檢查表中另二項合格證明外，須檢附登記有案之醫療院所開立之懷孕證明及繳交懷孕人員報檢保母人員補件切結書，且報檢人應於生產後兩個月內補繳合格證明，逾期未繳則當年度之成績視同無效。

表4-6　保母證照檢定的相關規定

學科測驗內容	嬰幼保健、嬰幼兒保育概論、嬰幼兒活動設計、親職溝通、基本托育法律常識等。
學科測驗方法	測驗卡（電腦卡）作答，有是非及選擇兩種。 以九十年為例，是非及選擇各五十題，每題一分，計一百分，測驗時間為一百分鐘。
術科測驗內容	清潔區、調製區、遊戲學習區、安全醫護區等四區，各區又有兩題，應考者進入試場才抽其中一題應考，故須準備所有試題，合計八個試題。
哪裏找考題	有關報名簡章發售地點亦可至「勞委會中部辦公室網站」查詢，目前丙級參考資料屬公開題庫，命題委員會參考手冊內容，從其中選出試題進行考試。有關保母考試題庫及報名簡章，臺北市行政院勞委會職訓局有出售，電話：（02）23831699轉166或168；員工消費合作社勞工委員會職業訓練局：臺北市100 忠孝西路一段6號12樓。 此外，可上網路的線上模擬考題及解答。
報名須備證件	1.身分證正本（驗畢退還）及影本兩份（黏貼於報名表上）、學歷證件正本（驗畢退還）及一份影本、非幼保科系另需訓練時數證明，如累計時數卡，結業證明正本（驗畢退還）及影本一份。 2.照片五張。 3.健康檢查合格表（含結核病胸部X光檢查、肝炎免疫球蛋白M抗體（IgM anti-HAV）、HIV抗體（anti-HIV）。已取得者，不得超過三個月。 4.健康檢查指定醫院名單，請上網查詢（查詢網址:http://www.aidc.com.tw/）或撥 0800-208020 查詢。 5.若懷孕者欲報檢參加保母人員測試，但未能於規定時間內出具合格健康檢查表內之「結核病胸部X光檢查」乙項者，除須檢附健康檢查表中另二項合格證明外，須檢附登記有案之醫療院所開立之懷孕證明及繳交懷孕人員報檢保母人員補件切結書，且報檢人應於生產後兩個月內補繳合格證明，逾期未繳則當年度之成績視同無效。
報名費	1.術科測驗費：一千八百元。 2.學科測驗費：二百七十元。
報名及考試時間	1.報名時間：約每年一月。 2.考試時間：約每年三月。 附註：依主辦及承辦單位而不同。

（續）表4-6　保母證照檢定的相關規定

成績的評定	學科測試標準答案於測試完畢，翌日即於網站（http://www.labor.gov.tw/）公布。 學科測試成績以達到六十分（含）以上為及格；學科測試成績在測試後，四週內評定完畢，並寄發成績通知單。 術科測試成績之評定，按各職類試題所訂評分標準之規定辦理；術科測試成績經評定後，由術科承辦單位函送行政院勞工委員會中部辦公室，據以寄發術科測試成績通知單。
考試保留時間	1.僅學科及格者，其成績最長得保留三年。（第二年後拿學科及格證明表報名，可免筆試）。 2.不論學科成績是否及格均可參加術科測試；學科或術科成績及格者可保留三年，於下次報名時檢具及格成績單，申請免試學科或免試術科。

資料來源：許雅芳（2005）。

第三節　保母家庭托育趨勢與議題

一、政府重新省視保母家庭托育政策及法規

　　保母家庭托育服務已經進行多年，以往較不被重視。政府從一九九八年開辦丙級合格保母至今，已歷經快十年，而至二〇〇五年，內政部兒童局重新修正「兒童及少年福利機構專業人員資格及訓練辦法」，讓原本僅能從事家庭托育的保母可進入各兒童及少年福利機構工作，這是對於取證保母的肯定。加上虐童及不當照顧事件頻傳，教育部於二〇〇七年一月二十四日通過「兒童教育及照顧法」草案，規定日後保母必須具有證照。

　　然而，這些政策及法規的頒布與實施，是否能確實因應實務界上的需求，仍是個考驗。因此政府及相關單位必須重新省視保

母家庭托育政策及法規，並且要促使保母家庭、托育體系及整體社會緊密結合，與重視保母專業素質（參閱**表4-7**），才能確實為幼兒、父母、社會謀福利。

因此，政府及有關單位必須省思以下幾個議題，才能使國內的保母家庭托育跟得上時代的潮流：

(一)保母專業化課程規劃

1.各保母專業培訓團體及社區保母支持系統，在課程的規劃方面，應更適合保母的需求，如增加學習活動的知能與技能、嬰幼兒的實務實習部分。

2.我國的八十小時養成訓練，相較於英美兩國稍顯不足（Children's Defense Fund, 1991; NVQ, 2002; 楊曉苓，胡倩瑜，2005）。

3.定期舉辦保母專業研習（含所有現職保母）。

(二)積極推動勞資互惠

1.保母薪資不高，如何透過各專業團體為保母爭取福利，讓保母的基本薪資及福利得到保障，並規範基本及加班時數與薪給的標準。

表4-7 影響保母專業素質的三個系統

保母家庭	家庭成員的支持及協助
托育體系	利用托育體系將保母工作定位，以明確其服務內容、責任及報酬。
整體社會	政府的管理策略及重視，如加強專業訓練、督導系統及保母法令制度。

資料來源：許雅芳（2005）。

2.同時將適用於開辦的托育津貼、教育等補助機構式的補助，擴大至家庭式的保母。

二、保母證照專業化

近年來，由於父母親對嬰兒教養知識的提昇及子女數減少，在期望子女獲得良好的照顧下，對於保母專業素養和角色的要求也就越來越多元（蔡延治，1998）；因此保母必須積極加強自己的專業知識，才能符合目前的需求。許多研究也強調，證照保母在養育能力比非證照保母優秀，尤其和家長的互動也較好。而且「兒童教育及照顧法」草案，也規定日後沒有執照的保母不能收托幼兒。

不過，許多家長並無法具體感受到證照保母對於育嬰能力的實際助益。因此政府此一草案，可能造成許多現職無證照保母的困擾，待將來草案一通過，這些無證照保母仍然考不到證照，又必須以保母為業時，恐怕衍生更多技術性問題。故有心走向保母行業的人，一定要考取證照，這樣不僅對自己工作有保障，也能提升育兒的知識、技巧與能力。

無論如何，保母專業化是必然的趨勢，所以不管是傳統保母、受訓保母、證照保母及受輔導保母都必須提升自己的專業形象，除了不斷充實專業知識、技巧外，尤其重要的是，要不斷反省自己的教養態度。因此，獲得證照只是能力證明的指標，更重要的是在平日的照護中能提供優良的養育品質，及提供父母教養的支持，讓對方感受保母的專業形象，才能真正將專業的功能發揮得淋漓盡致。

三、政府應該確實建立機制輔導及監督的單位

　　在近日保母虐童與不當照顧事件頻傳的時代，沒有確實的法令制約、沒有回評的制度作管控，即使許多保母表現不俗，還是存在許多托育品質的死角。

　　因此，政府及相關單位必須有制度的建立機制輔導及監督的單位，尤其對於市場的無證照保母也要有配套措施，否則讓這些保母流於地下化，恐怕衍生更多問題。至於結訓或證照保母的後續輔導及管理，可參閱**表4-8**，但這是保母自發性的行為，其成效仍有待商榷，所以政府應確實定出輔導及管理機制，並且規定保母的執業年限，及開業後的研習和進修課程要求等。

　　總之，政府及相關單位必須將所有確實執業的保母，透過在職訓練或地區輔導，以確保托育品質的維護。此外，政府亦可設立申訴及協調部門，專門處理托育者與被托育者的困難與抱怨，藉此保護消費者，進而發揮規範和輔助的功能，才能使我國的保母家庭托育服務更上一層樓。

表**4-8**　結訓及證照保母的後續管理

現行各區（各縣市社會局）設立社區保母支持系統進行管理及後續媒合。
受於兒童福利專業人員法則所規範──社區保母支持系統實施計劃。
保母人員並無造冊登記，由保母自發性進去此系統，無硬性規定。

資料來源：許雅芳（2005）。

參 考 書 目

內政部兒童局（2001），《中華民國九十年臺灣地區兒童生活狀況調查報告》，內政部兒童局編印。

內政部兒童局（2004），《兒童局社區保母支持系統手冊》。臺中：內政部兒童局。

郭育祺（2004），《雙薪家庭幼兒母親知覺和保母的養育參與、共養育及養育品質之研究》。臺北：輔仁大學兒童與家庭學系碩士論文。

許雅芳（2005），〈家庭托育保母創業後期作業（三）邁向專業、證照保母〉，《家庭托育保母創業百寶箱》，經國管理暨健康學院幼兒保育系。

張碧如、蔡嫦娟（2004），〈托育關係對家庭保母及其家庭影響之探討〉，《幼兒教育年刊》。

楊曉苓，胡倩瑜（2005），〈臺北市合格家庭保母托育現況及托育服務品質認知之研究〉，《兒童及少年福利期刊》，8期。

蔡延治（1998），〈保母技術士檢定簡介〉，《就業與訓練》，16期，頁21-24。

賴月蜜（2005），〈家庭托育保母創業後期作業（二）保母托育合約及其相關法律問題〉，《家庭托育保母創業百寶箱》，經國管理暨健康學院幼兒保育系。

Children's Defense Fund(1991). The state of America's children 1991. Washington, D. C., Children's Defense Fund.

Molgaard, V. K. (1993). Caregivers' perceptions of the relationship between the family day care business and their own families. *Child & Youth Care Forum*, 22(1), 55-71.

Saggers, S., Grant, J., Woodhead, M., & Banham, V. (1994). The professionalisation of mothering: Family day care. *Australian & New Zealand Journal of Sociology*, 30(3), 273-287.

NVQ(2002). Qualificaion. Retrieved May 22, http://www.gov.uk/nvq/orgs.shtml.

內政部兒童局：http://www.cbi.gov.tw.

東森新聞：http://tw.news.yahoo.com/article/url/d/a/070125/17/9rkc.html.

http://kids.taipei.gov.tw/mother03_1.asp?sno=22.

http://www.mamigo.com.tw/daycare/tailst1.asp.
http://www.tccn.edu.tw/edu/ecc/six-06/6-page.htm.
http://www.phmhs.phs.edu.tw/pms/f06/F06fa.htm.
http://www.labor.gov.tw/
http://www.aidc.com.tw/
http://www.usnet.com.tw/baby/page2.htm.
http://100s.hypermart.net/train.html.

第五章

幼兒托育服務

黃澤蘭

第一節　幼兒托育服務現況

在繁忙的社會潮流中，由於經濟和社會型態發展變遷快速，家庭中的成員為了追求、滿足更好的物質生活，無不卯足全力為家庭的生計而努力，導致家庭與社會不論在形貌、結構層面、功能內涵上均起了相當的改變。根據行政院主計處「人力資源調查統計」（2006）發現，我國二十五歲至四十四歲女性的勞動參與率較往年增加2.13%，因此在家庭經濟壓力持續增加的情況下，社會上出現愈來愈多的婦女為了支撐、穩固家庭經濟狀況而進入職場，致社會中的雙薪家庭日益增加，更顯得托兒照顧服務的重要。也由於社會結構改變、經濟成長快速、雙薪家庭劇增等因素，當前幼兒教育呈現如下現象：

一、家庭結構的多元化

臺灣社會面臨來自其內外激烈的競爭與挑戰，尤其是作為社會基本組成單位的家庭，正面臨著失去功能或解組的危機。由於社會的快速變遷，加上倫理道德觀念的改變，家庭型態也大異往昔。隨著社會型態愈趨複雜與多元，雖造成家庭結構之改變，然對大多數人而言，家庭依然是生活的重心。且長久以來，托育問題一直被視為是影響世界各地婦女就業的一項重要關鍵因素（Zimmerman, 1995；劉毓秀，1997）。子女的照顧養育責任，占去了家庭生活大部分的時間、精神、金錢和勞力。對婦女是一大責任，對職業婦女更是工作以外的一大負擔，對單親的家庭甚而還是一個生存和家庭

的雙重壓力（邱貴玲，2003）。

　　依據二〇〇五年臺閩地區兒童及少年生活狀況調查報告指出：隨著兒童年齡的增長（零至未滿三歲、三至未滿六歲、六至未滿十二歲），居住在核心家庭者逐漸遞增，從45.19%遞增到45.67%，再遞增到56.75%；居住在單親家庭者，也從1.67%、2.39%、4.23%，呈遞增現象；反之，居住在混合家庭者則逐漸遞減，從17.87%遞減到13.60%，再遞減至7.11%（內政部兒童局，2005a）。這些現象顯示幼兒成長的過程，有多數會自混合家庭轉變爲核心或單親家庭，這種現象可能導致學齡兒童乏人照顧或面臨課後托育的問題，托育需求的狀況逐漸呈現出來。

二、幼兒托育的需求日益增加

　　幼教機構的蓬勃發展導源於社會經濟結構的改變，婦女走出家庭投入就業市場，因此托兒需求日增，在一九五〇年時，幼稚教育不甚發達，僅設有幼稚園28所，學童17,111人，其後由於社會環境與家庭結構的變遷暨婦女勞動參與率日益增加，加上教育普及，父母對於未滿六歲學齡前兒童之教育益加重視，學前托教機構已取代家庭成爲兒童社會化及生長學習的重要環境，更是家庭教育的延伸。至二〇〇五年，幼稚園3,351所，學童人數224,219人，較一九五一年學童人數增加12.1倍（教育部統計處，2006）。

　　依據內政部兒童局二〇〇五年臺閩地區兒童及少年生活狀況調查報告指出：零至三歲兒童以「在家由母親帶」者最高（占45.44%）；而三至六歲兒童則以「送至幼稚園」者最高（占40.14%）；托育滿意度約占六成，其中三歲以下對目前托育方式之滿意比例（64.53%）高於三至六歲之兒童家庭（53.57%）。就理想托育方式而言，兒童家長認爲理想托育方式以「在家由母親

帶」爲最高（占47.61%）。從以上調查的數據，可知臺灣父母最喜歡的托育方式，在三歲以下的幼兒爲：在家由母親親自照顧或由親人照顧，在不得已或沒有替代方案選擇之下再將幼兒送托育機構照顧；待幼兒年紀稍長，再將幼兒送托育機構照顧，尤其幼兒至學齡前一年（五足歲），爲了銜接小學，有高達93.88%父母會選擇托育機構爲幼兒照顧方式（內政部統計處，2006）。就托育滿意度來看，有近四成父母不甚滿意，而滿意的父母較偏向由父母親親自照顧，其次爲選擇幼稚園照顧（內政部兒童局，2005a）。

目前截至二○○六年年底我國托育機構計有5,526所，其中私立托嬰中心有99所、托兒所有4,302所（公立279所、私立3,955所、社區68所）、私立課後托育中心1,125所，加上教育部門之3,351所幼稚園（公立1,474所、私立1,877所），全國計有8,877所幼托機構（內政部統計處，2006）。

三、幼兒托育方式與實施機構

爲因應雙薪家庭的增加，不同類型的托育型態如雨後春筍般產生，針對不同年齡的兒童及需求而有不同的托育服務，目前我國負責學齡前幼兒教育及照顧服務之主要機構爲依據「兒童及少年福利法」及「兒童及少年福利機構設置標準」設立之托育機構（爲內政部主管，屬社政體系），及依據「幼稚教育法」暨其施行細則設置之幼稚園，二者均以促進未滿六歲之學齡前兒童身心健康平衡發展及增進其生活之適應能力爲方向。其中托育機構又依收托兒童年齡分下述三類：托嬰中心收托零至未滿兩歲之幼兒，托兒所收托兩歲以上至未滿六歲之學齡前幼兒，課後托育中心收托國民小學課後之學齡兒童；而幼稚園之招收對象爲四歲以上至入國民小學前之幼兒（內政部統計處，2006；教育部，2007）。

表5-1　我國幼稚園與托兒所現況比較

功能重疊及差異點	幼稚園	托兒所	備註
功能屬性	屬教育體系	屬社會福利體系	
主管機關	中央為教育部，地方為直轄市教育局及各縣市政府（教育局）。	中央為內政部（兒童局），地方為直轄市社會局及各縣市政府（社會局）。	
法令依據	依幼稚教育法暨施行細則及幼稚園設備標準辦理。	依兒童福利法及托兒所設置辦法辦理。於精省後依地方制度法授權地方政府自訂相關規範。	
幼兒年齡層	招收四足歲至入國小前的幼兒。	收托出生滿一足月至未滿六歲的幼兒。	重疊部分為四歲至入國小前之幼兒。
師資資格及進用	須具備依師資培育法取得之教師資格，其進用依幼稚教育法及師資培育法等相關規定聘任教師，每班三十人應置教師二人。	依兒童福利專業人員資格要點取得保育人員資格，並依該要點規定辦理進用人員。公立托兒所人員並應具備公務人員資格。滿四歲至未滿六歲之幼兒每十六至二十名置保育人員乙名。	
立案及相關條件	1.必須從地面一樓設起。 2.平均每一幼兒室內外活動面積同時須具備，室外面積雖得以室內面積抵充，但不得少於標準之二分之一。	1.必要時得自二樓設起。 2.平均每一幼兒之活動空間，室外面積得全數由室內面積抵充。	其設備因收托幼兒年齡層而有不同規範。

（續）表5-1　我國幼稚園與托兒所現況比較

功能重疊及差異點	幼稚園	托兒所	備註
人員待遇福利退撫制度	公立：比照小學教師。 私立：由經營者自訂。	公立：依公務人員各項法令。 私立：由經營者自訂。	幼稚園與托兒所人員資格要件不同，不得相互流動任職。
課程及教學	幼稚園課程標準。	托兒所教保手冊。	托兒所部分幾與幼稚園一致。
收托時間	1.半日托：每日收托時間在三至六小時者。 2.日托：每日收托時間在七至十二小時者。 3.全托：收托時間連續在二十四小時以上者。 ※收托四歲以上、六歲以下兒童者，除家長因特殊情形無法照顧外，不得全托。沒有明文規定。		

資料來源：教育部（2002）。

　　依規定，幼稚園為學前教育機構應做教育工作，托兒所為兒童福利機構應做保育工作。但事實上幼稚園與托兒所業者為了便利性、效能性、經濟性，更為了競爭性，已無法顧及法定的機構性質區分，紛紛迎合市場需求，將辦學導向教保合一，以確保招生來源。於是民間無論家長、幼兒與業者都認為幼稚園與托兒所的機構性質沒什麼不同，只有政府才視之為兩個不一樣的機構分別管理。

第二節　幼兒托育政策與法規

　　幼稚教育以促進兒童身心健全發展為宗旨，實施健康教育、生活教育及倫理教育為主，與家庭教育密切配合，以達成維護兒童身心健康、養成兒童良好習慣、充實兒童生活經驗、增進兒童倫理觀念、培養兒童合群習性之目標。幼稚園階段採自由入園，予以一至二年之教育。政府因限於財力，目前尚未將幼稚園納入義務教育，惟在國民小學陸續增設幼稚園，並為減輕家長因子女就讀公私立幼稚園之經濟負擔，辦理包括發放幼兒教育券等四項補助措施，以有效提升弱勢家庭幼兒入園率（教育部統計處，2006）。以下就這四項補助加以陳述：

一、幼兒教育券

　　普及幼兒教育並提昇幼教品質乃行政院教育改革行動方案之教改項目之一。惟臺灣地區未依法辦理立案之幼稚園及托兒所比例仍高，已立案幼稚園、托兒所亦有違規超收幼生的情形，嚴重影響幼兒之學習環境及品質。再者，公立幼稚園、托兒所約僅為全國幼稚園所之三成，所能招收之幼童人數有限，有極大比例的幼兒必須進入私立園所就讀，但因公私立幼稚園及托兒所之學費差距大，造成家長經濟負擔的差異，亦引發社會對政府資源分配之合理性產生質疑。因此，為期健全並改善幼兒教育結構，滿足社會與家長期待，促進公平教育資源之合理效益，遂規劃發放幼兒教育券。

(一)實施目標

1. 整合並運用國家總體教育資源，促進資源分配合理效益。
2. 改善幼稚園及托兒所生態與環境，並提昇幼兒教育水準。
3. 縮短公私立幼稚園與托兒所學費差距，以減輕家長教養子女之經濟負擔。

(二)實施原則

■實施對象

實施對象為全國滿五足歲之幼兒，且合於下列規定者：

1. 以當年九月二日起至次年九月一日止年滿五足、歲未滿六足歲者。因特殊原因未依齡托教者，不在此限。
2. 實際就讀（托）於已立案之私立幼稚園、托兒所或其他合法托育機構者。
3. 具下列情形之一者，不得使用幼兒教育券：
   (1) 公立幼稚園、托兒所之幼兒。
   (2) 就讀已立案私立幼稚園（托兒所或其他合法托育機構）核准班級學生數外超收者，或未立案私立幼稚園（托兒所）者。
   (3) 每人每學期限領乙次，重讀生及轉學生已領有補助者，不得重複請領。
   (4) 幼兒於學期中途（第一學期於十月十五日、第二學期於四月十五日）後入學者，不得請領。

■發放金額標準

　　每人每一學年補助新臺幣一萬元，分兩學期發放。

(三)實施方式

1. 幼兒教育券之印製由各直轄市、縣（市）政府視實際情況規劃辦理。
2. 家長選擇理想幼稚園或托兒所就讀，再由各園所於審查無誤後，扣抵學費或轉發，第一學期於十月十五日、第二學期於四月十五日前統一造冊送直轄市、縣（市）政府審查。
3. 直轄市、縣（市）政府應於當年十月底及次年四月底前，統一填列所轄各私立幼稚園及托兒所五歲幼兒就讀（托）領受幼兒教育券數量動態（以園、所為單位），並以每一學期新臺幣伍仟元為標準，製據分別報教育部、內政部請款；並應統一造具幼兒名冊，留存直轄市、縣（市）政府備查（內政部兒童局，2003b）。

二、中低收入家庭幼童托教補助

　　為照顧低收入戶學齡前幼童，各地方政府業依現行補助低收入戶幼童托育津貼之模式，編列預算並得運用公益彩券盈餘經費，補助低收入戶幼童就讀（托）幼稚園、托兒所之費用。

(一)實施目標

　　為協助中低收入家庭之幼童獲得適當的托教服務，並減輕其家庭經濟負擔。

(二)實施原則

申請托教補助應符合下列各款之規定：

1.中低收入家庭（列冊低收入戶除外）之下列幼童：

　(1)年滿三歲之學齡前幼童實際就托教於公立、已立案私立托兒所（含村里托兒所）者。

　(2)就讀公立、已立案私立幼稚園，且於當年度九月一日滿四足歲之幼童。但依特殊教育法規定就讀公、私立幼稚園者不在此限。

　(3)經依相關法令核定緩讀並經安置於幼稚園、托兒所之學齡兒童。

2.中低收入家庭應符合下列規定，且家庭財產未超過一定金額：

　(1)臺灣省各縣（市）及福建省金門縣、連江縣：家庭總收入平均未超過其最近一年消費支出百分之九十者。

　(2)直轄市：家庭總收入平均未超過其最近一年消費支出百分之八十者。但其最近一年消費支出百分之八十低於臺灣省各縣（市）最近一年消費支出百分之九十者，依前項比例核計。

3.前款所訂家庭財產包括動產及不動產；所定金額規定如下：

　(1)動產：存款本金及有價證券價值平均分配每人未超過新臺幣十五萬元。

　(2)不動產：土地及房屋價值合計未超過新臺幣六百五十萬元。

前述第2款、第3款家庭應計算人口範圍及計算方式，依社會

救助法相關規定辦理；土地價值以公告現值計算；房屋價值以評定標準價格計算。

(三)補助標準

1. 符合本計畫補助對象，每人每學期最高補助新臺幣六千元。但就讀（托）之幼稚園、托兒所實際收費較低者，依實際情形補助。地方政府已有辦理且補助金額高於本標準者，其超出經費部分由地方政府自行負擔。
2. 已請領特殊境遇婦女子女托育津貼補助、行政院原住民族委員會之原住民兒童學前教育補助者，不得重複申請本項補助。但請領幼兒教育券及其他相同性質之托教（育）費用補助者，其額度低於本計畫之補助標準得補足差額，請領總額不得多於實際繳費之額度（教育部，2005）。

三、原住民幼兒就讀公私立幼托園所學費補助

原住民幼兒就讀公私立幼稚園學費補助辦法依原住民族教育法第十條第三項規定訂定之。

(一)補助對象

補助對象為設籍直轄市、縣（市）就讀公立或已立案私立幼稚園，且於當年度九月一日滿五足歲之原住民幼兒。

(二)實施原則

1. 就讀公立幼稚園者，每學期最高補助新臺幣二千五百元。
2. 就讀已立案私立幼稚園者，每學期最高補助新臺幣一萬元。

3.中央原住民族主管機關、直轄市、縣（市）政府得視實際需要籌措財源，增加補助額度或擴大補助對象。

(三)補助標準

申請補助方式、應繳交資料或文件、審查作業、補助款發放方式及其他相關規定，由各直轄市、縣（市）政府自行訂定；符合補助規定者，得於開學註冊時減繳補助額度之費用。直轄市、縣（市）政府每學年度第一學期應於十一月十五日前，第二學期應於五月十五日前，將各該學期申請且符合補助規定之幼兒名冊及補助需求額度，分別報送中央主管教育行政機關或中央原住民族主管機關核辦。

已領有幼兒教育券及其他相同性質之學費補助者，不得重複申領本辦法之補助（內政部兒童局，2005b）。

四、扶持五歲弱勢幼兒及早教育計畫學費補助

鑑於學前教育階段幼兒人格陶冶與智能發展有助於其未來之性向、興趣、能力之正向成長，對於部分因社會不利條件限制無法順利就學之幼童，政府若能及早介入，將有助於教育機會均等之實踐，爰自二○○四年八月一日起推動「扶持五歲弱勢幼兒及早教育計畫」，提供弱勢地區及五足歲弱勢幼兒接受普及與優質之幼兒教育，並做為未來國民教育全面向下延伸一年之準備。

(一)實施期程

自九十三學年度起（即二○○四年八月一日），分四階段推動：

1.第一階段〔自九十三學年度起（二○○四年八月一日）〕：
以離島地區為實施對象，包括：金門縣、連江縣、澎湖縣、
臺東縣蘭嶼鄉、綠島鄉及屏東縣琉球鄉。

2.第二階段〔自九十四學年度起（二○○五年八月一日）〕：
加入原住民地區五十四鄉鎮市。

3.第三階段〔自九十五學年度起（二○○六年八月一日）〕：
復納入全國滿五足歲之經濟弱勢幼兒（包括低收入戶幼兒及
中低收入戶幼兒）為辦理對象。

4.第四階段：俟幼托整合後，國家整體財政充裕及配套措施研
訂周全，再研議全面辦理國民教育向下延伸一年。

(二)補助標準

1.第一及第二階段，就讀公立國幼班每生每一學期補助學費
二千五百元；就讀私立國幼班每生每學期補助學費一萬元。

2.第三階段：提供經濟弱勢幼兒除優先就讀公立幼稚園外，並
給予每一學期二千五百元之學費補助；因公立幼稚園供應量
不足而就讀私立幼稚園者，每人每學期最高補助學費一萬元
（教育部，2007b）。

表5-2　教育部各類學前幼童補助措施彙整表

補助名稱	幼兒教育券	中低收入家庭幼童托教補助	原住民幼兒就讀公私立幼托園所學費補助	扶持五歲弱勢幼兒及早教育計畫學費補助
發放單位	教育部內政部	教育部內政部	教育部，內政部	教育部
受補助年齡	滿五足歲	滿三足歲	滿五足歲	滿五足歲

（續）表5-2　教育部各類學前幼童補助措施彙整表

補助名稱	幼兒教育券	中低收入家庭幼童托教補助	原住民幼兒就讀公私立幼托園所學費補助	扶持五歲弱勢幼兒及早教育計畫學費補助
就讀托機構	實際就讀於已立案之私立幼稚園、私立托兒所者。	中低收入家庭幼兒並實際就讀於已立案公私立幼稚園、公私立托兒所者。	戶籍資料登記為原住民身分之幼兒，並實際就讀於已立案公私立幼稚園、公私立托兒所者。	1.離島地區三縣三鄉（金門縣、連江縣、澎湖縣、臺東縣蘭嶼鄉、綠島鄉、屏東縣琉球鄉）滿五足歲幼兒並實際就讀於國幼班者。 2.原住民地區五十四個鄉鎮市滿五足歲幼兒並實際就讀於國幼班者。 3.九十五年八月一日起，納入全國滿五足歲經濟弱勢幼童（含低收入戶及中低收入家庭幼童）。
補助項目	學費	學雜費	學費	學費
補助標準（學期）	每人每學期五千元	每人每學期六千元	公立幼稚園、公立托兒所：每人每學期最高二千五百元。 私立幼稚園、私立托兒所：每人每學期最高一萬元。	1.離島三縣三鄉及原住民五十四個鄉鎮市： (1)公立國幼班：每人每學期最高二千五百元。 (2)私立國幼班：每人每學期最高一萬元。 2.一般地區經濟弱勢幼童： (1)公立幼稚園：每人每學期最高二千五百元。 (2)因供應量不足就讀私立幼稚園：每人每學期最高一萬元。
園所申請時間	1.第一學期：十月十五日前。 2.第二學期：四月十五日前。	由直轄市、縣（市）政府自定之。	1.第一學期：十月十五日前。 2.第二學期：四月十五日前。	1.第一學期：十月十五日前。 2.第二學期：四月十五日前。

（續）表5-2　教育部各類學前幼童補助措施彙整表

補助 名稱	幼兒 教育券	中低收入 家庭幼童 托教補助	原住民幼兒就讀公私立幼托園 所學費補助	扶持五歲弱勢幼兒及早教 育計畫學費補助
申請 方式	由幼托園 所造冊 並送直 轄市、縣 （市）政 府審查無 誤後，轉 發或扣抵 學費。	由直轄 市、縣 （市）政 府自定 之。	由幼托園所造冊並送直轄市、 縣（市）政府審查無誤後，轉 發或扣抵學費。	由幼托園所造冊並送直轄 市、縣（市）政府審查無 誤後，轉發或扣抵學費。
請領 限制	1.本項補 助款不 得與其 他補助 款重複 請領。 2.若已請 領幼兒 教育券 ，但為 中低收 入戶身 分者， 得申領 差額。	本補助款 不得與幼 教券重複 請領，惟 已請領幼 教券者得 申領差 額。	1.本二項補助款請擇一請領。 2.不得與幼教券、原住民幼兒 　就讀托兒所學費補助重複請 　領。 3.得與政府部門不同性質補助 　款（如中低收入家庭幼童托 　教補助）重複請領，惟合計 　請領總額不得多於應繳費用。 4.扶幼計畫第三階段補助經濟 　弱勢（低收入戶及中低收入 　家庭）幼兒，以補助就讀公 　立幼稚園為主，惟供應量不 　足需選擇就讀私立幼稚園者 　仍予以補助，至供應量足夠 　而自願選擇就讀私立幼稚園 　者，非本計畫之補助對象。 　有關供應量是否足夠，由各 　縣（市）政府本權責自行認 　定。	

資料來源：教育部（2006）。

第三節 幼兒托育趨勢與議題

在這個少子化，每個孩子都是寶貝的社會中，如何讓父母親放心的「托兒問題」逐漸引起許多人的關心和注意，更是一個亟待妥善規劃和處理的社會現象。因此完善的國家托育服務政策攸關國家競爭力、社會發展、健全家庭功能、婦女社會地位及兒童權益等（Tayler, 2006; Siraj-Blatchford, 1994），主政者應慎重規劃以「兒童大利益」為前提，並整合相關民意為最高原則（彭淑華等，2004；林萬億，2004）。

一、幼兒托育與教育整合

「幼兒托育與教育整合」是臺灣當前幼兒照顧與教育制度改革的重要議題之一。現行之幼兒保育及教育制度，分屬內政及教育部門，二者招收之年齡層部分重疊，除了使幼兒照顧品質有二套標準外，亦造成社政及教育資源的部分重疊：

1.師資標準方面：同屬培育四歲至六歲幼兒，惟幼稚園係依幼稚教育法及師資培育法相關規定聘任教師；托兒所則依兒童及少年福利專業人員資格要點聘任教保人員或助理教保人員，師資水準並不相同。

2.課程及教學方面：幼稚園係依教育部訂定之幼稚園課程標準實施統整課程；托兒所則係依內政部訂定之托兒所教保手冊辦理，作為幼兒教保及衛生保健工作之參據，精省後業授

權地方政府辦理，而各地方政府多沿用幼稚園相關課程及內容，二者已漸難區分。

3.設立要件方面：幼稚園依本部訂定之幼稚園設備標準辦理；托兒所依省（市）政府訂定之托兒機構或托兒所設置標準與設立辦法辦理，精省後授權由地方政府訂定規定，復因兒童及少年福利法公布施行，則統一由內政部兒童局訂定規範。查二者立案標準顯有不同（如使用樓層、室內外面積等），致在公共安全、消防安全、建築結構及設施上，是否符應幼兒之安全及學習，學者專家及各界見解分歧。

4.輔導管理方面：因幼稚園及托兒所適用之法規不同，致行政輔導及管理方式有異，迭有就評鑑、獎勵、輔導等事項，希訂立一致方案及措施之建言。

故自二○○一年起，「幼托整合」即為學齡前教保之努力重點。二○○三年內政部及教育部初步決定未來幼托之方向朝向二歲以下托嬰部分，由內政部主管；二至未滿五歲設置幼兒園，專業人員為幼兒園教師、教保員、助理教保員（未來朝向教保師方向規劃），主管機關為內政部；五至未滿六歲，擬納入國民教育，即國民教育下修一年，專業人員為教師，主管機關為教育部（內政部統計處，2006）。

而在二○○五年八月全國教育局長會議，教育部公告幼托整合分為三個期程：預定二○○七年七月起，暫停私立托兒所立案，二○○八年一月起，辦理原有合法立案幼稚園及托兒所轉型為幼兒園；二○○九年一月起，幼托正式整合，幼托整合後，現職合格人員也將逐予轉換。此外，在策略的規劃上將分為三階段：第一階段從二○○五年八月起至二○○八年六月，預定完成法規整備及協商溝通；第二階段自二○○七年一月起，完成人員、業務及預算移轉

整備期；第三階段自二○○九年一月起，幼托正式整合（劉嘉韻，2005）。這樣的結果也讓延宕多時的行政歸屬問題有了一個比較明確的方向。

幼稚園與托兒所在收托幼兒的年齡及其服務的內涵，具有極高的重疊性與相似性；然制度面上幼稚園與托兒所又分屬教育與社會福利兩個行政部門管理，幼稚園依幼稚教育相關法規規範，托兒所則依照兒童福利相關法規辦理；並由幼稚園教師與保育人員任職，各依其培育、任用資格等負責幼兒教育與保育工作。隨著社會變遷，在幼稚園托兒所化、托兒所幼稚園化的發展現況下，兩個主管機關、兩種人員資格與兩套設施辦法，更凸顯出「相同年齡幼兒，在兩種不同機構中，接受不同品質的教育與照顧」之不合理現象。是以，「幼托整合」乃為因應時代需要與趨勢之規劃。

二、托育諮詢管道的缺乏

在二○○五年臺閩地區兒童及少年生活狀況調查報告中發現，父母若遇到托育方面的問題時，其解決方式以自己帶在身邊為主（占80.46%），依序為向（岳）父母或長輩求助（占63.02%）、向手足（兄弟姊妹）求助（占34.40%），其餘解決方法重要度皆很低，而不知道該如何處理者最低。顯示在處理幼兒托育問題上，以主要照顧者自行處理或向家人求援為主，鮮少利用學校教輔系統或其他專業資源。此外父母在使用兒童福利服務所遭遇到最大的困難是，福利服務的相關資訊缺乏（占40.63%），也因此導致他們根本無法清楚的了解政府對於福利政策的相關措施到底有哪些項目，也不知道該透過哪些管道尋求協助。

為改善當前托育諮詢管道缺乏的窘境，政府應設法建立周全的托育服務諮詢管道，其目的有：(1)為有需求的家長做資源的轉

介；(2)提供周延的相關資訊，供消費者有更多的選擇；(3)整理供給予需求的資料，回饋給地方、政府，做托育服務的規劃（馮燕，1996）。

　　至於諮詢機構的服務則可以結合社區地方的力量，或者是透過鄰里合法立案的托兒所作為諮詢據點，藉以落實托育服務在地化的理念，因為這些地方在人們的生活中是既熟悉且又容易提供服務的地方，而透過這些據點的設立，進一步與托兒所、托育機構、家庭保母等托育服務連結成一個資源網（吳淑菁，2006），除可協助父母解決尋找托育機構的問題，提供家長各種育兒資訊以及分享教養孩子的理念與心得之外，又可提供托育人員一個支持、輔導以及專業成長進修的地方。

三、托育機構品質良莠不齊、惡性競爭

　　在福利國的發展模式中，我國仍接近Esping-Andersen（1990）所劃分的英國、美國等以資本主義自由市場為主的福利模式，除非是特殊需要的家庭，如貧窮家庭、單親家庭、身心障礙兒童家庭等，托育問題都被視為是家庭私事，主要由家庭經濟負擔，由市場機制購買解決，而不是國家公共政策全民福利的一環。

　　因此政府大力倡導托育制度私有化的結果，導致托育機構的品質難以管理，托育環境參差不齊，且由於政府並未有確切的資料，因此到底存在有多少未立案的教保機構，一直是眾說紛紜。若再加上托兒所、育幼院及依據補習教育法所設置的各類具備托育性質的才藝班，其數量堪稱驚人（行政院教育改革審議委員會，1996）！

　　有的托育機構設備新穎，講求高質感的路線，且為順應家長們期望的情況下，更是打著電腦班、英語班、美術班等名號，藉

以招攬學生。家長們爲了追求社會潮流，不讓自己的孩子輸在起跑點，因此陷入了「貴就是好」的迷思之中，一窩蜂的想進入收費昂貴的幼稚園，以爲設備新穎、眾多的才藝教學才是所謂的高品質教育。這也促使經濟優渥的家長，只想將自己的孩子送往昂貴的托育機構，使幼兒教育成爲讀寫算的教育，或扮演國小先修班的角色，卻忽略了最重要的師資與教保活動內容，而這樣的托育選擇方式，則間接促成階級分化（吳淑菁，2006）。

業者爲了攏絡經濟富裕者的家庭，傾向於將機構設在經濟能力較高的地方，並巧立各種才藝教學名目，拉抬收費的標準，從中牟取較高的利潤，使得每個月的收費少則二、三千元，高則達上萬元。此外，托育機構走向以營利爲主，透過企業精算成本與利潤的經營方式，大量的複製連鎖式托育機構。其生存優勢常將小型機構逼入生存的困境，造成惡性競爭與壟斷市場的狀況（王淑英、孫嫚薇，2003）。但許多安親班在用地的取得、收托人數規定方面，並不能完全符合，大多是違規營業（何慧卿、趙詩瑄、陳一惠，1997）。因此在擴大托育機構的數量時，政府應訂定品質標準，並且要確實執行品質監督，並可以補助各種不同型態的托育設施及方式來增加選擇性。所以透過政府與民間的合作，提昇托育機構的安全及品質更是政府責無旁貸的責任，如此方能讓托育服務的品質能夠更加的落實。

參考書目

內政部兒童局（2003a），〈幼托整合規劃結論報告書（草案）簡明版〉，http://www.cbi.gov.tw/upload/files/download/06/06030113201.doc。

內政部兒童局（2003b），〈發放幼兒教育券實施方案〉，http://www.cbi.gov.tw/upload/files/download/07/603021019.doc。

內政部兒童局（2005a），〈94年臺閩地區兒童及少年生活狀況調查報告分析〉，臺北：內政部兒童局。

內政部兒童局（2005b），〈原住民幼兒就托公私立托兒所托育費用補助要點〉，http://www.cbi.gov.tw/upload/files/download/07/603021024.doc。

內政部統計處（2002），〈臺閩地區婦女生活狀況調查摘要分析〉，http://www.moi.gov.tw/stat/。

內政部統計處（2006），〈內政統計通報九十五年第三十八週（95年6月底托育機構概況）〉，http://www.moi.gov.tw/stat/main_1.asp?id=2375。

王淑英、孫嫚薇（2003），〈托育照顧政策中國家照顧的角色〉，《國家政策季刊》，2卷4期，頁148-172。

行政院主計處（2006），〈95年12月人力資源調查統計–月報〉，http://www.dgbas.gov.tw/ct.asp?xItem=16991&ctNode=3102。

行政院教育改革審議委員會（1996），〈第三期諮議報告書〉，http://www.sinica.edu.tw/info/edu-reform/farea2/tsy3_3-1.html。

何慧卿、趙詩瑄、陳一惠（1997），〈中美托育服務現況比較〉，《兒童福利論叢》，1期，頁75-105。

吳淑菁（2006），〈臺灣托育服務現況〉，載於葉郁菁主編，《托育服務》。臺北：心理。

林萬億（2004），〈請為兒童最佳利益著想〉，《自由時報》，二月十一日，第十五版。

邱貴玲（2003），〈托育服務的國際觀：從丹麥經驗談起〉，《社區發展季刊》，101期，頁266-275。

教育部（2002），〈幼托整合方案規劃專案報告〉。臺北：教育部國教司。

教育部（2005），〈中低收入家庭幼童托教補助實施計畫〉，http://www.edu.tw/EDU_WEB/EDU_MGT/EJE/EDU5147002/LAW/941103.doc。

教育部（2006），〈95學年度教育部各類學前幼童補助措施彙整表〉，http://

www.ece.moe.edu.tw/policy/otherassist.pdf。

教育部（2007），〈兒童教育及照顧法草案〉，http://www.ece.moe.edu.tw/。

教育部（2007b），〈補助扶持五歲弱勢幼兒及早教育計畫作業要點〉，http://www.edu.tw/EDU_WEB/EDU_MGT/EJE/EDU5147002/LAW/96/960111-4.doc。

教育部統計處（2006），《中華民國教育統計95年版》。臺北：教育部。

彭淑華、鄭善明、蔡嘉洳、賴宏昇、林廷華、林惠娟、賴月蜜、歐姿秀（2004），《兒童福利──理論與實務》。臺北：偉華。

馮燕（1996），〈我國托育政策的展望〉，《理論與政策》，10卷4期，頁111-130。

劉毓秀主編（1997），《女性、國家、照顧工作》。臺北：女書出版。

劉嘉韻（2005），〈教育部公布幼托整合期程預定98年整合〉，http://163.21.249.242/News/News.asp?iPage=1&UnitId=205&NewsId=16477。

Esping-Andersen, G. (1990). *The Three Worlds of Welfare Capitalism*. Princeton, US: Princeton University Press.

Siraj-Blatchford, I. (1994). *The Early Years: Laying the Foundations for Racial Equality*. Stoke-on-Trent: Trentham Books.

Tayler, C. (2006). Challenging partnerships in Australian early childhood education. *Early Years*, 26 (3), pp.249-265.

Zimmerman, S. (1995). *Understanding Family Policy: Theories and Applications*. London: Sage Publications.

第六章

兒童課後托育服務

許雅喬

　　依據內政部兒童局（2006）統計資料顯示，全臺灣合法立案的私立安親班共1,125所，收托的學童共31,227人，似乎遠低於目前市場的需求量。然而，這只是官方所統計的數字，事實是市場上存在許多不合法的安親班，加上許多托兒所、幼稚園在少子化後，爲某求生存也加入課後托育服務，但大多徘徊在立案的邊緣。

　　此外，由於安親班與補習班的管轄單位不同，有多數安親班包裝在補習班的名義之下，歸屬社會教育的範疇，而非婦幼或兒童福利主管機構可以管轄，以致公共安全設置與交通車等設備，均無法納入托育機構的管理辦法，儼然成爲學童安全與照顧的死角（葉郁菁，2006）。

　　就以上兩大層面來看，兒童課後托育服務仍舊存在著許多問題，教育部於二○○七年通過《兒童教育及照顧法》草案，首度將零歲到十二歲兒童的「教育」與「照顧」都納入管理規範，但此法是否能夠全面解決市場的混亂及管理的問題，未來仍是一大考驗。

　　本章就兒童課後服務現況、兒童課後服務政策與法規，以及兒童課後托育服務趨勢與議題等三部分作說明。

第一節　兒童課後托育服務現況

　　兒童課後托育（after school child care）又稱爲學齡兒童托育（school-age child care，簡稱SACC），乃以學齡兒童六至十二歲爲托育的對象，以幫助父母照顧與指導課業。在時間上，是指國民小學正式課程結束後的時間，可細分爲每天放學後時間、週休二日不上課時間、放假時間（李新民，2001）。

　　目前國內實施課後服務機構包括私立幼稚園、托兒所、民間補習班設置的安親班、才藝班、社區支持照顧系統等非營利單位，

以及國民小學承辦的課後托育等各種型態。因此，目前的兒童課後托育市場相當混亂，除了安親班的名稱外，還有家教班、課輔班、教育中心、文教中心、課後托育中心、學童社區課後照顧、課後輔導托育、課後活動、安親課輔班、安親教室、安親學苑、安親課輔學苑、家教班等五花八門的名稱（李新民，2001）。

其實，這些機構的服務對象大致相同，但管轄的單位不同。其一是教育局所管轄的，如國民小學的課後托育，以及民間課輔班、才藝班，則歸類爲補習班的一種，由「補習及進修教育法」來規範。其二是由社會局管轄的，如各縣市直接由「兒童托育中心設置標準」（如臺北市）來統一規範十二歲以下兒童的收托，有些縣市容許安親班的名稱存在（如高雄縣），並試圖與托兒所分離。

總之，由於法源及管轄單位的不同，就衍生出不同的名稱，及其業務性質（參閱**表6-1**）。不過，這些業務性質重疊性很高，但卻分屬不同管轄單位，或是互相混合經營的情形。

表6-1　安親班、補習班及國民小學的課後輔導之比較

性質 比較	安親班 （兒童托育中心）	補習班 （才藝班、課輔班）	國民小學 的課後輔導
法源	《兒童及少年福利法》	《補習班及進修教育法》	
主管機關	社會局	教育局	教育局
業務性質	不得以升學爲主之課業輔導或升學文理補習，才藝教學時數應在安親班每週活動總時數二分之一以下。	每日家庭作業寫作、團康活動時間不得逾二分之一，才藝或語文教學時間不得少於二分之一。故一般文理補習班的業務僅限於課業輔導和才藝教學，不能辦理安親業務。	生活照顧輔助、家庭作業、團康藝能活動等。
名稱	安親班、兒童托育中心、課後托育中心。	課輔班、家教班、才藝班、文教中心及教育中心等。	課後托育、課後輔導、學童社區課後照顧、課後輔助托育、課後活動等。

資料來源：修改自葉郁菁主編（2006）。

目前兒童課後托育服務型態可分為學校式、家庭式、社區式的課後托育機構（參閱**表6-2**）。但無論何種型態的課後托育服務，都和少子化、婦女勞動參與率增加、升學壓力息息相關，所以大多以市場化為主，佐以學校主辦或公辦民營為輔（參閱**表6-3**），其功能有以下幾點：

1. 補助性功能（彌補性功能）：課後托育服務內容並非複製學校課程，而是進一步提供兒童在校學習不足之補助性輔導。

2. 預防性功能：讓父母親可以更專心工作，不用擔心孩子放學後需自我照顧，可以預防兒童心理與外在危機。

3. 發展性功能：課後托育服務可提供教育性質的活動，協助孩童身心健全發展，啟發孩兒情緒、智力、社會互動等發展。

4. 網絡性功能：結合家庭、學校與社區共同合作，以營造學習環境，包括社區圖書館、博物館、美術館等，均為課後托育可以運用的一環，這些社區服務網絡可以結合學校與家庭，致力於兒童健全的人格成長與發展。

5. 穩定性功能：工商業界表示，透過學童課後托育服務，可以減少員工離職、曠職、提昇工作品質、提高生產力等，對於社會、經濟、家庭均具有穩定的功能（修改自曾榮祥、吳貞宜，2004）。

6. 矯正性功能：

   (1) 針對各種弱勢兒童而設計成具有治療、矯正、復健功能的服務。

   (2) 對於發展遲緩、身心障礙兒童提供教育輔導以及生活起居照護。

   (3) 對一些文化刺激不足，家庭破碎、隔代教養家庭的兒童而言，也可以設計成具有家的感覺以及家庭的功能，協助兒童滿足親情撫慰的需求。

表6-2 兒童課後托育服務型態

形態	特　性
學校式課後托育機構	1.利用學校全部或部分設備,來提供兒童課後托育。 2.其特性在於學校是社區的重心所在,而社區又無法提供兒童足夠的休閒娛樂設施。 3.其適用對象包括父母離異,或因工作等其他情況而在放學後缺乏成人照顧的學齡兒童。
家庭式課後托育機構	1.在家庭中提供學齡兒童課後所需的托育服務,適用需要個別化才藝教學的學童。 2.托育時間比較彈性,可因應家長不同需求,托育的工作人員該領有合格證照的家庭保育員或保母,托育的人數(包括托育工作人員自己的子女在內)最多六人,採取混合年齡編組,提供生活照顧、課業輔導、娛樂休閒,乃至針對身心障礙兒童之特殊服務。
社區式課後托育機構	依照主辦單位性質不同可分成三種: 1.社會福利中心、宗教團體、社會服務機構所辦理的課後托育。 2.私人企業、工廠、醫院、大學所附設的課後托育服務機構。 3.坊間私人的安親班、課輔班以及各種課後輔導中心。

資料來源:修改自鄭望崢(1988);黃怡瑾(2000)。

　　(4)對一些行為偏差兒童,也可設計成一個具有矯正及行為治療的機構,幫助兒童重回正常軌道,脫離不當生活環境,戒除不當行為嗜好(李新民,2001)。

　　無論如何,藉由兒童課後托育的服務網絡,學校、社區一同協助家庭教養兒童,並聯絡家庭推廣親職教育,促進學習型家庭之發展,不僅能讓兒童在放學後有適當的安置,以避開危險時刻(U. S. Department of Education, 1999),還能夠促進兒童的社會性發展與社區意識,因此將兒童送到有戶外活動空間及社區參與活動的課後托育機構有助於兒童的身心發展(Seligson & Fink, 1988; Seligson & Coltin, 1991),尤其可依照兒童的不同學習興趣,適度

表6-3 臺灣地區托育服務現況對照一覽表

觀察指標	校園安親班	民間安親班
功能屬性	屬社福體系	屬社福體系
法令依據	國民小學辦理兒童課後照顧服務及人員標準（草案）	依兒童福利專業人員資格要點以及國民小學課後照顧服務人員資格標準
收托對象	國民小學在籍學生及附設幼稚園之幼兒	國民小學課後之學齡兒童
設備條件	以運用學校內各項設施及設備為主。	室內活動面積每人至少1.5平方公尺，室外活動面積每人至少2平方公尺，活動面積係指機構內主要供學童活動場所之面積，合計不得少於100平方公尺，且平均每名兒童至少2平方公尺。
班級編制	每班學生以二十人為原則，最多不得超過三十五人。	每三十人應設置保育員或助理保育員一人，未滿三十人以三十人計。
人員標準	1.高級中等以下各級學校及幼稚園合格教師。 2.曾任國民小學代理教師、代課教師、兼任教師或教學支援人員且表現良好者。 3.公私立大專校院以上畢業，並修畢師資培育規定之教育專業課程者。 4.符合兒童福利專業人員資格者，但保母人員除外。 5.具有本服務活動內容所需要專長之社會人士或義工。	1.依兒童福利專業人員資格要點取得社工人員資格。 2.依國民小學課後照顧服務人員資格標準要點，接受三百六十小時專業訓練結訓者。

（續）表**6-3**　臺灣地區托育服務現況對照一覽表

觀察指標	校園安親班	民間安親班
課程教學	應本多元活潑之原則，兼顧課業指導、單元活動及生活照顧。	生活照顧、家庭作業寫作、團康體能活動、才藝教學。
人員待遇	二六○元及四五○元分別為現行國小教師上班及下班時間之授課鐘點費。	由經營者自訂。

資料來源：摘自王順民（2005）。

和適性地補充才藝指導，使兒童可以充分發展個別性，故兒童課後托育確具有某種程度上的功能與意義，其服務品質實不容忽視。

第二節　兒童課後服務政策與法規

　　對於兒童課後服務的重視，乃是凸顯捍衛兒童人身權益的宣示，這可從聯合國兒童權利宣言（U.N. Declaration of the Rights of the Child）、聯合國兒童權利公約（U.N. Convention on the rights of child）、我國憲法與兒童及少年福利法等，強調以確保兒童生存與發展之最佳利益的宣稱得到明證。

　　我國課後托育服務在民間已經進行相當長的時間，但有關這方面的政策和法規，正式及明確的實施也不過是近十多年的事（參閱表**6-4**）。其規範的內容，包含主管機關、設置與設備、課程內容、專業人員配置、專業人員資格其受訓課程、申請立案程序、相關罰則等，以下即就這些條文作進一步的說明。

表6-4　兒童課後托育服務相關政策

公佈日期	名　稱	負責單位
1994年	臺北市國民小學辦理課後實施要點	臺北市政府教育局
1996年	臺灣省校外課後安親班輔導管理試辦要點	臺灣省政府
1996年	高雄市托兒機構設置標準與設立自治條例	高雄市社會局
1998年	臺灣省校外課後安親班輔導管理要點	臺灣省政府
1998年	臺北市政府教育居所屬公立各級學校公私立協營課外活動班試辦要點	臺北市政府教育局
2000年	安親班定型化契約範本	內政部
2001年	臺北市兒童福利機構設置標準與設立自治條例	臺北市政府社會局
2001年	臺北市私立幼稚園附設兒童托育中心設立辦法	臺北市政府教育局、臺北市社會局
2002年	高雄市國民小學辦理「學童社區課後照顧」實施要點	高雄市教育局
2003年	高雄市國民小學辦理「學童課後社團活動」實施要點	高雄市教育局
2003年	國民小學辦理兒童照顧服務及人員資格標準	內政部，教育部
2004年	兒童及少年福利機構設置標準	內政部
2004年	高雄市「國民小學辦理兒童課後照顧服務及人員資格標準」補充要點	高雄市教育局
2007年	兒童教育及照顧法草案	教育部
	其它各縣市課後托育相關法規	各縣市政府頒訂

資料來源：摘自王順民（2005）。

一、兒童課後服務相關法規之「主管機關」

　　有關課後服務相關法規含涉範圍頗為廣泛，如中央的內政部、教育部、地方各縣市政府社會局、教育局等相關單位。由於課後服務型態不同，主管機關也就不同。以下即分中央與地方之負責單位說明之：

　　1.中央為「內政部兒童局」，直轄市為「直轄市政府社會局」、縣市為「縣市政府社會局」；其主要負責的是由私人

附設之安親班；若以幼稚園附設之安親班，其主管機關為教育局；若以托兒所附設安親班，其主管機關為社會局。目前教育部將整合原內政部主管的兒童及少年福利法與教育的幼稚教育法，成為全新的「兒童教育及照顧法」，把學齡前的保母、托嬰中心、幼稚園、托兒所、安親班等過去三不管的人員、機構等都納入管理（《聯合報》，2007）。所以及至幼托整合後，幼稚園和托兒所將融合而改制為「幼兒園」，而幼兒園附設的安親班將由社會福利部門掌管。

2. 中央為「教育部」；直轄市為「直轄市政府教育局」；縣市為「縣市政府教育局」。主要是負責國民小學所辦理的課後服務、民間業者所經營的才藝班或補習班（葉郁菁主編，2006）。部分業務則由其它政府相關單位負責管理：

　(1)主管機關：主管兒童及少年福利法規、政策、福利工作、福利專業、專業人員訓練、兒童及少年保護、親職教育、福利機構設置等。

　(2)衛生主管機關：主管婦幼衛生、優生保健、發展遲緩兒童早期醫療、兒童及少年心理保健、醫療、復健及健康保險等。

　(3)教育主管機關：主管兒童及少年教育及其經費之補助、特殊教育、幼稚教育、兒童及少年就學、家庭教育、社會教育、兒童課後照顧服務等。

　(4)建設、工務、消防主管機關：主管兒童及少年福利機構建築物管理、公共設施、公共安全、建築物環境、消防安全管理、遊樂設施等。

　(5)交通主管機關：主管兒童及少年交通安全、幼童專用檢驗等。

　(6)其它兒童及少年福利措施由相關目的事業主管機關依職

權辦理。

二、兒童課後服務相關法規之「設置與設備」

根據二○○一年臺北市兒童福利機構設置標準與設立自治條例，兒童福利機構（含兒童課後托育中心）之設置與設立，應以社區照顧及促進兒童身心健全發展為目標，並符合下列原則：

1. 機構內設施設備，應符合衛生、消防、建築物管理等規定及兒童之特殊需要。
2. 機構內設施設備應配合兒童之特殊安全需要，妥為設計，並善盡管理與維護。
3. 機構之環境應保持清潔、衛生；室內之採光及通風應充足；住宿區房舍應兼顧家庭生活氣氛。
4. 機構應符人性化之管理，有關業務應遴用專業人員辦理，其資格及員額配置應符合有關規定。
5. 機構應隨時充實各項設備，提昇服務品質。

因此，兒童課後托育中心的設置與設備，必須以社區照顧及促進兒童身心健全發展為目標，同時在樓層規定、活動空間、設備上（參閱**表6-5**）、消防等都要符合安全衛生之條件。

三、兒童課後服務相關法規之「服務內容」

根據政府頒布的兒童課後服務相關法規之「服務內容」（參閱**表6-6**），是以課後生活照顧為主，包括生活常規教育、行為輔導與關懷等。而家庭作業寫作，包括學生各項作業書寫之輔導，例

表6-5　兒童課後托育的環境設備

	臺北市兒童福利機構設置標準與設立自治條例	臺北市私立幼稚園附設兒童托育中心設立辦法	高雄縣托兒機構設置標準與設立辦法
樓層規定	兒童托育中心：以地面一樓至四樓層為限。		安親班以地面一樓至四樓層為限。但經報請主管機關核准附帶使用地下一樓等作為行政、廚房或辦公等非兒童之用途者，不在此限。
活動空間	1.室內活動淨面積：每人不得少於1.5平方公尺。 2.室外活動面積：每人不得少於1.5平方公尺，無室外活動面積時，得以室內活動淨面積替代。	1.室內活動淨面積：每人不得少於1.5平方公尺。 2.室外活動面積：每人不得少於1.5平方公尺。 3.無室外活動面積時，得以室內活動面積替代。 4.但每人應占室內活動淨面積不得少於2平方公尺，合計不得少於3.5平方公尺。	1.室內活動淨面積：每人至少1.5平方公尺。 2.室外活動面積：每人至少2平方公尺。 3.但無室外活動面積或不足時，室內活動面積或另以其他室內活動面積2平方公尺替代。除依前款規定外，得以室內活動淨面積2平方公尺替代。且每名兒童至少2平方公尺。
設備	1.教保活動室。 2.遊戲空間。 3.寢室及寢具設備。 4.保健室或保健箱。 5.辦公區或辦公室。 6.廚房。 7.盥洗衛生設備。 8.其他法令規定之必須設備。	1.教保活動室。 2.遊戲空間。 3.寢室及寢具設備。 4.保健室或保健箱。 5.辦公區或辦公室。 6.廚房。 7.盥洗衛生設備。 8.其他法令規定之必須設備。 前項第一款、第三款及第七款之設施（設備）應獨立設置；第四款、第五款及第八款之設施（設備）得視實際需要與幼稚園設施（設備）調整使用；第二款之遊戲空間應以兒童身心發展及遊戲安全為考量。 第一項第七款之兒童廁所設備每二十名兒童設置二套，未滿二十名以二十名計，每增十五名兒童增設一套；其規格應合於兒童使用。	1.教保活動室。 2.遊戲空間。 3.保健室。 4.寢室。 5.廚房。 6.盥洗設備。 7.辦公區或會談室。安親班得視需要設置圖書室、自習室、保健室、寢室及廚房，不受前項規定限制。

資料來源：作者整理。

如學習單、自然觀察報告、習作、數學練習題、作文與閱讀學習單等。團康體能活動，包括學生團體遊戲、大地遊戲活動、教室團康活動等。才藝教學，如美勞、音樂、作文、珠算等。此外，尚有戶外教學等。

一般而言，兒童課後服務內容並不能取代國小課程的正式內容，但由於父母望子成龍、成鳳的期待下，加上市場性的催化，使得市場上的服務內容琳瑯滿目，五花八門；有些強調課業成效，但大多偏重在課業輔導與補救教學，才藝教學則次之。

表6-6　兒童課後服務內容

	服　務　內　容	規　範
內政部兒童局——〈安親班定型化契約〉	1.生活照顧。 2.家庭作業寫作。 3.團康體能活動。 4.才藝教學。 5.餐點提供。 6.學童平安保險。 7.交通車接送。 8.戶外教學等。	1.才藝教學時數之比例不得超過總時數二分之一。 2.晚上八點前必須下課。
內政部兒童局——〈國民小學辦理兒童照顧服務與人員資格標準〉	1.家庭作業寫作。 2.團康與體能活動。 3.生活照顧。	國民小學課後照顧之實施，應配合學校原訂作息時間、教學計畫，且教學進度不得超前學校課程之教學進度。
臺北市（直轄市）——〈臺北市私立幼稚園附設兒童托育中心設立辦法〉	1.良好生活習慣之養成。 2.兒童健康管理及安全照顧。 3.單元活動及課業輔導。 4.親子關係及支持家庭功能之服務。 5.社會資源及轉介服務。	每日收托時間以六小時為限。但家長有特殊原因經報請主管機關核備者，不在此限。
各縣市政府頒布——〈托兒所設置標準與設立辦法〉	1.生活照顧。 2.家庭作業寫作。 3.團康體能活動。 4.才藝教學。	1.才藝教學時數之比例不得超過總時數二分之一。 2.下課時間必須在晚上八點前。

資料來源：作者整理。

四、兒童課後服務相關法規之「專業人員配置」

(一)教育部二○○○年九月研商「政府機關實施全面週休二日及寒暑假國小學童安置問題」的決議重點

　　以校內教師為優先，教師自願參加。校內教師不足時，得善用社會資源（包括家長會、社區人士、大專院校社團），聘請社會人士擔任指導工作。

(二)臺北市政府二○○一年四月公布「臺北市兒童福利機構設置標準與設立自治條例」

　　1.托育機構應置專任主任、保育人員，助理保育人員及行政人員得視需要設置之。

　　2.收托滿一百人之托兒所及兒童托育中心，應置專任護理人員及社會工作人員；未滿一百人者得以特約或兼任方式辦理。

　　3.收托國小學童每二十名應置保育人員或助理保育人員一名，未滿二十名者以二十名計。

(三)二○○一年四月九日臺北市私立幼稚園附設兒童托育中心設立辦法

　　1.幼稚園附設兒童托育中心應置下列人員：主任（得由園長兼任）、保育人員。

　　2.每二十名學童應置保育人員或助理保育人員一名，未滿二十名者，以二十名計。收托一百人以上者，應置專任護理人員及社會工作人員；未滿一百人者，得以特約或兼任方式辦

理。

3.前三項應置人員之資格，依內政部訂頒之兒童福利專業人員
資格要點及其相關法令辦理。

(四)高雄市一九九六年六月年頒布〈高雄市托兒機構設置標準與設立辦法〉

1.課後托育中心應置專任主任，以下得分設教保、衛生、社會
工作及總務等部門。

2.學齡兒童之課後托育，每二十五人應置保育人員或助理保育
人員至少一人，兒童不足二十五人者以二十五人計。

五、兒童課後服務之「專業人員資格及其受訓課程」

有關兒童課後照顧服務人員的專業資格有「兒童福利專業人
員資格要點」（一九九五年），以及「國民小學課後照顧服務人員
資格標準」（二〇〇三年）等不同標準。兩者皆採取資格放寬的方
式，學歷只要是高級中等以上學校畢業即可。

至於兩者的主要差別在於角色功能的定位，所以訓練方案可
分為兩類：

其一，兒童福利專業人員的委辦單位是內政部，訓練時數從
二百七十至五百四十小時不等。課程的訓練包括教保原理、教保實
務、社會工作、兒童福利、諮商輔導、托育服務、托兒機構經營與
管理，以及專題討論等不同層面的訓練課程與訓練時數，課後照顧
的從業人員則被歸類成包括甲類助理保育人員、乙類保育人員、丙
類保育人員、丁類社工人員，以及戊類主管人員等不同的訓練類別
（參閱**表6-7**）。

表6-7　課後照顧人員之訓練類別與訓練課程

訓練課程	甲類助理保育人員（共計360小時）	乙類保育人員（共計360小時）	丙類保育人員（共計540小時）	丁類社工人員（共計360小時）	戊類主管人員（共計270小時）
教保原理系列	兒童發展 嬰幼兒教育 兒童行為輔導 兒童行為觀察與記錄	兒童福利導論 社會工作 親職教育	兒童發展與保育 幼兒教育 兒童行為觀察與記錄 兒童福利導論 社會工作 親職教育	兒童發展 特殊兒童心理與保育 兒童福利政策與法規 兒童福利服務 親職教育	兒童保護 兒童權利 兒童福利政策與法規 各國兒童福利比較
教保實務系列	教保課程與活動設計 教材教法 教具製作與應用 兒童安全專業倫理 嬰幼兒醫療保健概論及實務兒童生活常規與禮儀 課室管理 學習環境的設計與規劃 意外事故急救演練	教保活動設計專題 教保模式 教材教法專題 幼兒文學 專業生涯與倫理 兒童遊戲 兒童安全	教保課程與活動設計 教材教法 教具製作與應用 課室管理 學習環境的設計與規劃 兒童遊戲 幼兒文學	兒童安全與保護 班級經營	-----
諮商輔導系列	----	----	----	婚姻與家庭 兒童諮詢與輔導	----
托育服務系列	----	----	----	----	托兒機構評鑑 托育服務問題 各國托育服務比較
經營管理系列	----	----	----	----	公共關係 財務管理 教保實務管理 人力資源管理 領導與溝通
專題討論	----	----	----	兒童問題專題討論 社會工作專題討論	社會調查與研究 教保方案設計及評估 教保哲學與發展史 教保專業倫理

（續）表6-7　課後照顧人員之訓練類別與訓練課程

訓練課程	甲類助理保育人員（共計360小時）	乙類保育人員（共計360小時）	丙類保育人員（共計540小時）	丁類社工人員（共計360小時）	戊類主管人員（共計270小時）
其它	----	特殊兒童教育與輔導 嬰幼兒醫療保健概論及實務 壓力調適 人際關係 嬰幼兒營養衛生概論及實務	特殊兒童教育與輔導 嬰幼兒醫療保健概論及實務	個案工作 團體工作 社區工作 福利機構行政管理 方案規劃與評估 人際關係	兒童個案管理 社區工作 特殊兒童工作 親職教育

資料來源：內政部（1997）。

其二，依據新修訂兒童及少年福利法第十九條規定，兒童課後的照顧服務得由直轄市、縣（市）政府指定所屬國民小學辦理，而辦理方式與人員資格等相關事項標準，則是教育部根據所訂定的「國民小學課後照顧服務人員資格標準」第九條第一項第五款：「高級中等以上學校畢業，並經直轄市、縣（市）主管機關自行或委託辦理之三百六十小時專業訓練結訓者。」

辦理訓練的課程規劃包括有兒童發展、兒童行為輔導、兒童福利、親職教育、課後照顧服務概論、兒童心理衛生、兒童安全、兒童醫療保健及意外事故急救訓練、特殊教育概論、初等教育、學習指導、兒童體育及團康、兒童遊戲與休閒、兒童故事以及班級經營，並分成核心課程與彈性課程兩部分（參閱**表6-8**）。

表6-8　國民小學兒童課後照顧服務人員訓練課程內容

核心課程（共計一八〇小時）	
課程名稱	課程內容
兒童發展（12小時）	兒童發展的影響及理論、學齡兒童期的生心理特徵
兒童行為輔導（9小時）	兒童行為輔導理論、偏差行為探討處遇、行為改變技術
兒童福利（12小時）	兒童福利導論、兒童福利服務、兒童保護、涉及兒童相關法規及政策之介紹

（續）表**6-8**　國民小學兒童課後照顧服務人員訓練課程內容

核心課程（共計一八〇小時）	
課　程　名　稱	課　程　內　容
親職教育（9小時）	家庭與親職教育、父母效能訓練、親師合作
課後照顧服務概論（6小時）	課後照顧理念與政策、工作倫理
兒童心理衛生（6小時）	兒童壓力、壓力管理
兒童安全（6小時）	兒童特性與事故傷害、危險訊息的判斷與處理
兒童醫療保健及意外事故急救訓練（9小時）	兒童生長發展與營養、兒童常見疾病的認識、急救的技巧與演練
特殊教育概論（6小時）	1.特殊教育的概念與發展趨勢 2.學習障礙、智能不足、自閉症、過動症的認識與處理
初等教育（21小時）	九年一貫課程、課程發展與設計、學校行政、參觀見習
學習指導（36小時）	數學、語文、評量
兒童體育及團康（9小時）	兒童體育及團康活動設計、運動傷害預防與急救
兒童遊戲與休閒（15小時）	遊戲與休閒的定義及特徵、遊戲與兒童發展之關係、各式各樣遊戲的介紹、遊戲與休閒的活動設計及延伸、兒童遊戲與休閒在教育上的運用
兒童故事（12小時）	探討說故事的基本概念與原則、說故事的技巧、說故事道具製作、說故事演練
班級經營（12小時）	瞭解預防干預及糾正治療的行為管理方法、紀律訓練對兒童行為之影響、班級常規建立、教室規劃與管理
彈性課程（共計一八〇小時）	
課　程　名　稱	課　程　內　容
兒童發展（24小時）	瞭解兒童發展的原則、人生發展週期的發展特徵、學齡兒童期的動作語言情緒社會發展特徵、兒童之性發展與性教育
兒童行為輔導（18小時）	兒童輔導基本理念、偏差行為的定義、環境策略及認知策略、偏差行為的探討
兒童福利（15小時）	兒童人權、兒童福利專題
親職教育（18小時）	特殊家庭型態與親職教育、家長參與親職教育的規劃與實施、親師溝通技巧、學齡兒童的親職教育重點
課後照顧服務概論（3小時）	課後照顧之行政作業、課後照顧人員的心理衛生、女性課後照顧人員的生涯規劃

（續）表6-8　國民小學兒童課後照顧服務人員訓練課程內容

彈性課程（共計一八〇小時）	
課　程　名　稱	課　程　內　容
兒童心理衛生（18小時）	認識兒童發展階段壓力、兒童對壓力的反應、兒童情緒行為與環境關係、常見兒童情緒行為問題、兒童心理健康與憂慮、兒童人際關係的形成、促進人際關係的方法、以活動增進人際關係、你好我也好
兒童安全（12小時）	事故傷害的種類、事故傷害之預防處理與應變、建立安全措施、教室內的安全、教室外的安全、安全教育的實施與演練
兒童醫療保健及意外事故急救訓練（12小時）	傳染病之預防與處理、社區醫療聯絡網介紹
特殊教育概論（12小時）	特殊兒童發生原因、生態方式的介入處理、特殊兒童行為情緒處理、特殊教育相關法規與體系運作
學習指導（27小時）	自然、社會、生活倫理、資訊素養、其它語文教育
兒童體育及團康（9小時）	兒童體育與團康實習、唱遊、民俗體育教學、球類運動與遊戲
兒童遊戲與休閒（12小時）	遊戲行為之發展說、瞭解兒童遊戲與休閒方法、影響兒童遊戲與休閒的個人因素、影響兒童遊戲與休閒的環境因素、兒童遊戲與休閒的阻礙、電子媒體與兒童遊戲與休閒
兒童故事（6小時）	故事的延伸活動設計、兒童圖書的選擇賞析與討論
班級經營（6小時）	班級經營實習、教師的效能訓練、探討學習輔導之班級特性
訓練課程共計三六〇小時	

資料來源：內政部（2003）。

　　此外，根據臺北市兒童福利機構設置標準與設立自治條例第三十三條，有下列情形之一者，不得擔任兒童福利機構之負責人或工作人員：

1.因犯罪經判處有期徒刑以上之刑確定，尚未執行或執行未完畢者。

2.受保安處分或感訓處分之裁判確定，尚未執行或執行未完畢者。

3.受破產之宣告，尚未復權者。

4.受禁治產之宣告，尚未撤銷者。

5.曾任公務人員受撤職或休職處分，其停止任用或休職期間尚未屆滿者。

6.因利用或對兒童犯罪，經判處有期徒刑以上之刑確定者。

7.無行為能力或限制行為能力者。

8.違反兒童福利法受主管機關行政處分確定，尚未執行完畢者。

六、兒童課後服務相關法規之「申請立案程序」

　　有關兒童課後托育中心的申請與立案，乃依各縣市所頒訂的課後托育相關法規，如臺北市有「臺北市兒童福利機構設置標準與設立自治條例」及「臺北市私立幼稚園附設兒童托育中心設立辦法」等、高雄市有「高雄市托育機構設置標準與設立辦法」，以及各縣市政府所頒訂的「托育機構設置標準與設立辦法」，其內容及要求大致相同。

　　以下即以臺北市兒童福利機構設置標準與設立自治條例簡要說明：

第三十一條　兒童福利機構之設立，應由負責人擬具申請書，並備齊下列文件一式二份向主管機關立案，主管機關應通知消防、建管、衛生等相關單位會同審理之：
　　　　　　一、申請書。
　　　　　　二、服務概況表及業務計畫。
　　　　　　三、財產清冊。
　　　　　　四、機構工作人員名冊。

五、年度預算表。

六、機構收退費標準及管理辦法。

七、機構平面圖。

八、建築物使用執照及使用權利證明文件影本。

九、其他相關必要文件。

申請設立財團法人私立兒童福利機構時，除前項所列文件，另應備下列文件一式四份：

一、捐助章程或遺囑影本。

二、籌備會會議紀錄。

三、董事會會議紀錄。

四、捐助人名冊及捐助承諾書。

五、董事名冊。

六、董事就任同意書。

七、董事身分證影本或戶籍謄本。

八、法人及董事之印鑑。

財團法人附設私立兒童福利機構申請設立許可時，除前項第一款及第五款至第八款文件外，另應備妥下列文件一式四份：

一、法人登記證書影本。

二、法人主管機關核准附設機構函影本。

三、法人董事會會議紀錄（同意附設機構之紀錄）。

第三十二條　兒童福利機構之名稱應標明其業務性質並依下列原則命名：

一、臺北市政府設立者，冠以「臺北市立」名稱。

二、私人設立者，冠以「臺北市私立」名稱。

三、機關、學校、團體、公司行號設立者，應冠以「○○機關、學校、團體、公司附設」名稱。

四、托兒機構應依其主要收托對象分別標示「托嬰中心」、「托兒所」及「兒童托育中心」。

五、同一性質之兒童福利機構，除負責人相同外，不得使用相同名稱。

第三十四條　兒童福利機構之負責人、機構性質、名稱、規模或法人有關事項變更時，應於變更前報請主管機關許可。

第三十五條　兒童福利機構在本市遷移，應依本自治條例之規定，重新申請立案；其遷移至其他縣市者，應辦理停辦。

兒童福利機構停辦、停業、歇業或決議解散時，應於一個月前敘明理由及日期，報請主管機關核備。

前項停業後復業或歇業後重行辦理者，應報主管機關核准後始得辦理。停業以一年為期限，必要時得申請延長一年。

七、其他有關兒童課後服務相關法規

(一)「停辦罰則」

臺北市兒童福利機構設置標準與設立自治條例第三十八條規定，兒童福利機構（包括兒童課後托育中心或安親班）有下列情形之一者，主管機關應令其限期改善，未依限改善，主管機關得令其停辦。

1.違反本法第二十五條第三項規定者。

2.虐待或妨害兒童身心健康者。

3.違反法令或捐助章程者。

4.業務經營方針與設立目的不符者。

5.財務收支未取具合法之憑證、捐款未公開徵信或會計紀錄未
　完備者。

6.妨礙主管機關輔導、檢查、稽核者。

7.不按規定或虛填各項工作業務報告者。

8.遷移、停業、歇業或停辦未依規定辦理者。

9.供給不衛生之餐飲、經衛生機關查明屬實者。

10.提供不安全之設施（設備），經查明屬實者。

11.發現兒童被虐事實未依規定報告有關單位者。

12.兒童專用車未依規定辦理或違規乘載者。

13.未依申請立案規定面積使用者。

14.其他違反本自治條例之規定者。

15.其他有重大違規事由，足以影響兒童福利安全者。

若課後托育中心受停辦處分而不遵守，將處以六萬元以上
三十萬元以下罰鍰，若再不遵守者，主管機關應廢止其設立許可。

(二)「體罰相關罰則」

1.兒童少年福利法第三十條嚴禁施加兒童之「身心虐待」，包
　括體罰行為等。

2.依兒童少年福利法第三十四條規定，兒童課後托育中心若發
　現相關受虐兒童，必須於二十四小時內通報主管機關。

3.依兒童少年福利法第三十六條規定，身心受虐兒童應提供其
　緊急保護與安置

4.若違反兒童少年福利法第三十條，處以罰鍰三萬元以上十五
　萬元以下。

5.民法第一八四條規定：因故意或過失，不法侵害他人之權利
　者，負損害賠償責任。

6.民法第一八四條規定：不法侵害他人之身體或健康者，對於被害人因此失去或減少勞動能力或增加生活上之需要時，應負損害賠償。

7.刑法第二六七、二八四條規定：若體罰嚴重者，將涉及「過失傷害或重傷致死罪」等。

第三節　兒童課後托育服務趨勢與議題

綜上所述，可知我國的兒童課後托育相關政策及法規受到重視的時間較晚，但政府及相關單位已經越來越關注這一區塊，以期能提昇服務品質。因此，本節針對課後照顧服務的趨勢及議題，提出下列幾點討論：定位功能、政策混亂、業者競爭、師資、福利等。

一、定位功能

(一)政府相關部門必須正視權責不清的托育服務市場

根據李新民（2003）的研究，課後照顧機構延伸國小課程實況以營利為導向來規劃課程，採取補習式的填鴨教學和反覆考試練習，以符合家長的期望。因此，究竟要將課後照顧服務定位為保育功能、教育功能還是一種綜合性功能？課後照顧服務是補充性質還是替代性質的兒童福利服務？國家介入的社會化與對價關係的市場化彼此間的分寸又該如何拿捏？課後照顧服務作為一種產業的進場與退場的機制設計為何？以及課後托育機構是否只是國小的

一種複製品，包括有教改方案、統整課程、內容設計、教學策略、空間營造等的全盤移植？就此而言，關於課後照顧服務與課後托育機構之於學校正規學習與國民小學兩者之間的分際為何（王順民，2005）？關於這幾個問題仍有待政府相關機關的正視，期能提出有效而實用的整合性政策。

(二)兒童課後托育教育教師應避免淪為代理父母

由於家庭結構和社會的變遷，父母必須選擇課後托育來補充照顧能力之不足，這實情有可原。但目前確實存在著課後照顧服務的定位不明、角色混淆與功能繁雜，因此，父母千萬別因為托育中心提供生活照顧及課業的協助，就忽略了為人父母的教養責任，業者更要避免淪為代理父母，畢竟誰也無法取代親職的角色。

二、政策混亂

(一)立案及業務內容問題

目前市場上仍有許多未合法立案的安親班，因此，政府相關單位除了在政策及法規上須有更明確規定外，亦應該就實際狀況公布於各縣市的社會局網站，讓合法立案與未立案的業者名稱的資訊透明化，以便家長在選擇時有參考的依據，也能對不法業者有約束力（葉郁菁主編，2006）。

此外，由於法令的混亂，對於安親班、補習班及才藝班等業務不清，許多課後托育中心會將收托年齡放寬至國中或幼小。因此，教育部於二○○七年一月通過《兒童教育及照顧法》草案，日後的課後托育中心、兒童托育中心、安親班等，名目不一，未來一

律稱「課後照顧中心」。坊間各式全美語或雙語安親機構，在該法施行一年內，必須改制，依補習班相關法令或《兒教照顧法》，擇一依循設立（中時新聞，2007）。然而，未來成效如何，仍有待市場的實際考驗。

(二)全方位的培訓兒童課後托育人員

比起學齡前教育的師資政策，在制度層面上，兒童課後托育人員急待教育、訓練、管理與監督等機制的制度整合。因此，政府及相關單位必須考量現職和未來會投入的人員，就其學歷與經歷背景，策劃一系列更實用的專業教育及訓練課程。此外，也要鼓勵及研擬一套在職成長與終身學習課程。

三、業者競爭

(一)為使命或為生存的平衡點

業者面臨生存競爭壓力、法令規範的模糊不確定性，以及人口變遷與社會轉型等限制，因此，如何在使命與生存之間取得平衡點，就此而言，方案規劃、活動設計、社會工作、組織管理、領導統御、服務行銷、策略經營、委任契約等專業知能的涵養，這也是在資方的業者所必須有所知覺的專業性要求。故課後照顧服務專業資源網絡就有互相串聯與建構的必要性，進而讓業者有經營及風險控管的機制設計（吳正榮，2003；邱定雄，2001），否則者業只為生存而競爭，反而使兒童課後托育的服務變質，最後犧牲的還是兒童的權益。

(二)要以兒童本位來經營這個行業

在市場競爭的情況下，業者若能以兒童本位來思索這個行業，秉持著教育良知來從事經營，在商業化和教育兩者間找出平衡點，經營出具有班級特色的型態，自然就能得到家長的肯定與口碑，也才能永續經營，畢竟這不僅只是一項投資、糊口的賺錢事業，它更是一個以人為對象的志業。

四、師資及福利問題

(一)提升師資專業度

兒童課後托育的工作者看似很單純的輔導孩子的生活和功課，它其實是含有保育、教育、社福、諮商與輔導的人群服務工作。然而，目前教師面臨著專業培訓時間不多、專業知能不嚴謹、社會地位不高、福利待遇偏低、以及工作自主性較低等問題，尤其面對家長重視成績，業者重視業績的狀況下，課後照顧從業人員承受著相當大的壓力，因而如何透過一個更明確的輔導機制，讓從業人員持續成長的專業研習、在職訓練與組織學習，以及化解職場上的適應問題就相當重要。

(二)重視從業人員的福利

由於這個行業待遇不好，工作也沒有保障，加上壓力又大，因此，從業人員在體力上、情緒上以及心智上會容易出現倦怠感、挫折感與無力感等的情形。因此，政府、業者和教師三者，必須在薪資待遇、福利結構、勞僱關係、職業傷害、身心警訊、專業支

持、在職進修以及生涯規劃等制度性問題，尋求更合理的規劃和權益保障，這才能使從業人員免於隨時離職換工作，或是早日逃離苦海，另立門戶，最後影響幼兒的受教權益。

五、其他

(一)提供婦女二度就業

　　除了民間業者經營的兒童課後托育，以及國民小學課後照顧這兩種不同服務系統外，政府及相關單位應該多規劃以兒童為主、收費價格較為低廉，及服務項目和內容較為彈性的課後托育福利機構，以提供社區婦女二度就業的機會。

(二)針對弱勢學童的輔助

　　針對弱勢處境的學童及其家庭所應該提供的一般教學、補救教學以及才藝教學統整的機制設計，也要有回到現行教育學習體制的配套考量（王順民、張瓊云，2004）。

參 考 書 目

中時新聞（2007），〈兒童教育及照顧法草案〉，http://tw.news.yahoo.com/
　　article/url/d/a/070124/4/9r67.html

內政部（1997），〈兒童福利專業人員資格要點暨訓練實施方案〉。臺中：
　　內政部兒童局。

內政部（2000），〈安親班定型契約範本暨說明〉。臺中：內政部兒童局。

內政部（2003），〈國民小學辦理兒童課後照顧服務及人員資格標準〉。臺
　　中：內政部兒童局。

內政部社會司托育機構概況統計（2006），http://sowf.moi.gov.tw/stat/year/
　　y04-06.xls。

王順民（2005），〈課後照顧服務的一般性考察：現況處境與未來展望〉。
　　財團法人國家政策研究基金會，國家研究報告。http://www.npf.org.tw/
　　PUBLICATION/SS/094/SS-R-094-011.htm。

王順民、張瓊云（2004），《青少年兒童福利析論——童顏、年少、主人
　　翁！？》。臺北：洪葉。

吳正榮（2003），《「課後托育中心」服務於消費者保護法之適用與解
　　釋》，國立成功大學法律學研究所碩士論文，未出版。

李新民（2001），《課後托育理論與實務》。臺北：麗文文化。

李新民（2003），〈課後托育機構整合國小課程初探〉，《幼兒保育學
　　刊》，1期，頁19-38。

邱定雄（2001），《國小學生課後安親班服務市場消費行為之研究》，私立
　　大葉大學事業經營研究所碩士論文，未出版。

曾榮祥、吳貞宜（2004），《課後托育理論與實務》。臺北：華騰文化。

黃怡瑾（2000），〈臺南市國小學齡兒童課後托育情形之初探〉，《國立臺
　　南師院學報》，第33期，頁233-262。

葉郁菁主編（2006），《托育服務》。臺北：心理。

鄭望崢（1988），〈三種課後托育服務方式之介紹〉，《社區發展季刊》，
　　第41期，頁58-61。

聯合報（2007/1/25），〈無照保母將禁照護幼兒〉，A1版。

Seligson, M. & Fink, D. B. (1988). Latchkey Children and School- Age Child Care.
　　(Eric Document Reproduction Service No DE301360).

Seligson, M. & Coltin, L. (1991). Approaches to School-Age Child Care. (Eric Document Reproduction Service No ED335158)

U. S. Department to Education (1999). Bring Education to After-School Programs. Available: http://www.Ed.Gov/pubs/AfterSchool-Programs.html.

第七章

特殊兒童托育服務

許雅喬

我國學前特殊教育（early childhood special education）在早期並未受到重視，直到近二十年來才成為快速發展的一個領域（吳淑美，1998）。根據內政部統計處（2007）之統計，臺灣地區之身心障礙人數有逐年增多的趨勢，至二○○六年底總數有981,015人，較二○○五年底增加0.17%，其中未滿六歲者有9,612人（0.9%），滿六歲而未滿十二歲的學齡兒童則有23,782人（2.4%），可見我國身心障礙兒童人口數在逐年增加中。然而，每一個孩子都有受教權，加上特殊教育的發展水準，可說代表一個民主國家教育進步的重要指標（薛婷芳，2003）。因此，我國目前的特殊兒童服務現況、托育服務政策及法規，以及其未來的趨勢及議題，實為不容忽視的課題，以下即加以探討之。

 # 第一節　特殊兒童托育服務現況

我國對於特殊兒童托育服務的對象，包括零至六歲的發展遲緩和身心障礙兩種類型，前者可以藉由早期療育的方式，讓遲緩的現象改善甚至消失；而後者可能由於先天的或是心理的因素之缺陷與限制，雖然障礙的程度不會因為接受療育的方式而消失，但是會使障礙的程度經由教育，或是早期療育的方式，不致繼續惡化下去，或是造成第二次障礙的發生（張秀玉，2003；石英桂，2006），其中學前特殊兒童托育服務，是針對六歲以下殘障、或發展遲緩之幼兒及其家庭所提供的服務，亦即為「早期治療教育」，又稱「早期療育」或「早期介入」，強調有效的掌握身心障礙幼兒，和發展遲緩幼兒的特殊需求，以及障礙發生的時效性，期能早期發現與治療，並根據兒童的個別差異，儘快採取適當的教育措施

與策略，以便提供在醫療、教育、社會資源各方面適切的協助（葉瓊華，2001），故其重要性可歸納為以下幾點（張秀玉，2003）：

1. 對身心障礙與發展遲緩兒童本身而言，透過早期療育服務，增進他們在生理、認知、語言發展、社會適應與生活自理技巧，藉以改善，甚至消除其障礙或遲緩狀況，並激發其發展潛能。

2. 對身心障礙與發展遲緩兒童及其家庭而言，經由早期療育服務，可以協助家庭成員對於兒童障礙或遲緩程度的了解，支持家庭度過情緒低潮期以接受診斷的事實，並且滿足孩子與自己的需要，增進家庭對於現有各種社會福利資源之了解與運用。

3. 對社會而言，提供早期療育服務，改善或消除身心障礙與發展遲緩兒童狀況，可以減少殘補式社會福利、醫療衛生與教育成本的支出。

4. 對國家而言，早期療育是一種保護兒童人權、提升國家公共形象的具體表現。

由於兒童在出生後五年，是腦部發展最迅速的時期，在這個關鍵時期，若讓孩子接受良好的教育與環境刺激，會使他們在認知、語言、人際互動等各方面的學習能力順利發展。許多特殊教育專家更強調，早期療育對於發展遲緩和身心障礙的幼兒，不但可以減輕遲緩的程度，也肯定較能避免日後產生其他障礙的機會（Smith, Polloway, Patton & Dowdy, 2001; 引自張秀玉，2003；石英桂，2006）。學者Lisbeth Vincent就對特殊幼兒的早期療育提出四個特點（參考傅秀媚譯，1998）：

1. 提供早期療育，讓家長與專業人員減輕或減少幼兒障礙程

度。

2.早期療育花費不少，但可減低日後的社會成本支出。

3.實施早期療育，使幼兒本身及其家庭都可以接受所需要的服務。

4.透過早期療育，家庭和社會有較正面的參與。

我國於一九七三年所制定的兒童福利法，對於學齡前階段之身心障礙與發展遲緩兒童的服務措施，僅局限於消極性收容，缺乏預防措施與教育方案，為解決所面臨的問題與福利需求，中華民國智障者家長總會在一九九二年，致力於推展早期療育的概念，並於一九九三年兒童福利法修訂時，赴立法院遊說將「發展遲緩兒童早期發現與早期療育」的概念納入相關條文中（萬育維、莊凰如，1995；莊凰如，1996；歐姿秀，2004），同年新修訂的兒童福利法增設對身心障礙與發展遲緩兒童早期療育、出生通報之規定。此外，二○○四年修訂的「兒童及少年福利法」中，第二十三條就明確指出：「政府對於發展遲緩兒童，應按其需要，給予早期療育、醫療、就學方面之特殊照顧。」

因此，自一九九七年發展遲緩兒童早期療育服務的實施方案，在各縣市雖然不盡相同，卻各具特色，中華民國智障者家長總會，將早期療育在臺灣的推動與發展現況，針對早療宣導、發展篩檢、通報轉介、評估鑑定、療育安置、轉銜服務等項目，彙整如**表7-1**所示。

目前我國特殊兒童托育服務形式，大致有普通班、不分類別的自足式學前特殊班、分類別的學前特殊班及融合班等四種型態（參閱**表7-2**）。其中以不分類別的自足式學前特殊班、分類別的學前特殊班最多。這當中利弊互見，若是將各種身心障礙幼兒集中安置，容易與普通班形成隔離，而與一般兒童缺乏互動；若是

表7-1　早期療育在臺灣的推動與發展現況

項目	早期療育在臺灣的推動與發展現況
早療宣導	目前各縣市辦理宣導方式主要以宣導研討會、親職活動或教育培訓為主，包括了為老師及家長辦理兒童發展宣導說明會、製作宣導手冊與單張書面資料、舉辦相關動態性親子參與活動、進行低收入戶或受虐兒童的家庭訪視，宣導的內容主要在於認識兒童發展，及對於發展遲緩兒童的醫療評估與療育、相關福利資源的認識。宣導活動的經費多數申請內政部補助，少數則由縣市政府自行編列預算。
發展篩檢	雖然衛生署已研發出發展篩檢量表，但各縣市參考使用的發展遲緩兒童篩檢量表包括了：林口長庚黃美涓醫師編製四個月至兩歲的簡易兒童發展評估量表、婦幼心智科零至六歲兒童發展里程碑、臺北榮總鄭玲宜心理師所設計的學前兒童發展檢核表、臺中榮總遲景上醫師二至六歲簡易兒童發展篩檢評估量表等，目前各評估中心皆已編列各自使用的篩檢表格，由心理師於等候評估過程中協助進行完成。 然而針對一般幼兒的預防篩檢，包括產前優生保健諮詢、新生兒篩檢與學前兒童健檢等，多數由家長自行帶到醫院接受健康檢查，目前從事篩檢工作的人員包括公衛護士、托兒所或幼稚園老師、心理師與父母。各縣市辦理早期療育相關篩檢活動，則以研討會、親子篩檢園遊會，或結合托兒所及幼稚園共同辦理執行。
通報轉介	現行各縣市通報轉介中心皆提供通報單掌握通報來源，然而通報來源仍以家長及幼教老師為主，發現通報年齡多數已超過三歲，醫院通報比率偏低，且目前各縣市通報轉介系統未與出生通報系統配搭，有三成的通報轉介中心仍以社會局列冊的身心障礙兒童為主。此外，各縣市的通報轉介中心有七成委託民間經營辦理，執行經費以兒童局補助為主要財源。各中心平均編制二至多名社工員與行政員處理通報建檔工作，有半數使用電腦系統進行建檔，然而受限人力不足，各縣市轉介追蹤工作較難落實。
評估鑑定	截至目前為止，共有十家聯合評估中心，平均每一年的服務量約為四百人，九十年度將增至十五家聯合評估中心，評估中心的專業團隊人力以醫師、職能治療師、物理治療師、心理師、語言治療師、行政人員或護士為主，特教老師及社工師則兼任之。 評估進行方式以小兒神經科、心智科或復健科主責聯合評估業務，多數評估中心會進行內部的個案討論，但提供報告書或召開療育會議的比率較低。評估中心的個案來源以醫院轉介、家長自行求診及通報轉介中心轉介為主，多數建立對外的通報與轉介窗口，並適度提供療育訓練。
療育安置	早期療育資源體系的建構強調父母參與及跨專業整合服務，因此各縣市的療育訓練型態主要以醫療復健（物理治療、職能治療、語言訓練等）與機構特教（學前日托班、親子班）提供，此外交通偏遠縣市有少數機構由特教老師提供到宅式外展服務。

（續）表7-1　早期療育在臺灣的推動與發展現況

項目	早期療育在臺灣的推動與發展現況
療育安置	目前僅有三成的縣市編列有療育費用補助，減輕個案使用資源的經濟負擔，但是發展遲緩兒童以就讀學前幼稚園或托兒所，配搭醫院復健情形占多數，只是受限現有專業人力資源的不足，幼稚園由教育部配搭學前巡迴輔導老師進行諮詢指導，托兒所則委託民間機構辦理巡迴輔導服務，平均服務提供次數每學期約一至三次不等。 此外，有鑑於專業人力不足的現實考量，自八十八年度起各縣市皆舉辦過教保人員、幼教老師及社工員相關基礎課程，然而對於本土區域資源的整合仍待努力。隨著家長參與早期療育服務的角色倍受重視，親職教育則為醫院、通報轉介中心及機構重視的服務內容，因此各縣市皆辦理親職活動，內容著重於教養技巧及社會資源的使用。
轉銜服務	目前各縣市的小學轉銜，仍比照當地鑑定安置輔導委員會特殊學生提前報名流程運作，多數由家長或個案管理員提供轉銜服務，未完整建構資料轉介系統，但評估中心協助提供入學前評估鑑定工作。

資料來源：中華民國智障者家長總會秘書處（2007），http://www.enable.org.
　　　　　tw/res/res-h-1-1.asp?S=257。

表7-2　特殊兒童的安置模式

型態	要點
普通班	輔以諮商輔導、特殊教育人員輔導或巡迴輔導班教師，或接受專業團隊治療。
不分類別的自足式學前特殊班	將各種身心障礙兒童集中安置，每班幼兒不超過十名，編制兩位教師。
分類別的學前特殊班	針對特殊需求，將障礙類別相同的兒童集中在一班，如臺北啓聰學校學前部的聽障班、臺中啓明學校學前部的視障班。
融合班	將身心障礙兒童安置在常態化的學習環境，接受一般的學習模式，班級至少有一位兼具學前特教資格的老師。

資料來源：參考傅秀媚（1996）；林惠芳（1997）；黃世鈺（1999）；薛婷
　　　　　方（2003）。

針對特殊需求而將障礙類別相同的集中在一起訓練，則隔絕與一般兒童的社會性互動。此外，融合式的教育以「普通教育」（Regular Education Initative，簡稱REI）的回歸精神，降低身心障

礙兒童被隔離的機會。不過，融合班的班級經營、教學設計及教學策略必須兼顧一般兒童與身心障礙幼兒確實有難度；因此，巡迴輔導班的方式，或可提供身心障礙兒童的特殊需求，亦可提供帶班教師的教學技巧和策略，此不失爲改善良方。

此外，若依幼兒園、保母、課後托育、臨時托育，以及民間基金會等托育服務來分類，則如**表7-3**所示。

表7-3 目前的特殊兒童托育服務概況

類型	特殊兒童托育服務概況
幼兒園	收托三到六歲的身心障礙幼兒，教育方式採取融合教育安置的方式，並有專業團隊巡迴輔導，目的是希望孩子能享有相同的教育權利，回歸正常的生活。
保母	收托三歲以下的身心障礙幼兒，可以透過社區保母系統媒合的方式找到相關的資訊，讓家長可以在社區之中就找到合格又安全的收托保母，以免除托兒時的路途奔波，又可消除他們對不當托嬰的焦慮。
課後托育	身心障礙的孩子在接受一般的教育之後，在寒暑假或是課餘時間接受的服務，可以短暫得到照顧的機會，也可以延續學校學習的內容。
臨時托育	臨時托育的服務方式，各縣市的不同，大致可以分為到宅臨托、定點托育、寄養托育三種。 其提供的服務內容有： 1.協助膳食。 2.協助清潔。 3.看護照顧。 4.陪同就醫。 5.生活自理能力訓練。 6.陪同休閒。 7.陪同就醫。 8.延續學校學習的內容。
早療中心或基金會	這是由障礙兒童的家庭所組成的團體所開設，其託育服務較能夠貼切地結合身心障礙者的需求，如心路文教基金會所辦理的早期療育班、身心障礙者家長所組成的協會之托育服務團隊等。

資料來源：整理自石英桂（2006）。

總之，就發展觀而言，愈年幼之大腦，可塑性愈大，若能在發展的關鍵期，提供早期療育服務，將可以減輕兒童與家庭未來在醫療復健、特殊教育與機構安置等經濟負擔外，也可以減少社會成本的支出（歐姿秀，2004）。故如何透過積極性的早期治療與適當教育，以及消極性的維護身心障礙幼兒的權益，使其和一般幼兒一樣，都能生存於社會上，共同享受社會資源，並且透過特殊幼兒的托育照顧，讓身心障礙幼兒的家庭得到支持性、照顧性的服務，同時讓父母親有喘息的機會，實為重視兒童福利及教育的重要環節。

第二節　特殊兒童托育服務政策與法規

我國的特殊教育近來不斷擴大和迅速發展，政府及相關單位，目前為獎勵私立幼兒園招收身心障礙幼兒學生，給予家長和園所每學期五千元的補助款，並且積極開設學前特殊教育課程提供教師專業進修的機會，然而，某些托育機構因為考慮人力、物力和環境等種種因素，因而婉拒身心障礙幼兒，也因為各類身心障礙幼兒的障礙類別、障礙程度的不同，需要許多的支持性的專業照顧，造成許多身心障礙幼兒只能待在家中，或是在特殊教養機構內接受服務（石英桂，2006）。因此，如何更積極推動我國特殊兒童托育服務的辦理，以使特殊兒童及其家庭得到更多和普遍的社會資源及協助，則是確實落實特殊教育的重要課題。

因此，本節就我國有關特殊兒童托育的相關政策及法規作進一步探討，首先說明我國特殊兒童托育服務辦理的法令，這可追溯至以下幾個法源：憲法、幼稚教育法施行細則、特殊教育法、特殊教育法施行細則、身心障礙者保護法、兒童及少年福利法、兒童及少年福利法施行細則等依據（參閱**表7-4**），其中大多規定政府應

設立及獎勵民間設立學前療育機構，並獎勵幼稚園、托兒所及其他學前療育機構，辦理身心障礙兒童教育、托育服務及特殊訓練。因此，以下針對較爲重要及明確的法規：如特殊教育法、特殊教育法施行細則、兒童及少年福利法、特殊教育設施及人員設置標準規定，以及特教師資培育等相關的法規及政策作詳細的說明。

表7-4　特殊幼兒托育服務之法令依據

法令依據	條款	條文內容
憲法	第159條	國民教育的機會一律平等。
	第21條	人民有受國民教育的義務與權利。
幼稚教育法施行細則	第4條	幼稚園之教學應以幼稚教育課程標準辦理，如有實施特殊教育的必要時，應報請主管機關核準後，設置特殊教育班級。
特殊教育法	第9條	各階段特殊教育之學生入學年齡及修業年限，對身心障礙國民，除依義務教育之年限規定辦理外，並應向下延伸至三歲，於本法公布施行六年內逐步完成。
	第25條	為提供身心障礙兒童及早接受療育之機會，各級政府應由醫療主管機關召集，結合醫療、教育、社政主管機關，共同規劃及辦理早期療育工作。 對於就讀幼兒教育機構者，得發給教育補助費。
特殊教育法施行細則	第6條	為辦理本法第九條第一項身心障礙學生入學年齡向下延伸至三歲事項，直轄市、縣（市）政府應普設學前特殊教育設施，提供適當之相關服務。
身心障礙者保護法	第14條	衛生主管機關應建立疑似身心障礙六歲以下嬰幼兒早期發現通報系統。
	第17條	◎中央衛生主管機關應整合全國醫療資源，辦理嬰幼兒健康檢查，提供身心障礙者適當之醫療復健及早期醫療等相關服務。 ◎各級衛生主管機關對於安置於學前療育機構、相關服務機構及學校之身心障礙者，應配合提供其所需要之醫療復健服務。
	第24條	各級政府應設立及獎勵民間設立學前療育機構，並獎勵幼稚園、托兒所及其他學前療育機構，辦理身心障礙幼兒學前教育、托育服務及特殊訓練。

（續）表7-4　特殊幼兒托育服務之法令依據

法令依據	條款	條文內容
兒童及少年福利法	第4條	政府及公私立機構、團體應協助兒童及少年之父母或監護人，維護兒童及少年健康，促進其身心健全發展，對於需要保護、救助、輔導、治療、早期療育、身心障礙重建及其他特殊協助之兒童及少年，應提供所需服務及措施。
	第23條	政府對發展遲緩兒童，應按其需要，給予早期療育、醫療、就學方面之特殊照顧。父母、監護人或其他實際照顧兒童之人，應配合前項政府對發展遲緩兒童所提供之各項特殊照顧。早期療育所需之篩檢、通報、評估、治療、教育等各項服務之銜接及協調機制，由中央主管機關會同衛生、教育主管機關規劃辦理。
兒童及少年福利法細則	第6條	本法所稱發展遲緩兒童，指在認知發展、生理發展、語言及溝通發展、心理社會發展或生活自理技能等方面，有疑似異常或可預期有發展異常情形，並經衛生主管機關認可之醫院評估確認，發給證明之兒童經評估為發展遲緩兒童，每年至少應再評估一次。

資料來源：作者整理。

一、特殊教育法

　　我國特殊兒童托育服務在一九九七年修訂的「特殊教育法」中得到最大的保障，其規定身心障礙及資賦優異的國民，均有接受適性教育的權利，充分發展身心潛能，培養健全人格，增進服務社會能力。故以下即就「特殊教育法」中對特殊幼兒所提供的法令保障服務條文說明如下：

(一)管轄的主管機關

　　「特殊教育法」第2條規定，特殊教育的主管機關，在中央為教育部；在直轄市為直轄市政府；在縣（市）為縣（市）政府。

(二)特殊兒童的情形

「特殊教育法」第3條規定，所稱身心障礙，係指因生理或心理之顯著障礙，因而需要特殊教育和相關特殊教育服務措施之協助者，具有下列情形之一者：

1. 智能障礙。
2. 視覺障礙。
3. 聽覺障礙。
4. 語言障礙。
5. 肢體障礙。
6. 身體病弱。
7. 嚴重情緒障礙。
8. 學習障礙。
9. 多重障礙。
10. 自閉症。
11. 發展遲緩。
12. 其他顯著障礙。
13. 前項各款鑑定之標準，由中央主管教育行政機關會商相關機關定之。

第4條規定，所稱資賦優異，係指在下列領域中，有卓越潛能或傑出表現者：

1. 一般智能。
2. 學術性向。
3. 藝術才能。
4. 創造能力。

5.領導能力。

6.其他特殊才能。

7.前項各款鑑定之標準，由中央主管教育行政機關定之。

(三)特殊教育實施階段

「特殊教育法」第7條規定，特殊教育實施階段分下列三個階段：

1.學前教育階段：在醫院、家庭、幼稚園、托兒所、特殊幼稚園（班）、特殊教育學校幼稚部或其他適當場所實施。

2.國民教育階段：在醫院、國民小學、國民中學、特殊教育學校（班）或其他適當場所實施。

3.國民教育階段完成後：在高級中等以上學校、特殊教育學校（班）、醫院或其他成人教育機構等適當場所實施。

4.為因應特殊教育學校之教學需要，其教育階段及年級安排，應保持彈性。

(四)特殊教育辦理原則

「特殊教育法」第8條規定：

1.國民教育完成後之特殊教育，由各級主管教育行政機關辦理。

2.各階段之特殊教育，除由政府辦理外，並鼓勵或委託民間辦理。

3.主管教育行政機關對民間辦理特殊教育應優予獎助；其獎助對象、條件、方式、違反規定時之處理及其他應遵行事項之辦法，由中央主管教育行政機關定之。

　　第9條規定，國民教育階段身心障礙學生因身心發展狀況及學習需要，得經該管主管教育行政機關核定延長修業年限，並以延長二年為原則。

(五)鑑定、安置及輔導事宜

　　「特殊教育法」第12條規定：

1. 直轄市及縣（市）主管教育行政機關應設特殊教育學生鑑定及就學輔導委員會，聘請衛生及有關機關代表、相關服務專業人員及學生家長代表為委員，處理有關鑑定、安置及輔導事宜。
2. 有關之學生家長並得列席。

　　第13條規定：

1. 各級學校應主動發掘學生特質，透過適當鑑定，按身心發展狀況及學習需要，輔導其就讀適當特殊教育學校（班）、普通學校相當班級或其他適當場所。
2. 身心障礙學生之教育安置，應以滿足學生學習需要為前提、最少限制的環境為原則。
3. 直轄市及縣（市）主管教育行政機關應每年重新評估其教育安置之適當性。

　　第15條規定：

1. 各級主管教育行政機關應結合特殊教育機構及專業人員，提供普通學校輔導特殊教育學生之有關評量、教學及行政支援服務。
2. 支援服務項目及實施方式之辦法，由中央主管教育行政機關

定之。

第16條規定：

1.特殊教育學校（班）之設立，應力求普及，以小班、小校為原則，並朝社區化方向發展。
2.少年矯正學校、社會福利機構及醫療機構附設特殊教育班，應報請當地主管教育行政機關核准後辦理。

(六)專業人員相關規定

「特殊教育法」第17條規定：

1.為普及身心障礙兒童及青少年之學前教育、早期療育及職業教育，各級主管教育行政機關應妥當規劃加強推動師資培訓及在職訓練。
2.特殊教育學校應置校長，其聘任資格依教育人員任用條例之規定辦理，聘任程序比照各該校所設學部最高教育階段之學校法規之規定。
3.特殊教育學校（班）、特殊幼稚園（班），應依實際需要置特殊教育教師、相關專業人員及助理人員。
4.特殊教育教師之資格及聘任，依師資培育法及教育人員任用條例之規定；相關專業人員及助理人員之類別、職責、遴用資格、程序、報酬及其他權益事項之辦法，由中央主管教育行政機關定之。
5.特殊教育學校（班）、特殊幼稚園（班）設施之設置，應以適合個別化教學為原則，並提供無障礙之學習環境及適當之相關服務。
6.前二項人員之編制、設施規模、設備及組織之設置標準，由

中央主管教育行政機關定之。

(七)原則、設施及相關服務

「特殊教育法」第18條規定，設有特殊教育系（所）之師範大學、師範學院或一般大學，為辦理特殊教育各項實驗研究，並供教學實習，得附設特殊教育學校（班）。

第22條規定：

1.身心障礙教育之診斷與教學工作，應以專業團隊合作進行為原則，集合衛生醫療、教育、社會福利、就業服務等專業，共同提供課業學習、生活、就業轉銜等協助。
2.身心障礙教育專業團隊設置與實施辦法，由中央主管教育行政機關定之。

第24條規定，就讀特殊學校（班）及一般學校普通班之身心障礙者，學校應依據其學習及生活需要，提供無障礙環境、資源教室、錄音及報讀服務、提醒、手語翻譯、調頻助聽器、代抄筆記、盲用電腦、擴視鏡、放大鏡、點字書籍、生活協助、復健治療、家庭支援、家長諮詢等必要之教育輔助器材及相關支持服務；其實施辦法，由各級主管教育行政機關定之。

第26條規定，各級學校應提供特殊教育學生家庭包括資訊、諮詢、輔導、親職教育課程等支援服務，特殊教育學生家長至少一人為該校家長會委員。

第27條規定，各級學校應對每位身心障礙學生擬定個別化教育計畫，並應邀請身心障礙學生家長參與其擬定與教育安置。

第31條規定：

1.各級主管教育行政機關為促進特殊教育發展及處理各項權益

申訴事宜，應聘請專家、學者、相關團體、機構及家長代表為諮詢委員，並定期召開會議。

2.為保障特殊教育學生教育權利，應提供申訴服務；其申訴案件之處理程序、方式及其他相關服務事項之辦法，由中央主管教育行政機關定之。

二、特殊教育法施行細則

(一)設立、變更及停辦之程序如下

「特殊教育法施行細則」第4條規定：

1.公立特殊教育學校：
　(1)國立者，由中央主管教育行政機關核定。
　(2)直轄市及縣（市）立者，由直轄市及縣（市）主管教育行政機關核定，報請中央主管教育行政機關備查。
2.公立學校之特殊教育班：由學校之主管教育行政機關核定。
3.私立特殊教育學校：依私立學校法規定之程序辦理。
4.私立學校之特殊教育班：由學校之主管教育行政機關核定。
5.各階段特殊教育除依前項規定辦理外，公、私立學校並得依學生之特殊教育需要，自行擬具特殊教育方案，向各級主管教育行政機關申請辦理之；其方案之基本內容及申請程序，由各級主管教育行政機關定之。

(二)補助、就學原則、鑑定及安置相關法規

「特殊教育法施行細則」第6條規定，直轄市、縣（市）政府對於前項接受學前特殊教育之身心障礙學生，應視實際需要提供教

育補助費。

　　第7條規定，學前教育階段身心障礙兒童，應以與普通兒童一起就學為原則。

　　第9條規定，特殊教育學生鑑定及就學輔導委員會（以下簡稱鑑輔會），應以綜合服務及團隊方式，辦理下列事項：

1. 議決鑑定、安置及輔導之實施方式與程序。
2. 建議專業團隊及特殊教育資源中心應遴聘之專業人員。
3. 評估特殊教育工作績效。
4. 執行鑑定、安置及輔導工作。
5. 其他有關特殊教育鑑定、安置及輔導事項。
6. 直轄市、縣（市）主管教育行政機關應從寬編列鑑輔會年度預算，必要時，由中央主管教育行政機關補助之。
7. 鑑輔會應置主任委員一人，由直轄市、縣（市）主管教育行政機關首長兼任之；並指定專任人員辦理鑑輔會事務。鑑輔會之組織及運作方式，由直轄市、縣（市）主管教育行政機關定之。

第10條規定：

1. 直轄市、縣（市）主管教育行政機關應結合鑑輔會、特殊教育資源中心、特殊教育諮詢委員會、身心障礙教育專業團隊及其他相關組織，建立特殊教育行政支援系統；其聯繫及運作方式，由直轄市、縣（市）主管教育行政機關定之。
2. 前項所稱特殊教育資源中心，指直轄市、縣（市）主管教育行政機關為協助辦理特殊教育相關事項所設之任務編組；其成員，由直轄市、縣（市）主管教育行政機關就學校教師、學者專家或相關專業人員聘兼之。

第11條規定：

1.鑑輔會依本法第十二條安置身心障礙學生，應於身心障礙學生教育安置會議七日前，將鑑定資料送交學生家長；家長得邀請教師、學者專家或相關專業人員陪同列席該會議。

2.鑑輔會應就前項會議所為安置決議，於身心障礙學生入學前，對安置機構以書面提出下列建議：

　(1)安置場所環境及設備之改良。

　(2)復健服務之提供。

　(3)教育輔助器材之準備。

　(4)生活協助之計畫。

3.前項安置決議，鑑輔會應依本法第十三條每年評估其適當性，必要時得視實際狀況調整安置方式。

第12條規定：

1.國民教育階段特殊教育學生之就學以就近入學為原則。但其學區無合適特殊教育場所可安置者，得經其主管鑑輔會鑑定後，安置於適當學區之特殊教育場所。

2.前項特殊教育學生屬身心障礙者，直轄市、縣（市）主管教育行政機關應依本法第十九條第三項規定，提供交通工具或補助其交通費。

(三)專業師資及就讀情形等相關規定

「特殊教育法施行細則」第13條規定：

1.輔導特殊教育學生就讀普通學校相當班級時，該班級教師應參與特殊教育專業知能研習，且應接受特殊教育教師或相關

專業人員所提供之諮詢服務。

2. 本法第十三條所稱輔導就讀特殊教育學校（班），指下列就讀情形：

(1)學生同時在普通班及資源班上課者。

(2)學生同時在特殊教育班及普通班上課，且其在特殊教育班上課之時間超過其在校時間之二分之一者。

(3)學生在校時間全部在特殊教育班上課者。

(4)學生在特殊教育學校上課，且每日通學者。

(5)學生在特殊教育學校上課，且在校住宿者。

(四)資賦優異的相關規定

「特殊教育法施行細則」第14條規定，資賦優異學生入學後，學校應予有計畫之個別輔導；其輔導項目，應視學生需要定之。

第15條規定，資賦優異學生，如須轉入普通班或一般學校就讀者，原就讀學校應輔導轉班或轉校，並將個案資料隨同移轉，以便追蹤輔導。

第20條規定：

1. 本法第二十九條第二項鑑定身心障礙之資賦優異學生及社經文化地位不利之資賦優異學生時，應選擇適用該學生之評量工具及程序，得不同於一般資賦優異學生。

2. 依本法第二十九條第二項輔導身心障礙之資賦優異學生，及社經文化地位不利之資賦優異學生時，其教育方案應保持最大彈性，不受人數限制，並得跨校實施。

3. 學校對於身心障礙之資賦優異學生之教學，應就其身心狀況，予以特殊設計及支援。

(五)通報、家庭支援、個別化教育、評鑑等相關規定

「特殊教育法施行細則」第16條規定：

1. 各級主管教育行政機關於依本法第二十三條實施特殊教育學生狀況調查後，應建立各階段特殊教育學生通報系統，並與衛生、社政主管機關所建立之通報系統互相協調、結合。
2. 本法第二十三條所定出版統計年報，應包含接受特殊教育服務之學生人數與比率、教育安置狀況、師資狀況及經費狀況等項目。

第17條規定，本法第二十六條所定提供特殊教育學生家庭支援服務，應由各級學校指定專責單位辦理。其服務內容應於開學後二週內告知特殊教育學生家長，必要時應依據家長之個別需要調整服務內容及方式。

第18條規定：

1. 本法第二十七條所稱個別化教育計畫，指運用專業團隊合作方式，針對身心障礙學生個別特性所擬定之特殊教育及相關服務計畫，其內容應包括下列事項：
   (1) 學生認知能力、溝通能力、行動能力、情緒、人際關係、感官功能、健康狀況、生活自理能力、國文、數學等學業能力之現況。
   (2) 學生家庭狀況。
   (3) 學生身心障礙狀況對其在普通班上課及生活之影響。
   (4) 適合學生之評量方式。
   (5) 學生因行為問題影響學習者，其行政支援及處理方式。
   (6) 學年教育目標及學期教育目標。

(7)學生所需要之特殊教育及相關專業服務。

(8)學生能參與普通學校（班）之時間及項目。

(9)學期教育目標是否達成之評量日期及標準。

(10)學前教育大班、國小六年級、國中三年級及高中（職）
三年級學生之轉銜服務內容。

2.前項第十款所稱轉銜服務，應依據各教育階段之需要，包括
升學輔導、生活、就業、心理輔導、福利服務及其他相關專
業服務等項目。

3.參與擬定個別化教育計畫之人員，應包括學校行政人員、教
師、學生家長、相關專業人員等，並得邀請學生參與；必要
時，學生家長得邀請相關人員陪同。

第19條規定，前條個別化教育計畫，學校應於身心障礙學生
開學後一個月內訂定，每學期至少檢討一次。

第21條規定：

1.教育階段特殊教育之評鑑，該管主管教育行政機關，應至少
每二年辦理一次；其評鑑項目，由各級主管教育行政機關定
之。

2.直轄市及縣（市）主管教育行政機關辦理特殊教育之績效，
中央主管教育行政機關應至少每二年訪視評鑑一次。

3.前二項之評鑑，必要時，該管主管教育行政機關得委任或委
託大學校院或民間團體辦理之。

三、兒童及少年福利法中有關特殊兒童托育服務法規

我國內政部兒童局於二○○四年頒布「兒童及少年福利機構

設置標準」，其中對於提供特殊托教的機構有以下幾點規範：

(一) 兒童及少年福利機構設置標準

「兒童及少年福利機構設置標準」第13條規定，早期療育機構應以家庭為服務對象，提供兒童及其父母、監護人或實際照顧兒童之人下列服務：

1.療育。
2.生活自理訓練及社會適應。
3.親職教育及支持家庭功能。
4.通報、轉介及轉銜等諮詢。
5.其他有益兒童身心健全發展者。

第14條規定，早期療育機構的服務方式，分為下列二種：

1.日間療育：以半日托育、日間托育或全日托育方式提供發展遲緩兒童療育及照顧。
2.時段療育：以部分時段托育方式提供發展遲緩兒童療育及照顧。
3.前項機構得合併設置，並得因父母、監護人或其他實際照顧兒童之人需求，遴派專業人員至服務對象所在處所提供到宅療育服務。

第17條規定：

1.早期療育機構應置專任主管人員一人，綜理機構業務，並置下列工作人員：
   (1)社會工作人員。
   (2)早期療育教保人員、早期療育助理教保人員。

(3)療育專業人員。

(4)行政人員或其他工作人員。

(5)前項第三款所稱療育專業人員，指特殊教育老師、職能治療師、物理治療師、心理師、語言治療人員、定向行動訓練人員、醫師及護理人員等。

(6)前項之第一款及第二款所定人員應為專任；第三款人員得以專任或特約方式辦理。收托三十名以上兒童之機構，第四款人員至少應置專任人員一人。

(7)第一項第一款所定社會工作人員，每收托三十名兒童應置一人，未滿三十人者，以三十人計。

2.前項之第二款、第三款所定早期療育教保人員、早期療育助理教保人員或療育專業人員應依下列規定配置：

(1)日間療育：每收托五名兒童應置早期療育教保人員、早期療育助理教保人員或療育專業人員一人，未滿五人者，以五人計。

(2)時段療育：以一對一之個別療育為原則，最高不得超過一對三，早期療育教保人員、早期療育助理教保人員或療育專業人員與受服務者比例，每人每週服務量不得超過二十五人。

(3)前項之早期療育助理教保人員數，不得超過早期療育教保人員數。

(二)專業人員資格及其訓練辦法

我國內政部兒童局於二○○四年頒布「兒童及少年福利機構專業人員資格及訓練辦法」，其中對照顧特殊兒童的教保人員資格，有了明確的規範，以下就「兒童及少年福利機構專業人員資格

及訓練辦法」中，有關早療教保人員資格的條文陳述如下：

第6條規定，早期療育教保人員應具備下列資格之一：

1.專科以上學校醫護、職能治療、物理治療、教育、特殊教育、早期療育、幼兒教育、幼兒保育、社會、社會工作、心理、輔導、青少年兒童福利或家政相關科、系、所、組畢業或取得其輔系證書者。

2.專科以上學校畢業，並修畢學前特殊教育學程或早期療育教保核心課程者。

3.專科學校畢業，依身心障礙福利服務專業人員遴用訓練及培訓辦法取得身心障礙福利服務教保員資格者，於本辦法施行日起十年內，得遴用為早期療育教保人員。

4.普通考試、丙等特種考試或委任職升等以上考試社會行政職系及格，並修畢早期療育教保核心課程者。

第7條規定，早期療育助理教保人員應具備下列資格之一：

1.高中（職）以上學校幼兒保育、家政、護理相關科畢業者。

2.高中（職）以上學校畢業，修畢早期療育教保核心課程者。

3.高中（職）學校畢業，依身心障礙福利服務專業人員遴用訓練及培訓辦法取得身心障礙福利服務教保員資格者，於本辦法施行日起十年內，得遴用為早期療育助理教保人員。

四、特殊教育設施及人員設置標準

一九九九年教育部修正發布「特殊教育設施及人員設置標準」，此法對於強調特殊教育的設置之相關規定應符合個別化、社區化、無障礙、融合及現代化原則。適用於公私立特殊教育學校

（班）及特殊幼稚園（班），其相關要點如下所述：

(一)特殊教育學校及特殊幼稚園設置標準

「特殊教育設施及人員設置標準」第四條規定，身心障礙特殊教育學校得同時設置幼稚部、國小部、國中部及高職部等學部；實施多學部之學校，應以向上延伸設立高職部為原則。

第5條規定，身心障礙特殊教育學校之校地面積，依下列規定：

1. 學生人數在六十人以下之學校，其校地可開發使用面積，至少應有一千二百平方公尺。
2. 學生人數逾六十人之學校，每增加一名學生，應增加十五平方公尺之校地面積。
3. 學校所在社區公共設施可供作為學校體育教學使用，且能提出同意使用證明文件，並經主管教育行政機關核准者，其校地面積標準，得酌減該公共設施可提供使用面積之二分之一。但酌減面積不得超過校地面積之五分之一。
4. 資賦優異特殊教育學校之校地面積，依各級各類公私立學校設立標準之規定。
5. 特殊幼稚園之園地面積應按兒童人數計，平均每一兒童所占土地面積，室內為二平方公尺，室外為四平方公尺以上。

第6條規定：特殊教育學校、特殊幼稚園之校（園）舍及設備，除應合於各級各類公私立學校或幼稚園之規定外，其屬身心障礙之特殊教育學校、特殊幼稚園，並應依教育階段、障礙類別及程度之實際需要，設置復健治療、生活及學習所需特殊設備。

第7條規定，身心障礙特殊教育學校、特殊幼稚園，每班人數

規定如下：

1. 學前教育階段：每班以不超過十人為原則。
2. 國民小學教育階段：每班以不超過十二人為原則。
3. 國民中學以上教育階段：每班以不超過十五人為原則。
4. 資賦優異特殊教育學校、特殊幼稚園：每班學生人數不得超過三十人。

第8條規定：

1. 特殊教育學校設各處、室，及處、室以下設組之規定如下：
   (1) 教務處：設教學、註冊、設備、圖書、出版等組。
   (2) 訓導處：設訓育、生活教育、體育、衛生、住宿等組。
   (3) 總務處：設文書、事務、出納等組。
   (4) 實習輔導處：設實習、就業輔導等組。
   (5) 研究發展處：設資訊、研究、推廣、輔具等組。
   (6) 輔導室：設輔導、復健等組。
2. 前項處、室或組之設置，得由各校視實際需要，整合其功能並調整其名稱，其最高設置標準如下：
   (1) 六班以下：設二處及二組。
   (2) 七班至十二班：設三處（室）及九組。
   (3) 十三班至二十四班：設四處（室）及十二組。
   (4) 二十五班以上：設五處（室）及十五組。
   (5) 人事及會計單位依有關法令規定設置之。
   (6) 特殊幼稚園之行政組織，依第一項及第二項第一款之規定。
   (7) 第一項及前項各行政組織之設置及掌理事項，由主管教育行政機關核定之。

第9條規定：

1.特殊教育學校、特殊幼稚園員額編制如下：

(1)校長、園長：一人。

(2)主任、組長：各處、室置主任一人，由教師兼任；各組置組長一人，除總務處各組組長專任外，其餘組長由教師兼任。但復健組組長得由專任之特殊教育相關專業人員兼任。

(3)秘書：設二十五班以上或三學部之學校，置秘書一人，由教師兼任。

(4)教師：學前教育及國民小學教育階段，每班置教師二人；國民中學及高級中等教育階段，每班置教師三人。

(5)導師：每班一人，由教師兼任之。

(6)教師助理員：學校身心障礙學生人數，每二十人置一人，未滿二十人以二十人計。

2.住宿生管理員：設有學生宿舍之身心障礙特殊教育學校，置住宿生管理員四人，其住宿學生人數超過四十人者，依下列規定增置之：國民小學教育階段（含幼稚部）：每增加十人，增置一人。但增加之學生均為以聽覺及語言障礙為主者，每增加二十人，增置一人。

3.特殊教育相關專業人員，除置專任護理師或護士一人外（十五班以上或設有二校區者增置護士一人），並得依學生學習需要置下列各類專（兼）任人員四人至九人：

(1)醫師：以具有專科醫師資格者為限。

(2)物理治療師、職能治療師及語言治療等治療人員。

(3)社會工作師。

(4)臨床心理、職業輔導、定向行動專業人員。

(5)其他相關專業人員。

(6)工友：學生以聽覺障礙為主之學校，每四班置工友一
人。學生以視覺障礙、智能障礙及肢體障礙為主之學
校，十二班以下置工友六人，十三班以上，每四班增置
一人。設有學生宿舍者，住宿學生人數在二百人以下，
增置四人，超過二百人以上，每滿一百人增置一人。

(二)特殊教育班辦理方式

「特殊教育設施及人員設置標準」第十條規定，學校特殊教
育班之辦理方式如下：

1.自足式特教班。

2.分散式資源班。

3.身心障礙巡迴輔導班。

五、特殊教育師資相關法規及政策

我國在一九六一年以前並沒有學前特殊教育師資的正式培育
制度，至一九八七年依「特殊教育教師登記及專業人員進用辦法」
第2條規定：在公立或已立案私立特殊教育學校、特殊幼稚園，或
經主管教育行政機關核準設立之特殊教育班、特殊幼稚園，從事資
賦優異或身心障礙之專任教師」得到最大的依據。

爾後也在一九八七年，師範專科學校改制成師範學院，學前
特殊教育師資則從該年開始正式培育，當時師範學院相繼成立「特
殊教育學系」，或於「初等教育學系」下設「特殊教育組」培育特
殊教育師資。而學前特殊教育師資則是於「幼兒教育學系」下設
「特殊教育組」，或於特殊教育學系中的專門課程中，開設特殊幼

兒教育科目，供三、四年級學生選修。至此，我國的特殊教育師資培育工作，已全然列入師資培育系統中（教育部特殊工作小組，1999）。

及至一九九四年公布的師資培育法，規定大學辦理師資職前教育課程，應按中等學校、國民小學、幼稚園及特殊教育學校（班）師資類科分別規劃，並報請中央主管機關核定後實施，使得培育的場所更多元，大致可分為下列幾種方式（修改自張秀卿，2006）：

1. 分流方式：四所大學培育中學階段特殊教育師資，九所師院培育初等教育階段和學前特殊教育師資。但學前特殊教育師資，並無正式的培育系所與課程。
2. 設系及學分班方式：九所院所分別以學分班培育。
3. 分類培育方式：依身心障礙類別分組，並且有增列組別、跨類別、大分類或不分類等計畫。

其中有關國小及學前階段的特殊教育教師最為缺乏，但師資攸關教育成效良窳的關鍵軟體（黃世鈺，1999）；因此，為了培育我國學前教育教師的職前教育，在新制師資培育法公布前特殊教育，大致可分為兩個管道或方式：

1. 融合式：對於正在修幼教系，同時加修特殊教育學分。
2. 外加式：修完幼教系，再加修特殊教育學分。

此外，依據一九九四年的師資培育法第十條，師資培育課程包括普通科目、教育專業科目及專門科目，所以目前我國特殊教育師資的職前教育，課程內涵也是照此分類（教育部特殊教育工作小組，1999），而各校的科目雖然有些微不同，學分數也依各校自

定，但均大同小異（參閱**表7-5**、**表7-6**）。

表**7-5** 國立臺北師範學院學前教育階段特殊教育教師教育學程科目

類別		科目名稱	學分	時數	備註
共同專業科目及學分	必修科目	特殊教育導論	3	3	必修8學分
		特殊兒童鑑定與評量	3	3	
		特殊教育教學設計	3	3	
	選修科目	人體生理學	2	2	選修8-12學分
		特殊教育行政與法規	2	2	
		知覺動作訓練	2	2	
		特殊教育教學策略	2	2	
		行為改變技術	2	2	
		特殊學生親職教育	2	2	
		語言發展與矯治	2	2	
		科技在特殊教育應運	2	2	
		社會工作	2	2	
特殊教育類組別科目及學分	必修科目	教育實習	4	4	必修8學分
		身心障礙組教材教法	4	4	
	選修科目	溝通技巧訓練	2	2	選修8-12學分
		生活訓練	2	2	
		機能訓練	2	2	

資料來源：《國立臺北師範學院課程手冊》（2005）。

表7-6　國立臺中師範學院幼稚園教師在職進修特殊教育三十學分班課程

項目	科目名稱	學分數	備註
1	特殊教育導論	3	1.持有試用教師證書、合格偏遠或特殊地區教師證書、合格技術及專業教師證書者，不得報名。
2	早期介入概論	2	
3	行為改變技術	2	
4	專業合作與溝通	2	
5	個別化教育計劃的理念與實施	2	2.持有一般合格教師證書之特教學校（班）代理（課）教師，不得報名。
6	特殊教育學生評量	3	
7	親師合作與家庭支援	2	
8	語言發展與矯治	2	3.有關結業學員特殊教育教師證書之取得，依教育部規定，免參加該類科教師資格檢定，但應參加半年之教育實習課程。
9	情緒障礙	2	
10	生活技能訓練	2	
11	身心障礙學生教材教法	4	
12	特殊教育教學實習	4	
13	教育實習	0	
	合計	30	

資料來源：「幼稚園教師在職進修特殊教育30學分班開班計劃表」，（2005）。

　　課程形態可分職前及在職進修兩種，在一九九四年前師資法公布以前，以二十學分班為主，其內容是基礎性學前特殊教育知能，透過教材、教法與實習課程獲得理論與實務的學習。師資培育法公布後，則以四十學分班為主，在基礎特殊教育知能外，對各類型特殊幼兒在個案輔導、專業知能上，可有較彈性及系統的學習。不過，目前只有國立臺北師範學院和臺北市立師範學院繼續培訓學前特殊教育教師，其他各院校目前均停止培訓學前特殊教育教師。

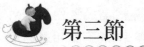 ## 第三節　特殊兒童托育服務趨勢與議題

　　綜上所述，可知我國的特殊兒童托育服務已經逐漸受到政府及相關單位的關注，對於特殊兒童的托育服務、照顧與受教權益也越來越受到重視，特殊兒童的家長亦有介入的權利，但就現實面而言，仍舊存在許多困境及待努力的空間，以下即就特殊兒童托育服務的趨勢及議題，提出以下幾個問題來探討：

一、政府相關主管單位及政策

(一)省視法源的公平及合理性

　　由於幼托未整合的因素，管轄單位不同，以致托兒所無法享有由教育局所主辦的特殊教育在職訓練，所以在法源沒有明確的執行依據時，容易造成各縣市主管機關獨自摸索，使真正需要幫助的人得不到協助和資源。此外，早期療育需要各種專業團隊的介入，但由於各縣市財力因素或人員分布不均等因素，導致分配到的資源不平均。故政府及相關主管單位，如何增訂適切的法源依據和實施政策，並且真正落實早期療育體系的宣導、通報、評估與療育，以造福更多的特殊兒童，實為迫在眉睫的要務。

(二)強化專業師資

　　特殊兒童的專業師資本來就較為缺乏，尤其同時具有幼兒教

育和特殊教育的教師實在不多，多數合格的保育員並沒有受過特殊教育訓練，至多修過「特殊教育導論」三個學分，專業素質自然良莠不齊，加上融合教育的推行，必須兼顧特殊兒童和一般兒童的需求，這使得許多經驗不足的教保人員在教學溝通、人力資源上產生困擾，因此如何突破融合教育不被看好的困境（Allen, 1980; Allen, Benning & Drummond, 1972; Bricker & Sandll, 1979），以及強化訓練特殊教育的師資，使其能夠運用傳統特教中的一般性教學，如直接教學法、工作分析、行為改變技術等等，並針對障礙種類的特殊教學法與訓練、定向行動、知動訓練等，以及教材教具的編撰與製作方法等，則是最直接提升特殊教育品質的不二法門（Bailey & Wolery, 1992; Peterson, 1987）。

　　然而，由於培育學前特殊教育教師單位過少，目前除了臺北市立師範學院和國立臺北師範學院，在幼兒保育系仍有特殊教育學分供職前教育學生選修，另外，臺中師範學院依地方政府開設學前特殊教育課程，讓在職幼稚教育教師進修為合格的學前特殊教育教師外，其他各校均暫停培訓學前特殊教育師資，這對於鼓勵教師在職進修，及協助教師生涯規劃造成衝突。

　　因此，政府及相關單位應更積極強化特殊教育的專業師資，確實做好職前及在職進修的規劃和配套措施，並且嚴格監控質與量，避免造成師資過剩或不足。

(三)強化專業團隊運作及功能

　　由於特殊兒童教育強調團隊的運作，所以除了仰賴政府及有關單位多開設專業課程，或舉辦研習以增加進修的機會外，凡相關人員如特教老師、家長、行政人員、醫生、治療師、社工等，都必須共同合作及協調，尤其要結合社政、醫療、教育單位的托育計

畫，讓這三個體系彼此之間相互合作（劉玉蓮、傅秀媚，2004），確實落實特殊教育法的精神及內涵，以確保身心障礙幼兒的托育服務品質。

此外，加強機構的督導與聯繫，並定期評鑑：主管單位在辦理過程中，應主動與托兒機構保持聯繫、溝通，以了解托育機構辦理狀況，並適時提供支持與協助，且運用巡迴輔導教師或社工訪視方式，至園所進行輔導及評估，再配合家長回饋意見表，定期召開檢討會議，以了解各機構中特殊幼兒托育情形，並切實督導托育機構辦理特殊兒童托育服務的功能（馬祖琳等，1999，石英桂，2006）。

二、整體支持系統和社會資源之相關問題

(一)喚起社會對特殊兒童托育服務的重視，及建立正確的觀念

誰不期望子女成龍成鳳，所以當父母獲知子女有障礙或特殊需求時，其衝擊之大實不言而喻。因此，要運用各種方案協助家長克服心理障礙，以正確的態度面對現實，並且學習如何因應漫長的特殊教養路程。此外，必須透過各種社會教育的機會和技巧，教導社會大眾認識有特殊需求的兒童，喚起大眾對特殊兒童托育的重視，畢竟社會大眾的重視和瞭解才是家長最大的支持力量（柯平順，1996）。

因此，政府及民間相關團體要培訓更多專業人員，建立跨專業合作模式與經驗，發展出多元療育訓練方式、強化社區融合環境的兼收品質，以結合專業社會人士、社區媽媽，以及學校退休特殊

教育人員等各項資源，成立身心障礙服務網，或是運用社區資源，組成讀書會或成長團體，給予這些家長在精神上、實務經驗支持與交流。

(二)重視身心障礙者的福利及弱勢能力者

目前有關弱勢學生幼教補助部分，中低收入家庭幼童托教補助六千元，凡學齡滿五足歲的中低收入家庭幼童，每人每學期補助學費最高兩千五百元，就讀立案私立幼稚園者，每人每學期補助學費最高一萬元（臺北縣幼兒教育資源網，2007）。

畢竟身心障礙者的家庭往往要承擔許多壓力與負擔，如經濟、教養問題，以及父母親自身的情緒壓力和身心疲勞等，因此要教導他們運用社會福利來輔助他們，如施以適當的安置或經費、輔助器材如輪椅、助聽器、義肢、重度弱視眼鏡等，並且要加強有關福利補助及相關教育的資訊，尤其對於弱勢家庭要能給予更多的資源與社會福利，這包括教養不當，或文化刺激不足，或環境不利的兒童，或經濟不佳的家庭，協助這些家庭面對教養的難題，以及維持基本的生活水準。

(三)加強親職教育

加強親職教育是所有教育的根本，尤其對家有特殊兒童的家長而言，因為家長若能親自參與特殊兒童在幼兒園的教育過程，這不僅具有促進親師溝通和兒童成長的功能，尤其讓家長增加參與感，調適心理，以及增進家長之間的互相支持、鼓勵和互換教養的訊息，進而獲得其它相關的訊息，如臨時托育、戶外活動、合宜教育與訓練，以及得到喘息的機會。此外，透過特殊兒童的家長團體來監督當地早期療育推動委員會及服務的執行力，以喚起更多家

長重視早期療育的重要性，從而提升特殊兒童托育服務的品質和需求，故親職教育的重要性實不容忽視。

參考文獻

內政部兒童局（2004a），「兒童及少年福利機構設置標準」，http://www.cbi.gov.tw/upload/files/download/07/603021012.doc。

內政部兒童局（2004b），「兒童及少年福利機構專業人員資格及訓練辦法」，http://www.cbi.gov.tw。

內政部統計處（2007），「九十五年底身心障礙者人數統計」，http://www.moi.gov.tw/moi2004/upload/m_39127_4696643519.doc。

內政部（2004），「身心障礙保護法」，http://www.scu.edu.tw/sw/data/welfarelaw/welfare_8.htm。

中華民國殘障聯盟（2007），〈早期療育在臺灣的推動與發展現況〉，http://www.enable.org.tw/res/res-h-1-1.asp?S=257。

石英桂（2006），〈身心障礙幼兒的托育服務〉，載於葉郁菁主編，《托育服務》。臺北：心理。

臺北縣教育局部（2007），臺北縣幼兒教育資源網，http://kid.rfes.tpc.edu.tw/。

林惠芳（1997），〈民間療育機構與政府單位的分工與合作──以臺灣為例〉，臺北市早期療育綜合服務中心舉辦，中外早期療育服務經驗交流研討會。

吳淑美（1998），《學前融合班教育策略篇》。臺北：心理。

柯平順（1996），《嬰幼兒特殊教育》。臺北：心理。

張秀玉（2003），《早期療育社會工作》。臺北：揚智。

教育部（2004），「特殊教育法」，http://law.moj.gov.tw/Scripts/Query4A.asp?FullDoc=all&Fcode=H0080027。

教育部（1999），「特殊教育設施及人員設置標準」，http://edu5.tnc.edu.tw/index/00005/000051/005108.htm。

教育部（1987），「特殊教育教師登記及專業人員進用辦法」，http://content.edu.tw/primary/sp_edu/td_fh/r10-10.htm。

教育部（2005），「師資培育法」，http://law.moj.gov.tw/Scripts/Query4A.asp?FullDoc=all&Fcode=H0050001。

教育部特殊教育工作小組（1999），〈中華民國特殊教育概況〉。臺北：教育部特殊教育工作小組。

馬祖琳、梁書華、陳慧頻、黃秀玲、張嘉琪（1999），〈托兒機構辦理臨時托育服務之探討——以臺北市與高雄市為例〉，《社區發展季刊》，88期，頁295-304。

葉瓊華（2001），〈學前特殊兒童之教育〉，許天佑、徐享良、張勝成主編，《新特殊教育通論》。臺北：五南。

莊凰如（1996），〈發展遲緩兒童早期療育轉介中心實驗計畫評估〉，陽明大學衛生福利研究所碩士論文，未出版。

傅秀媚譯（2004），Frank G. Bowe著，《嬰幼兒特殊教育——出生到五歲》。臺北：五南。

傅秀媚（1996），《特殊幼兒教育診斷》。臺北：五南。

黃世鈺（1999），〈學前特教師資培育探析〉，《嘉義師院學報》，13期，頁235-249。

萬育維、莊凰如（1995），〈從醫療與福利整合的角度來探討我國發展遲緩兒童之早期療育制度之規劃〉，《社區發展季刊》，72期，頁48-61。

歐姿秀（2004），〈早期療育與身心障礙兒童福利服務〉，載於彭淑華等編，《兒童福利——理論與實務》。臺北：偉華。

劉玉蓮、傅秀媚（2004），〈社會福利機構中提供早期療育服務之師資知能需求與問題調查研究〉，《特殊教育學報》，6期，頁9-39。

張秀卿（2006），〈新制師資培育法公布前學前特教師資培育制度、課程及教師工作滿意度之研究〉，國立臺南大學教育經營與管理研究所碩士論文，未出版。

薛婷芳（2003），〈學前階段特殊教育班師資現況及其相關問題之調查研究〉，國立臺東大學教育研究所特殊教育教學碩士論文，未出版。

Allen (1980). *Mainstreaming in Early Ehildhood Education*. Albany, NY: Delmar Press.

Allen, K., Benning P. & Drummond, W. (1972). *Interaction of normal and handicapped children in a behavior modeducation preschool: A case study. In G. Semb(ed), Behavior Analysis and Evaluation*. Lawrence, KS: University of Kansas Press.

Bricker, D. & Sandll S. (1979). Mainstreaming in preschool; programs: How and why to do it. *Education Unlimited*, 1, 29.

Bailey D. B. & Wolery, M. (1992). *Teaching Infants and Preschoolers with Disabilities*. Columbus, OH:Merrill.

Peterson, N. L. (1987). *Early Intervention for Handicapped and At-risk Children: An Introduction to Early Childhood-special Education*. Denver, CO: Love.

第三篇

世界主要國家
托育服務

第八章

亞洲的托育服務

黃澤蘭

第一節　中國大陸的托育服務

一、現況

　　當今世界，新科技革命迅猛發展，經濟全球化趨勢增強，綜合國力競爭日趨激烈。二〇〇一至二〇一〇年是中國大陸經濟和社會發展極爲重要的時期，推動現代化建設，實現經濟和社會的全面進步，必須把提高國民素質、開發人力資源作爲戰略任務；必須從兒童早期著手，培養、造就適應新世紀需要的高素質人才隊伍。

　　兒童期是人的生理、心理發展的關鍵時期，爲兒童成長提供必要的條件，給予兒童必需的保護、照顧和良好的教育，將爲兒童一生的發展奠定重要基礎。

　　一九九二年，中國大陸參照世界兒童問題首腦會議提出的全球目標和「兒童權利公約」，從中國大陸國情出發，發布了「九十年代中國兒童發展規劃綱要」。這是中國大陸第一部以兒童爲主體、促進兒童發展的國家行動計畫。各級政府和有關部門堅持「兒童優先」的原則，加強領導，強化責任，制定政策，採取措施，認真實施，基本實現了「九十年代中國兒童發展規劃綱要」提出的主要目標，使中國大陸兒童生存、保護和發展取得歷史性的進步（中國國務院，2001）。

　　中國國家教育部於二〇〇〇年正式提出「學前教育從零歲開始」的政策，學前教育的範圍從舊有的三至六歲，擴充爲零至六歲。零至三歲的托教正式受到國家重視。目前大陸政策還未立法規

範零至三歲托育服務的運作模式，但已有初步規劃和地區推廣的動作（林榮禎，2005）。例如，北京市政府已將零至三歲的教育納為北京市民辦六十件民生策略之一，並撥款給幼教單位開辦零至三歲親子班。

但隨著中國「優生優育」政策的實施和人民生活水準的提高，社會對學前教育的數量和品質都提出了更高的要求。二〇〇三年，中國在園幼兒（包括學前班）總數達到二千零四萬人，學前教育入園率達37.4%，比上年提高0.6個百分點。這一數字儘管並不「誘人」，但和前幾年的「幼稚教育大幅滑坡」相比，中國學前教育正走上持續健康發展的大道（儲召生、趙秀紅，2004）。

二〇〇五年九月，上海市教委率先頒布了中國首個零至三歲嬰幼兒早期教育政策，把零至三歲早期教育納入國家正規教育領域，並計劃在未來幾年實現全民早期教育，標示著中國早期教育產業的盛大開幕（張哲誠、馬蕾，2006）。

但是，作為人口眾多的發展中國家，托育服務在中國仍然面臨諸多的問題和挑戰，如兒童發展的整體水準仍然需要提高，兒童發展的環境需要進一步優化；地區之間、城鄉之間兒童生存、保護和發展的條件、水準存在明顯差異；貧困尚未消除，仍有數百萬兒童生活在貧困中；隨著流動人口數量的增加、城鎮化水準的提高和農村人口的轉移，這些人群中兒童的保健、教育、保護問題亟待解決；愛滋病病毒攜帶者和愛滋病患者中的兒童數量呈上升趨勢；侵害兒童生存、保護和發展條件，促進兒童健康成長，仍然是今後一個時期的重要任務。

二、兒童教育與保育機構、政策與法規

(一)幼兒托育方式與實施機構

　　從上世紀九○年代開始，大陸的辦學體制有了極大的變革，其中最引人注目的是教育的民營化，非政府組織和個人加入辦學的程度逐漸加大。大陸經濟出現的民營化、教育體制的改革和政策調整、社會大眾對優質教育的需求以及國際教育民營化趨勢的影響等，構成了大陸教育民營化的背景。據聯合國教科文組織的有關資料，當今大陸正在運用占不到全球1%的基礎教育經費的投入，培養占世界約20%的中小學生，在教育投資上，大陸的教育經費在義務教育方面尚有極大的短缺，因此不可能在包括學前教育在內的非義務教育方面有很大的作為（朱家雄，2003）。多年來，大陸在幼稚教育上的經費投入只占全部教育經費的1.3%左右。在這種背景下，作為非義務教育範疇中的學前教育，其民營化的速度更快、數量更多就是十分自然的事情了。事實上，民辦學前教育機構的存在和發展，不僅會增加學前教育的容量，而且還能啟動整個學前教育體系。

　　目前中國主要的幼兒教育與保育之形式有：

1.幼稚園：招收三到六歲幼兒，有全日制、定時制、季節和寄宿制，主管機構為國家教委會基礎教育司幼教處。師資來源於師範院校學前專業或各師範學校、職校幼師班，園長、教師、保育員、醫務員、炊事員因幼兒數及寄宿、通學比例而增減。

2.托兒所：招收二個月到二歲幼兒。

表8-1　幼稚園與托兒所之比較

	幼稚園（幼兒教育）	托兒所（托兒保育）
主管	屬於教育機構，由國家教育委員會主管	屬於兒童福利機構，由衛生部主管
年齡	三至六歲	零至二歲
法規	幼兒管理條例 幼兒園工作規程	托兒所幼稚園管理辦法 托兒所、幼稚園衛生管理辦法
師資	具有幼兒師範學校（包括職業學校幼稚教育專業）畢業程度，或者經教育行政部門考核。	高中畢業程度，並受過兒童保健培訓。

資料來源：朱家雄（2003）。

　　不過近二十年以來，大陸的幼稚教育在辦園規模上大幅成長，據二〇〇〇年統計，大陸學前三年受教育率為37.4%，即在5,998萬名三至六歲的幼兒中，有2,244萬名受學前三年的教育（學前一年以上受教育率為74%）。事實上，近二十年來，社會力量辦園始終是辦園的主體。據統計，從一九八〇年到二〇〇〇年，在幼稚園的幼兒人數從1,151萬增加到2,244萬；其中，進由教育部門辦的幼稚園的人數從131萬增加到503萬，而進社會力量民辦幼稚園的人數則從1,020萬增加到1,741萬。

　　以福建省廈門為例，據二〇〇二年三月統計，廈門市已審批註冊的民辦園有249所，其中按產權歸屬、投資模式、辦園規模和辦園水平，可以分成四種類型和三個檔次，多層次、多類型、多元化的辦園格局已初見端倪（朱家雄，2003）。各種類型的民辦園情況見**表8-2**。

(二)政策與法令

　　「中國兒童發展綱要（二〇〇一至二〇一〇年）」按照「中華人民共和國國民經濟和社會發展第十個五年計畫綱要」的總體要

表8-2 各種類型的民辦園情況

類型 \ 特徵	所有權與經營權關係	經費來源	管理模式	辦園條件	數量比例
個體獨辦園	個人所有	自籌經費，自收自支	以園長集權為主	中低檔，少數高檔水平	106所，占42.5%
中外合辦園	產權歸中方，經營權在外方	外資投入，自收自支	董事會制	高檔水平	15所，占6.1%
其他部門舉辦園	園舍歸部門所有，園長承辦	自籌經費，少數園有差額撥款	以園長集權為主	中低檔，少數高檔水平	117所，占47%
公立轉制園	園舍國有，園長承辦	自籌經費，自負盈虧	董事會制	中檔水平	11所，占4.4%

資料來源：朱家雄（2003）。

求，根據中國兒童發展的實際情況，以促進兒童發展爲主題，以提高兒童身心素質爲重點，以培養和造就二十一世紀現代化建設人才爲目標，從兒童與健康、兒童與教育、兒童與法律保護、兒童與環境四個領域，提出了二○○一至二○一○年的目標和策略措施（中國國務院，2001）。

而「中國兒童發展綱要（二○○一至二○一○年）」的發布和實施，必將進一步促進中國兒童的健康成長和兒童事業的持續發展。以下就擷取「兒童與教育」這部分相關的部分來說明。

■兒童與教育

保障兒童受教育權利，提高兒童受教育水準。

1.主要目標：

(1)全面普及九年義務教育，保障所有兒童受教育的權利：

‧小學適齡兒童淨入學率達到99%左右，小學五年鞏固率提高到95%左右。

　　・初中入學率達到95％左右。

　　・發展特殊教育。

　　・流動人口中的兒童基本能接受九年義務教育。

(2)適齡兒童基本能接受學前教育：

　　・發展零至三歲兒童早期教育。

　　・大中城市和經濟發達地區適齡兒童基本能接受學前三
　　　年教育，農村兒童學前一年受教育率有較大提高。

(3)有步驟地普及高中階段教育：

　　・全國高中階段毛入學率達到80％以上，大中城市和經濟
　　　發達地區普及高中階段教育。

(4)提高教育品質和效益：

　　・建立適應二十一世紀需要的現代化基礎教育課程體
　　　系。

　　・改革考試評價制度。

(5)提高家庭教育水準：

　　・建立多元化的家長學校辦學體制，增加各類家長學校
　　　的數量。

　　・提高兒童家長家庭教育知識的知曉率。

2.策略措施：

(1)國家宏觀政策：

　　・落實教育優先發展戰略，把提高兒童整體素質作為人
　　　才戰略的基礎工程。

　　・保證教育與國民經濟和社會發展相適應，並適度超前
　　　發展。

　　・合理配置教育資源，縮小地區差距，為所有兒童提供
　　　平等的受教育機會和條件，確保教育特別是義務教育
　　　的公平、公正。

．完善教育投入機制，增加教育投入。

(2)法律和部門政策：

．完善並落實教育法律法規和政策。

．進一步加快教育立法工作，完善教育法律體系。

．加大教育執法力度，健全教育督導機構和制度，提高全社會的教育法制觀念和有關法律知識水準，積極推進依法治教。

．全面貫徹國家教育方針，整體推進素質教育，促進學生德、智、體、美全面發展。注重培養學生的創新意識、實踐能力和科學精神。

．繼續減輕中小學生的課業負擔，組織學生參加社會實踐活動和社會公益活動，培養社會實踐能力。將中小學綜合實踐基地建設納入地方發展規劃。

．將性別平等意識納入教育內容。

．實施「國家貧困地區義務教育工程」、「西部教育開發工程」、「希望工程」和「春蕾計畫」等助學工程，保障貧困地區、少數民族地區兒童就學權利。

．切實保障女童受教育的權利，消除阻礙女童入學的障礙。

．切實保障殘疾兒童、孤兒和流動人口中兒童受教育的權利。使殘疾兒童與其他兒童同步接受義務教育；貫徹落實孤兒就學的有關優惠政策；完善流動人口中兒童就學制度；根據國家推進城鎮化的要求，做好教育規劃，滿足農村適齡兒童向城鎮轉移後的就學需要。

．發展學前教育。建立並完善零至三歲兒童教育管理體制。合理規劃並辦好教育部門舉辦的示範性幼稚園，同時鼓勵社會多管道、多形式發展幼稚教育。積極探

索非正規教育形式，滿足邊遠、貧困地區及少數民族地區幼兒接受學前教育的需要。

- 實施「教育資訊化工程」，推動中小學校普及電腦等資訊技術教育。建設現代遠端教育網路，發揮衛星電視教育的作用，重點滿足邊遠山區、海島等地區的教育需要。

- 提高教師隊伍整體素質。提升教師學歷合格率和學歷層次，重視中小學校長和教師的在職培訓和繼續教育。加強師德建設。

- 學校、托幼園所的教職工愛護、尊重兒童，維護兒童的人格尊嚴，不得歧視、體罰或變相體罰兒童。中、小學校不得隨意開除學生。學校紀律、教育方法應適合學生身心特點。

- 發揮學校、家庭、社會各自的教育優勢，充分利用社會資源形成教育合力，促進學校教育、家庭教育、社會教育的一體化。

- 重視和改進家庭教育。加強家庭教育知識的宣傳和理論研究。辦好各類家長學校，幫助家長樹立正確的保育、教育觀念，掌握科學的教育知識與方法。

三、趨勢與議題

(一)對「零至六歲學齡前兒童教育一體化」的關注

在大陸，幼兒的社會教育歷來被認為是為三至六歲提供幼稚園教育，而零至三歲兒童的教育基本以在家庭中教養為主。近年

來，幼稚園教育開始向下延伸，爲三歲以下的兒童和家長服務，使零至六歲兒童的教育出現了一體化的趨向。

出現零至六歲學齡前兒童教育一體化的發展趨勢，其主要原因是（朱家雄，2003）：

1. 腦科學研究的新進展，讓人們認識到零至三歲是人一生發展最爲迅速和關鍵的時期，是開發人的潛能的最佳時期。
2. 世界上不少國家都有協調主管零至六歲兒童的保育和教育的各種機構，使零至六歲兒童的保育和教育開始得到一體化管理的趨向。
3. 由於出生率的下降、幼稚園教育服務功能的擴大等因素，一些幼稚園開始招收二至三歲的兒童，並以親子學苑、家長學校等形式服務於零至三歲的兒童及其家長。
4. 部分托兒所（主要對二至三歲兒童實施保育的機構）被併入幼稚園，這些機構由原先強調保育而轉變爲保育和教育並重。

近些年來，在大陸的不少地區，對零至三歲兒童保育和教育的管理，已由衛生部門或福利部門，轉變爲由教育部門主管，從管理上理順了關係。零至六歲學齡前兒童教育的一體化，使原本以散居家庭養育爲主的零至三歲兒童教育模式，轉化爲由全社會關注和參與的保育和教育相整合的教育模式，使零至三歲和三至六歲這兩個年齡段之間產生了自然的銜接。

零至六歲學齡前兒童教育的一體化正以十分快捷的速度在城市發展著，但是，對於零至三歲低齡兒童的教育，缺少眞正的教育實體可以依託。應該說，以社區爲基礎的早期兒童教育服務網路的建立能解決這樣的教育實體問題。

(二)學前教育事業發展缺乏領導機構與計畫的保障

在當前政府精簡機構的背景下，特別是由於一些地區教育行政部門的領導對學前教育的重要性缺乏應有的認識，因而對發展學前教育事業在個體成長與國家整個教育事業發展中的作用缺乏足夠的重視，還有一些地區的教育行政部門在近幾年的工作計畫中基本不提或根本不提及學前教育，使得這些地區學前教育的發展缺乏計畫保障（龐麗娟、胡娟、洪秀敏，2002）。

(三)幼稚園教師的待遇、培訓等問題仍未獲得解決

近二十年來，在中國政府的關懷下，中國幼兒教師的地位與待遇等問題得到了很大的改善，並處於不斷提高的過程中。在一九九五年頒布的「教育法」中，即明確規定幼稚園教師享有與中小學教師同樣的政治和經濟待遇。但遺憾的是，在實際中，由於經濟條件與人為的諸多因素的影響，中國幼兒教師的待遇仍普遍偏低，幼兒教師培訓、學習的機會和條件未能得到很好的保障。

(四)幼稚教育發展缺乏有力的法律保障和必要的政策規範

近十幾年來，中國政府相繼制定實施了「幼稚園管理條例」（一九八九年）、「幼稚園工作規程」（一九九六年）等法規性文件，在一定程度上推動了學前教育事業的發展和教育品質的提高。但是，中國目前學前教育立法層次偏低，其最高層次僅處於中國教育法律體系中的第四層次，而義務教育、高等教育、職業教育等則有全國性的法律（龐麗娟、胡娟、洪秀敏，2002），可見，學前教育與它們還存在著相當的距離。

四、結論

　　過去中國的幼稚園都是公立的，隨著改革開放，中國逐漸放開了對幼稚園的管理，幼兒教育與保育開始引入市場機制，即允許部分社會力量或民間力量開辦幼稚園，並積極地進行幼稚園辦園體制改革，大力發展以社區為依託，公辦與民辦相結合、正規與非正規相結合的多種形式的兒童教育與照顧服務機構。這樣不可避免地出現辦園條件良莠不齊的現象。而目前中國的學前教育其實也出現了很多問題，比如城市私立幼稚園收費昂貴，一些不發達地區卻因為辦幼稚園不賺錢造成幼稚園嚴重緊缺。這些都說明目前中國幼稚園已經一定程度上出現了「市場失靈」現象。解決這種「市場失靈」的辦法有三個，一是規定嚴格的准入制度；二是加大教學過程的監管，對不符合條件的幼稚園要及時整頓、停止；三是加強社會監督。這是目前中國教育管理中較薄弱的環節。很多不符合條件的教育機構，沒有人舉報，甚至有些人明明知道這樣的教育機構存在問題，還會因收費低等各種原因把孩子送入（劉曉東，2006）。而且目前中國農村普遍存在著教育投入太少的問題，要實施幼稚教育市場化並不適合中國的發展實際，應加強政府的管理力度，否則在較低水準上進行市場運作，還會出現更多的問題。

　　托教行業對於中國來說是新興產業。中國傳統的幼兒園教育體制只收三歲以上學前幼兒，無法滿足零至三歲低齡幼兒的早期教育需求。雖然幼兒園林立，但是同樣人口數量的零至三歲低齡幼兒卻缺乏教育機構，這是中國教育體系所留下的真空地帶（張哲誠、馬蕾，2006）。而此時中國的托教服務正在起步階段，和台灣早期托育服務有許多相似問題，如城鄉差距大並且沒有明確制度，托育人員培訓不足，使得托育品質無法有效提升。但目前中國政府積極

地要結合民間與社區資源，共同推展托育事業，提供多元化托育服
務，並期望能將靈活多樣的托育形式相結合，形成一個托育服務網
路，這點是值得臺灣借鏡效法的。

第二節　日本的托育服務

一、現況

　　日本許多福利政策是在二次大戰之後陸續制定的，一來是受
到明治時代的影響，二來由於戰爭的結果，導致戰後的日本社會充
滿著貧窮、激增的寡婦人數和戰爭孤兒，雖是不幸的戰爭，卻間接
促成了福利政策的發展。日本有關兒童方面的法令落實於「兒童福
祉法」（一九四七頒布，相當於我國的兒童福利法）和「兒童憲
章」（一九五一）中，並且在一九四六年成立兒童局。目前日本的
兒童福利行政組織有專責的機構負責，在中央方面隸屬於厚生省下
的兒童家庭局，由中央兒童福利委員會來監督，並依據不同的兒童
福利需要成立各部門來提供服務；在地方制度中，也在福利部門下
設有「兒童相談所」（諮商中心）或兒童福利事務委員會，及兒童
保健部門，並由兒童福利委員會監督。由兒童家庭局的設置可知，
日本認為兒童福祉和家庭是分不開的，此外其兒童福利政策領域涵
括有教育、勞工、醫療照顧、法務和警政事務等（馮燕，1997）。
　　且自一九六○年代之後，日本已漸從戰爭的破壞中站起來，
社會的經濟快速成長，兒童福利也因而發展起來，許多志願性活動
十分活躍，並廣泛地以機構形式成立，例如兒童之家、心智重建機

構等。另外，自一九六〇年代開始，日本的出生人口數便持續地減少，因此，出生率的變化成了具影響力的重要社會政策基礎。

此外，晚婚的情形仍在擴大中，預計對年輕一代的生育率，仍會造成重要的影響。根據統計，日本未滿六歲兒童的家庭數，由昭和五〇年代後期的855萬戶（全國的25.4%），減少到六〇年的655萬家（占全國的17.3%）。造成這些現象的原因，部分是和現代日本婦女的角色認知及自我期待的轉變有關。日本傳統的觀念，是女性以母親角色為第一優先，婚後辭職在家準備育兒，完全以家庭為重心，以育兒為主要工作。但近一、二十年來，戰後出生的日本婦女已有逐進地展開新婦女運動的趨勢，其中最顯著的現象，就是有愈來愈多婦女，重新做自己的生涯規劃，延長就業、就學時間，延後婚期或不婚亦是擺脫日本傳統帶給女性沈重負擔的對策之一。且隨著職業婦女的增加，使得三歲以下的托兒所收托名額呈現明顯不足，造成無認可托兒所的興起（馮燕，1997）。不過日本政府對於三歲以下幼兒的托育支援並不積極尋求對策，直到一九八九年日本真的意識到少子問題的嚴重性，才開始提出包含托育改革計畫的少子化對策。影響所及，使得社會福利政策方向亦不得不盡速做調整，以預防出現更大的社會後果。

二、兒童教育與保育機構、政策與法規

(一)幼兒托育方式與實施機構

一九四七年學校教育法公布，將幼稚園納入學校制度體系，規定幼稚園為招收三歲至入學前幼兒的教育機關，由文部省管轄；同年「兒童福祉法」也被公布，將戰前的托兒所改為保育所，由厚

生省管轄，不以年齡為限制而以欠缺保育的兒童為招收對象，所謂欠缺保育之幼兒指的是：(1)母親在家庭外勞動；(2)母親即使在家庭中勞動，但白天常要離開兒童從事家事外的勞動；(3)母親不在的情況；(4)母親生產或疾病等；(5)家族生命的看護等；(6)因家庭遭遇災難，無法照顧兒童；(7)特殊情況，而第(7)項必須經過市町村長的證明才可（楊思偉，1999），因此形成幼保二元化的學前教育制度。

■保育所

保育所大部分為公立，其實公立與私立保育所之差別只是公立為政府設立，私立為私人設立而已，其他如受政府之補助、學生來源及最低標準則差不多。其招收對象，原則上是以零歲至就學前欠缺保育的幼兒為主，隸屬厚生省社會局管轄，係社會福利取向性質，提供全天（八小時）的服務。但由於名額之限制，無法使所有欲就讀者均能如願以償。

而保育所的費用負擔由國家、都道府縣及市共同支付。國庫通常負擔80%，都道府縣及市町村各負擔10%，其他由市町村負責。但市町村通常向入所者的家長徵收費用，而徵收多寡，則依地區、幼兒年齡、家長的收入計算，最低由免費到全額負擔都有，免繳的金額則由三級政府共同負擔（楊思偉，1999）。通常，保育所之入學費比幼稚園低。

■幼稚園

幼稚園則大多數為私立，就讀公私立幼稚園之幼兒也與社會階級無關。不過私立幼稚園之學費比公立幼稚園高，大約為四倍。自一九七二以後，政府鼓勵私立幼稚園成為法人機構，只有法人機構政府才給予補助（鈴木祥藏，2000）。這些幼稚園所招收之學童年齡不一，大多數是三歲以上但未滿五歲之兒童，係以教育為主

體，隸屬文部省初等中等教育局，且大多數是提供半日（四小時）的幼稚教育。

幼稚園要從家長方面徵收定額學費，但以利用費名目徵收。即使是這樣，公立的情況，70%的經費由市町村負擔，而私立當然全靠保育費徵收，因為這樣，所以一九七二年起日本開始以「幼稚園就園獎勵金補助金」的方式，由國家編列經費補助，這當然亦包括補助公立幼稚園的家長。到一九七五年時，制定了「私立學校振興法」，從翌年開始對於私立幼稚園，國家亦開始給予補助金（楊思偉，1999）。

表8-3　日本幼稚園和保育所的比較表

	幼稚園	保育所（托兒所）
性質	基於學校教育法之學校	基於兒童福祉法之兒童設施
管轄	係以教育為主體，隸屬文部省初等中等教育局 （公立）教育委員會 （私立）知事部局	隸屬厚生省社會局，係社會福利取向性質
目的	幼稚園係以保育兒童給予適當之環境，發展其身心為目的	保育所為每日接受保護者委託，以保育欠缺保育之嬰兒及幼兒為目的
進入資格	無限制，依自由契約 但有如行使依居住地之入園制度之公立幼稚園等，則依其限制	照顧者勞動或疾病之事由……欠缺保育時
年齡	滿三歲以上，未滿五歲之兒童	0歲至就學前欠缺保育的幼兒為主
保育時間	原則4小時，39週以上	原則8小時，一年約300日
保育者	園長、教師，一班原則上35人，每班1名	保母（畢業於衛生署所指定之保母養成學校，或保母考試及格者）
申請方式	父母提出申請	各縣市安置
保育費	與家長收入無關，全體學生均相同	依家長所得

資料來源：森田明美（2001）；楊思偉（1999）；陳乃慈（2006）。

(二)政策與法令

日本關於托育的服務，一般以公營為主，但受限於服務之提供有限，故政府也開放給民間經營。在托育服務方面並力求公營、私營兩方面合作的可能性。但是不論區、市、鎮、村要成立托育中心，均需向縣市政府提出說明需要之報告書，方符合社會福利組織建設中心的流程規定。其次，兒福法已針對兒童福利機構之設置列出最低之標準，並對經營及特殊設備標準列出規範。除在硬體設備的規定方面，例如嬰兒室、遊戲房及戶外活動空間的設計均有規定外，另依據建築標準法規規定，托育機構需為二至三層樓以下之建築。此外人事配置、人員資格均設有最低標準。

托育機構每日營業八小時，其它細節的規定規範於「托育照顧準則」（Day Nursery Guidelines）中，由兒童家庭局和衛生福利司主導。這些標準和經營原則均在縣市政府嚴格的管理和監督之下，對於未能符合標準或無法限期改善者，將以勒令歇業處分之。

在經費分配方面，公立托育中心由於是兒福機構，其硬體設備（建築、設施、格局等）、資金依法由公共資金補助，補助金額視收容之孩童人數而異。硬體設備之費用由中央和其所屬的縣、市、村負擔，中央負擔二分之一，縣和市、鎮、村則各負擔四分之一；軟體費用（日常消費）方面則來自受服務者付費。

此外，除了托育機構外，尚有家庭保育所提供之托育服務，以此來提供多樣化之服務需求，但為求服務品質之保障，政府對於這類未立案的托育服務，在法令上有明文規範之，且相當合理。

■未立案保育設施之對策（一九九二年法令）

除了立案的保育設施之外，還有未立案的保育機構，基於一些「嬰兒旅館」中事故頻生，危及送托嬰兒的安全甚至生命，日本

政府對於這些未立案的保育機構，也擬定出相當完整的規範對策，給予地方自治單位（區市鎮村）可以自行辦理保育營運事業之權，其經費由中央（部）補助，並且由地方自治單位與中央訂定契約後設置，將未立案設施盡量納入管理。

在設置的基準方面，收托人數在六至三十位兒童之間，其教保人員應具保母、保健婦、護士、助產士或教師之資格，其他從事保育工作的人事組成，須三分之一以上有保母或護士的資格，例如，從事保育者為兩人的機構時，應至少一人以上有此資格。另外，在機構的設備方面，也有很詳細的規定：

1.有供保育用房間（專用）、廚房（專用），以及廁所。
2.供保育用之設施設置於一樓，並確保其採光及換氣。需為耐火構造，且有適於兒童避難之避難設備以及保育用之房間，並於兒童出入通行之場所，設置防止兒童跌落之設備。
3.供保育用之房間，需確保兒童一人有1.65平方公尺以上之空間。
4.嬰兒之保育場所應與幼兒之保育場所區分。
5.設置廁所時，保育用房間之設備應與廚房之設備分離。廁所之數量大致為幼兒每二十人以上即有一個。
6.設施內應有電話。

■家庭福祉員（家庭式托育保母）的設置

為了因應機構式托育服務的不足，鼓勵在兒童保育方面有技能或經驗的婦女，在家中保育其他職業婦女的幼兒，以促進兒童福祉的提昇及女性社會參與的機會，而有家庭福祉員設置的規定。

在家庭福祉員的資格方面，有下列四項要件，並由區市鎮村長認定者方符合資格：

1. 在區市鎮村中居住之身心健全之二十五歲至六十歲之女性。
2. 有保母、教師、助產士、保健婦或護士之資格者，或經由區
   市鎮村以基於他處訂定之基準實施之研修，而曾修習作為家
   庭福祉員所必要之知識及保育經驗者。
3. 已養育過滿六歲之兒童。
4. 家庭環境健全，專心於兒童保育。

每位家庭福祉員代為照顧的兒童數，以「未滿三歲兒童三人
以內」為標準，而提供保育的空間，原則上需設於一樓，採光及空
氣流通均良好的地方，同時需有面積9.9平方公尺（六個榻榻米）
以上的房間為育兒專用室，並設有衛生設備及電話。除此之外，也
明文規定出賠償責任險，每回事故最高需賠償一億日圓，每人事故
賠償最高三千萬日圓。

■強制托育之規定

根據兒童福祉法，進入保育所入所措施中明確規定需強制托
育安置的狀況，由下列法律條文內容可以得知。

第二十四條：市鎮村依兒福法為基準所定之條例，認為照顧
者因勞動或疾病等事由，無法保育應受保護之嬰兒、幼兒，以及兒
童，應對此類兒童採行進入保育所進行保育之措施。但附近無保育
所以及有其他不可抗拒之事由時，不在此限。

同法施行細則第九條之二：本法第二十四條規定之措施，可
於認為兒童之照顧者因下列各款之一原由而無法保育該兒童，且同
居之親屬以及其他人無法保育該兒童時採用：

1. 以夜間勞動為常態者。
2. 懷孕中或剛生產後。
3. 疾病、負傷，或精神上、身體上有障害者。

4.長時間由親族照顧者。

5.震災、風災、水災以及其他災害之復原時。

6.類似於前項各款之情形。

對於在兒童照顧方面有疏失之照顧者，政府得命其將兒童送至托育機構接受照顧，使托育機構同時也賦予兒童保護安置之功能。

三、趨勢與議題

自從一九九○年以後，晚婚化及未婚化是社會的一般現象，因此嬰兒出生數減少，形成「少子化的現象」。而少子化的結果造成很多幼稚園招不到學生，另外，產業結構的改變使得外出工作婦女持續增加，因此除了要求幼稚園延長保育時間外，要送其幼兒至外頭托育的家庭也愈來愈多，再加上有一部分在家保育的婦女也希望將幼兒送到保育所保育，造成現有保育所之數目無法吸收等待托育之龐大數目的幼兒，形成所謂的「待機兒」現象。

所謂待機兒童指的是，已向市町村提出保育所入所申請書，且符合入所的相關規定，但保育所由於已飽和，無法讓申請者如願入所者（二宮厚美，2003）。除了造成幼稚園招不到學生及保育所消化不了待機兒之現象外，幼稚園只招收三至五歲之幼兒而且只上半天課，而保育所按兒童福利法之規定只招收欠缺保育之幼兒，使得問題更加惡化（森田明美，2001）。

而為因應女性投入就業市場的多樣化生活形態，日本政府正積極地展開多樣化的育兒對策來伴隨著多樣化勞動形態的改變；關於育兒多樣化的需要，目前也正實施許多新方案來因應家庭結構的變化。

(一)幼保一元化

■行政制度一元化

　　在幼保一元化的過程中，最大的阻礙來自二元化的行政制度，雖然一九九○年後文部省與厚生省的對話及實際的合作已顯著的加強，但究竟是否要將幼稚園行政移至厚生省管轄，或將保育所由文部省管轄，以實現名副其實的行政制度一元化，目前仍未有明確的定案，所幸地方政府分別掌管幼稚園與保育所之單位整合的速度反而比較快。

■多樣化的「幼保一元化」

　　在教育行政制度上，日本是一中央集權的國家，因此教育上的各種制度及政策全國各地適用。但隨著地方分權化及緩和規制的解除，中央並未完全主導幼保一元化的政策，而是交給地方執行，各地方依據地區之條件及需要，實施幼保一元化，因此呈現多樣化的「幼保一元化」的特色出來。

■學校的一元化

　　學校的一元化是屬於硬體的部分。日本這一波的幼保一元化的過程中，有的地方是先循幼稚園保育化及保育所的幼稚園化，然後再試圖轉型為幼保一元化的學校。有的地方則直接新設幼兒園、幼兒館及幼兒中心，雖然學校名稱還未統一，但已不再區分幼稚園與保育所，都招收零至六歲的幼兒，實施一貫化的教育。這種將幼稚園與保育所統一為單一的學校名稱，是幼保學校名稱一元化的趨勢。

■保育內容的一元化

其實，幼保一元化的最終精神就是保育內容的一元化。近年來保育所除了保護幼兒外，也負起教育的責任。保育內容的一元化就是希望幼兒從零歲至六歲課程的一貫化。目前日本各地之幼保一元化的過程中，有的地方已開始融合厚生省的保育指針以及文部省的幼稚園教育要領，形成課程的一貫化，有的地方甚至自編零歲至六歲的一貫化課程。

(二)積極展開以保育所為中心的服務

以托育機構為中心提供保育問題的服務，及有關育兒方面的觀念或困擾諮詢指導等服務。同時為因應多樣化保育及增進保育人員技能的保育人員的再進修計畫，所以從平成兩年開始施行保育者的在職訓練，並增加傷病、災害、介護及生計中斷或緊急狀況的臨時保育服務。目前，根據不同需要而增加的托育形態有：

■托兒中心

師資和嬰兒的比例為1：3，並設有嬰兒房（baby rooms）、遊戲室（crawling rooms）及專用浴室（bathing room）等設備。

■殘障兒童之日托服務

少數提供殘童托育服務的機構，將殘障兒童與正常孩子一起收容，對於收容此類孩子之機構，政府會給予補助，並視其收容人數多寡而依比例給予補助。

■時間多樣化托育

隨著父母親職場多樣化，工作時間及工作形態之改變，或深夜、假日加班等勞動產生的保育需要，托育機構的時間也隨著調

整，延長時間的服務有兩種：由原本八點至五點半的工作時間，前後各延長半小時者，稱爲特別托育時間（special hours）；或由早上七點到晚上八點的托育服務（extended hours）。夜間的托育則從早上至晚間十點，提供托育服務。

■臨時托育服務

非全時間工作的婦女增加，或其他突發因素的影響，有短時間或臨時托育需要的人口漸漸增加。此爲一新興的服務，也因此更加強托育機構成爲普遍性嬰幼兒服務的角色地位。

■托育社區活動方案

基於各區的不同社區文化，由社區托育機構發展出來的交換孩子至不同社區托育，以籍此吸收不同社區文化的服務方案，目前正在逐漸增加中。

(三)提升家庭福祉員（家庭式托育保母）素質

厚生省對家庭保育員的作法，除了召開檢討全國家庭保育工作協會（一九九○年已開業者）外，並提供事業相關的輔導，以及育兒相關資訊的諮詢服務，以致各種與育嬰有關的服務業漸漸多了起來。在日本，聘用家庭保母方式來輔助育兒已是民間新發展的服務，因此爲確保服務的品質及控制實際情況，檢討這方面的指導方針成爲政府施政的新方向。此外，從規劃保育員訓練中心或大專學校及訓練機構的設置，同時也補助機構保育員再進修方面的經費，可以看出日本政府在這方面努力的決心。

此外，全國保母協會（National Baby-sitter Association）成立，致力於改善保母服務品質及促進更完善發展的指導角色，已儼然成爲一種公司形態的服務。

四、結論

　　日本之托育服務制度之演化，可溯自其學前教育制度自戰後確立以來，期間雖有幼保一元化的爭論，但日本政府卻四十年來始終如一，不敢貿然加以變動。直至一九九〇年代以後，由於政治的、經濟的及社會的大變動，日本政府才被迫修改其學前教育制度。

　　從上所述，日本這一波學前教育制度改革朝二個方向進行，一是幼稚園與保育所的私有化，另一是保育與教育的一元化。保育所之私有化到底是利還是弊，目前在日本尚有一番爭論，不過這樣的發展卻與歐美先進國家背道而馳，高義展、沈春生（2004）指出，目前歐美國家之幼稚園學前之幼兒教育大都朝政府辦理方向發展。至於幼保一元化之發展則少有爭議，按目前之發展趨勢來看，未來日本學前教育之二元的發展可能趨於一元化。畢竟，同樣的學生年齡層、同樣的教育內容對策卻由兩個機關辦理，總難收統整之教保效果，可以說是日本托育服務政策未來的重要挑戰。

參 考 書 目

二宮厚美（2003），《構造改革と保育のゆくえ》。東京：青木。

中國國務院（2001），〈中國兒童發展綱要（2001-2010年）〉，http://www.people.com.cn/BIG5/shizheng/252/5570/5571/20010530/478339.html。

王盈惠（2001），〈臺灣與中國大陸幼兒教育制度之比較研究〉，《高師大教育研究月刊》，9期，頁177-186。

王家通、周祝瑛、姜麗娟、楊景堯、蔡清華譯，Joseph J. Tobin, David Y. H. Wu, Dana H. Davidson著（1996），《幼兒教育文化──三個國家的幼教實況比較研究》。高雄，麗文。

王曉春（2006），〈關於發展西部民辦幼兒教育的思考〉，《學前教育研究（中國）》，2006年11月，頁28-29。

王靜珠（1992），〈中國大陸幼兒教育現況──走訪大陸看幼教之二〉，《國教之友》，31期，頁46-50。

朱家雄（2003），〈大陸今後五年幼稚教育改革和發展的政策導向以及所需解決的問題〉，http://www.zhujx.com/show.php/113。

朱家雄、張婕（2004），〈我國民辦幼兒教育的發展與展望〉，《學前教育研究（中國）》，2004年7月，頁29-31。

岡田正章（1994），〈幼保一元化の論爭〉，載於新堀通也主編，《戰後教育の論爭點》。東京：教育開發。

林榮禎（2005），〈大陸早教市場分析〉，http://www.hold.org.tw/train/8th.php。

保育行政財研究會（2002a），《市場化と保育の未來》。東京：自治體研究社。

保育行政財研究會（2002b），《公立保育所の民化》。東京：自治體研究社。

柴崎正行，諏訪きぬ（2000），《21世紀へ向保育の創造》。東京：フレ-ベル館。

翁麗芳（2004），《當代日本的托育政策》。臺北：心理。

高義展、沈春生（2004），〈日本學前教育制度之現況及發展趨勢〉，《教育學苑》，6期，頁31-47。

張哲誠、馬蕾（2006），〈腦筋急轉彎──發掘教育培訓的「藍海」〉，東

方企業家，http://magazine.sina.com.tw/cnglobalviews/200604/2006-04-13/2 0547399.shtml。

森田明美（2001），《幼稚園が変わる保育所が変わる》。東京：明石。

馮燕（1997），《托育服務：生態觀點的分析》。臺北：巨流。

楊思偉（1999），《日本教育》。臺北：商鼎。

陳乃慈（2006），〈日本托育服務〉，載於葉郁菁主編，《托育服務》。臺北：心理。

鈴木祥藏（2000），《保育一元化への提言》。東京：明石。

劉曉東（2006），〈從學習取向到成長取向：中國學前教育變革的方向〉，《學前教育研究（中國）》，4期，頁16-20。

鄧暉、喻劍平、鍾慧（2006），〈促進公辦幼教事業高速高效發展的探討〉，《學前教育研究（中國）》，2006年11月，頁26-27。

儲召生、趙秀紅（2004），〈2003年中國教育事業改革與發展統計公報〉，《中國教育報》，4月29日，第1版。

龐麗娟、胡娟、洪秀敏（2002），〈當前我國學前教育事業發展的問題與建議〉，《學前教育研究（中國）》，2002年1月，頁40-42。

UNESCO (2002). Early Childhood Care? Development? Education? *UNESCO Policy Briefs on Early Childhood*. 1/ March 2002.

第九章

歐洲的托育服務

黃澤蘭

第一節　英國的托育服務

一、現況

　　長期以來，英國是不夠重視兒童教保這個議題，兒童托育沒有形成比較統一和規範的體系，全國各地各行其事，不平衡性和差異性較大。這導致學齡前兒童接受保育和教育的比例較歐洲大陸許多國家要低。一九九七年，工黨上臺執政後，開始改變沿襲多年的幼教政策，將普及幼稚教育當做政府的一項重要政策，提出對三歲以上幼兒提供免費的教育，並加大對兒童教保投資的力度。於是，一場被許多人稱為「靜悄悄的革命」開始在托教領域展開。特別是政府提出的把兒童教保看做政府建立「學習化社會」（learning society）的一個起始階段的主張，極大地促進了幼教的迅速發展。

　　從一九九七年起，政府開始實施多項旨在促進兒童教保發展的全國計畫。規模較大的有在英格蘭地區實施的早期發展合作的計畫（EYDP）。該計畫要求各個地方政府透過各種途徑和措施發展本地區的幼稚教育，明確提出要實行政府、自願團體和組織以及私人一起開辦和維持學前教育機構的政策；先從四歲幼兒開始，力爭做到逐步向下普及。一九九八年，政府開始實施規模龐大的「全國兒童保育戰略」（National Childcare Strategy），先前實施的EYDP計畫也擴充為早期發展和兒童保育合作計畫（EYDCP）。此項計畫要求各地方教育當局制定須經中央政府批准的年度具體方案，透過各種合作的途徑和措施大力發展幼稚教育。一九九八年九月提前

實現普及四歲幼兒入園的計畫後，政府隨即又將該計畫擴充，向下延伸到三歲幼兒。

英國義務教育起始年齡為五歲，北愛爾蘭則為四歲。零至一歲幼兒都由家庭成員自己照顧或使用非正式保育方式。三至四歲幼兒有90%會進入幼兒教育與保育機構就學。在師生比方面，公立托兒所為1：4，私立為1：8至1：10，遊戲團體的比例為1：8，保育班則為1：13，小學預收班的師生比例甚至可高達1：30（簡楚瑛，2003）。

二、兒童教育與保育機構、政策與法規

之前英國零至三歲的幼兒教育與保育由社會安全部主管，三至五歲由教育就業部管轄。最近英國政府整合了保育與教育，並由教育就業部管轄英格蘭的幼教，然而，其他部會仍負責其他幼兒相關議題（簡楚瑛，2003）。

至於全國性政策方面，由教育就業部等部門一起決定英國幼兒教育與保育政策。管理監督上，不論國家或地方層級都由不同部門管轄。幼教系統多樣而相互缺乏協調。此外，幼教服務相關決策主要由地方當局決定，因此造成了幼教形式有地方性差異。

(一)幼兒托育方式與實施機構

■零至三歲幼兒教育與保育服務

大致而言，家長需自行負擔零到三歲幼教服務的費用。其幼兒教育與保育之形式包括：

1.托兒所（day nursery）：托兒所與公立幼稚園或幼兒班不同

之處，即在於主辦者是由地方政府的社會服務部門（Social Service Departments of Local Councils）負責，也有志願組織或私人公司、個人提供的服務，由地方政府的福利衛生部門管理。這類托兒班成立的目的是爲待援助的家庭代爲照顧子女。其招收對象，原則上是以母親在外擔任全職工作，無法照顧子女者爲主，提供全天或半天的服務。一般而言，仍是以下列兒童爲優先考慮：(1)單親家庭之子女，因有經濟上的困境，其父親或母親必須外出工作維生者；(2)母親臥病在床，無法照顧子女者；(3)生長在貧窮家庭，或居住在生活環境較差之家庭的子女；(4)對某些文化弱勢地區中極需教師之學校，其教師之子女亦可優先入此類托兒班。托兒所之招收對象不但有其資格條件之限制，名額亦極有限。要進入托兒所必須先取得醫師、健康訪視員或社會工作員證明其符合前項條件之推荐信函，否則難得其門而入（馮燕，1997）。

爲了配合就業婦女解決其子女照顧之困擾，托兒所的收托時間自然也作了因應之安排，而以全天服務爲原則（早上八點到下午六點），寒暑假或一般學校假期中亦提供照顧服務。所聘用之照顧者，不像地方教育當局（LEA）辦理的幼稚園般，以合格教師爲主，反而多半是經過訓練合格的護士或幼兒護理工作人員。這類托兒所並非完全免費，其所收之學費端視家長收入而有高低不同之標準（Coote & Gill, 1981）。

2.全日班托兒所：這是一種由專業老師所主持的全天候托育機構。開放時間視父母外出的上班時間而定，它所具備的形式與活動，是結合幼稚學園以及遊戲團體的方式，使孩童在各方面皆得到適當的身心發展。在學生人數上是二十到三十位不定，而老師有二至九位。在這些全天候的托育機構中，也有私人營利的形態。

3. 保母（nanny）／居家保母（childminder）：二歲以下的孩童，保母式托育被認為是一種最普遍的照顧方式，尤其是針對較低收入以及工人階級的婦女。Coote等（1981）指出，政府通常認為保母式的托育是低價位、有彈性的服務方武，並且被認為是僅次於由親生母親照顧的理想方式（楊瑩、詹火生，1994）。所謂保母即指「在家替人照顧兒童，並藉由若干費用的收取以維持生計者」。這類保母依法必須去地方政府註冊登記，政府會派人檢查其住宅是否安全，並規定不准同時照顧太多兒童，以免發生意外。但是，實際上，有許多在家替人照顧幼兒者並未依規定登記，因此，常有超收兒童或設備不全之情況。依規定，未經註冊合格之兒童照顧者在經警告後不改善者，得提交法庭判罪處罰，其中也有少數的例外，例如，英國政府規定，除非照顧者是該兒童的近親，或其照顧時間每天不超過二個小時（Coote et al., 1981；馮燕，1997），否則均應依規定而行。照顧情形及費用由父母和保母雙方協議之。保母在法律上受地方政府管轄，但是在幼兒照顧經驗上是否專業的議題仍備受關注。

4. 混合型幼托中心（combined nursery/ family centres）：地方教育當局、社會服務部門提供教育及保育。

5. 幼托績優中心（early excellence centres）：被政府指定為優良幼教模範，提供保育、家庭支持、成人教育……等功能，為示範性的實施機構。

6. 親子團體（parent-toddler group）。

7. 朋友、鄰居（friend/ neighbour）。

■三至五歲幼兒教育與保育服務

英國三至五歲幼兒的公共教育由各地方教育當局（LEA）負責

提供。從機構類型上看，已經形成以地方公立爲主、社會自願團體和私人爲補充的多元發展格局。公立幼教機構當中又以地方教育當局開辦或資助的爲主，部分爲地方社會機構開辦，但也有二者合辦的。

由社會團體、工商企業或私人開辦的幼教機構則有各種不同形式，包括日托中心、公立或私立幼稚園和遊戲學園等等。根據一九九九年的統計，在英格蘭地區，公立幼稚教育機構吸納了59%三歲和四歲幼兒，30%進入私立幼兒園所（其中一些收取學費），9%進入各種自願團體開辦的免費幼教機構，由雇主開設的機構只吸納2%左右的幼兒。

1. 遊戲團體：所謂的遊戲團體（play groups），是由家長們自行組織的托育機構，孩子的年齡由三到五歲，主要目的是要爲子女提供一個能與其他兒童玩耍且具啓發創造力的環境，並透過團體遊戲提供學習的經驗。這類托育形式多半係由家長們自己發起組成（通常是母親），只有少數由地方政府經營，因此並非針對就業婦女提供的子女照顧服務（馮燕，1997）。

2. 小學學前班（reception classes in primary schools）：在英國，所有兒童在滿五足歲時，即須入學接受學校教育。因此，所謂的「學前教育」（pre-school education）是指五歲以前的各種教育類型。這類學前班便是針對四歲的兒童，讓他們提早入學；大部分是全日班。

3. 幼稚園及幼兒班：幼稚園及幼兒班是英國學前教育機構最主要的兩種形態；幼稚園是單獨設立不附屬於任何其他教育機構，而幼兒班則是附屬於小學內，屬於小學附設之幼稚教育班級。此二類機構公立者均係由地方教育主管機構（local

education authorities）主辦，並負責經營管理，因此就師資而言專業水準較爲整齊，並得享免費受教育之機會。老師們皆須加入「英國幼兒教育協會」（The British Association for Early Childhood Education, BAECE），所以師資上較有專業的保證。

這些幼兒班及幼稚園所招收之學童年齡不一，大多數是兩歲以上，但未滿五歲之兒童。但由於名額之限制，無法使所有欲就讀者均能如願以償。雖然有些是提供全日之照顧（早上九點半直到下午三點半），但是大多數是提供半日的幼稚教育（從早上九點半至中午或從中午至下午三點半），因此這類的方案並無法滿足全職（full-time）上班工作母親之需求。

4.幼稚園和日間托兒所混合之服務（combined day nurseries and nursery schools）：近幾年英國政府已嘗試將地方上的公立幼稚園與日間托兒所合併，一方面提供照顧兒童的服務，一方面也達成學前教育的功能。目前全英國共有四十至五十所此類合併後的幼稚班。不過，各地的幼稚班均爲配合當地之需要，而具有不同的組織形態，並各具其重點服務項目。最近，英國政府亦積極鼓勵母親們主動積極參與這類的托兒服務，以滿足兒童的不同需要。

5.短期或臨時兒童托育：短期或稱臨時兒童托育（respite care）是一種短期性的（每年在九十天之內）對殘障兒童的照顧，形態繁多，有寄養家庭（care with another family; sitting services）、機構照顧（stays in a residential home, hostel or hospital）等方式。藉此可讓平日忙碌的家庭有放鬆、休息的機會，殘障兒童也有機會結交新朋友，有學習獨立的機會。

(二)政策與法令

在考量政府托育政策時，往往有下列幾點指標：(1)就業婦女的人口數；(2)單親家庭的數量；(3)大家庭漸減的現象；(4)婦女在社會上的新地位；(5)都市生活中，家庭的壓力及孤立；(6)重視孩童教育發展觀念的改變；(7)重視孩子在幼童階段所受的影響（Kamerman & Kahn, 1991）。

綜觀政策發展方向，英國政府主要的考量是第(1)項，為了經濟因素使得就業婦女突增。根據一九八九年的調查，五歲孩子的母親有40%受薪被雇用，其中12%全職，有29%是半職；但在學齡孩子的母親人口中，則有66%的母親在工作，20%全職，46%半職，因此一旦母親外出工作，無論孩子是否進入小學唸書，都十分需要有托育照顧服務的提供（馮燕，1997）。

■兒童法案中的日間托育

The Children Act 1989第三篇中明訂地方主管機關對兒童及其家庭所負之職責，包括認定需要協助之處於困境的兒童、協助兒童與其家庭的聯絡、提供日間托育，以及說明整個協助的行政程序和其他相關法令中規定的職責等。

所謂日間托育是指地方主管機關應對區域內十五歲以下尚未上學的協助對象，提供適當的日間托育；並對區域內任何年齡在學的「處於困境的兒童」，在課外時間或假日提供適當的照顧或監護。其中對「日間托育」的定義為白天提供各種形式，包括常態的或偶爾、斷續的照顧及監護。法案中同時規定地方主管機關應對照顧者提供訓練、建議、指導、諮詢和工作審查考核。在同一法案中並規定非政府設立的看顧八歲以下小孩者，必須要到地方主管機關登記，主管機關應於一年內做第一次審查，以後每三年重新審查一

238

次，審查時要諮詢地方衛生主管機關和教育主管機關的意見。

而在法案的第十部分涉及兒童家庭外之照顧（out of home care）的條款中，亦說明了對一九四九年托兒所及保母法案（Nurseries and Childminders Regulation Act 1949）的修正規定：任何人收取費用照顧八歲以下小孩連續兩個鐘頭以上，都需要辦理登記，而政府可以依所訂標準核可登記；同時對各種形態的托育設施，亦有一些規定，例如：

1. 每個房間最大容量爲二十六個小孩，若可能的話，有更小的孩子者上限應更低。
2. 應有育嬰室、嬰孩學爬房、遊戲室及廚房的設備，以確保孩子在各方面的需要。
3. 應有隔音設備。
4. 若有殘障的孩子，應有適當的設備。
5. 需有和建築物相連的戶外活動空間。

至於空間大小和人事配置，則視孩子的年齡而定。以日間托兒所（day nurseries）爲例，人事配置標準及空間大小爲一到兩歲是1：3，3.7平方呎；兩到三歲是1：4，2.8平方呎；三到五歲是1：8，2.3平方呎。但是若其中的人員不全爲合格或有專業訓練者，或收有未滿一歲需特別看護的孩子時，人事配置比例應高過此。此外，對於消防安全、食物供給及衛生方面亦均有最低標準的設定。

■學前教育白皮書中的兒童照顧

英國自一八七〇年教育法案（1870 Education Act）通過後，即以五歲爲開始接受義務教育年齡，早期的小學同時也收托五歲以下到三歲的小孩，直到一九三〇年代才由教育主管正式下令限制五歲以下小孩入學，主要的理由是經費上的考量，以及由研究所

得對「年幼兒童在家學習比去學校對發展較有利」的認知（Tizard, Moss & Perry, 1976）。但同時因城市中勞動階層的需要，也有人建議應發展幼稚教育，使母親工作無法教育小孩或家庭環境品質並不十分理想的兒童，也有學前教育的機會（Melhuish & Moss, 1992），而促使政府自一九九三年開始為一般三到五歲的兒童設置幼稚園，同時兼顧學前教育與兒童照顧的功能，但由教育主管單位負責。根據記錄，這次的學前教育發展因第二次世界大戰的爆發，與政府大量設置托兒所而暫時停止，直到一九七二年英國教育科學部發表的教育白皮書中，才又主張擴展學前教育，中央政府投入大量經費興建幼稚園、擴充師資，使幼稚園成為一般三到五歲兒童的家庭外照顧機構（Coote & Gill, 1981）。

■法定產假與育嬰假

一九七五年開始，英國有了育嬰假（statutory maternity leave），也就是產前十一個星期以及產後二十九個星期的假期，但是沒有育兒津貼給付（statutory maternity pay），並且有些繁瑣、嚴格的規定，如婦女必須工作一星期十六個小時，且必須在同一工作持續二年。在一九七九年的Daniel調查指出，只有54%的婦女滿意這樣的制度，且大部分是管理階層和專業人士。而從事人力手工業的婦女，半職的或在小公司上班的職業婦女是較不使用這些育嬰假權利（maternityrights）的。

嚴格地說，這些育嬰假規定，只是比較長的產假，男性不能享用，而且沒有工作或收入的保障，因此不能算是親職假（parental leave）的政策（Cohen, 1993）。而其產假與育嬰假之時間及補助如**表9-1**。

■「幼兒保育稅」（**childcare tax credit**）

支助低收入家庭育兒費用，預估有三分之二的英國家庭受

表9-1　英國產假及育嬰假一覽表

	產假	育嬰假
時間	工作一年後能享有18週產假	22週
補助	提供六週的90%薪資	沒有薪水

惠。然而為了要符合支領該補助資格，育有零至十四歲子女之家長每週至少需工作十六小時，且子女需進入有立案或經核可之保育機構。一位孩子最高補助額度每週為70英磅（約新臺幣3,872元），二到三名孩子則每週補助105英磅（約新臺幣5,809元）。此政策用意在於鼓勵幼教機構立案列管，並提高幼教工作者偏低的薪資。

■「全國保育策略」（**The National Childcare Strategy**）

　　在一九九八年五月，英政府實施了全國保育策略以期提高就業率，改善教育，及支持家庭。此措施透過提供良好的幼教及保育服務，使得家長能放心地就業，藉此促進經濟發展。由於英國雙親的工時較長，且有時工作時間下定，該政策服務包含零至三歲幼兒及十四歲以下學生之課外（out-of-school）保育服務的規劃。上述的幼兒保育稅也是全國保育策略的部分之一。

■「早期發展及保育合作計畫」（**Early Years Development and Childcare Partnerships, EYDCP**）

　　早期發展及保育合作計畫為在地方層級推行三歲及四歲幼教普及之主要計畫。其成員為自願式，成員組合包含地方教育、健康及社福機構、雇主、教職員訓練者、家長、私立及自願團體等。其工作在於評量地方上的幼教及保育機構，發展將來擴展幼教服務，以及提升幼教品質之計畫。

三、趨勢與議題

在一九七八年的英國中央政策協調會報告中（Report of the Central Policy Review Staff），就曾提出有關就業婦女的托育服務議題（services for young children with working mothers）。它分析了學齡前兒童的托育問題以及國家政策在這議題上所應有的角色，同時也整理出該階段英國在托育方面所具有的缺失：

1.在托育服務上，沒有一個既定的發展方向，也沒有制定服務內容的優先順序。
2.服務不完整，行政上也稍嫌混亂。
3.服務機會不公平，使孩童在早期發展時，無法公平地得到妥善的照顧。
4.目前社會已普遍認同孩童在三到五歲時，接受家庭以外的托育教育，會有較多的益處，但多數的孩童被拒絕，只因為供給不夠。

在該報告提出的同時，民間的志願組織亦在推動遊戲團體推廣運動（Play Group Movement），但仍無法滿足大部分家長的需求；而且人員素質無從掌握，品質良莠不齊，令人擔憂。

英國將教育、保育行政系統分開，兩方缺乏整合，造成國家政府部門之爭及地方政府單位間之爭。目前政府開始採取行動以期創造一個聯繫的系統。同時，最近的法案如"Sure Start"方案及「早期發展及保育合作計畫」（EYDCP）使得教育決策權由中央層級下放到地方層級，地方得以參與決定並管理品質。以下將就幾項對於英國現況的議題進行討論：

(一)教育與保育之分與合

　　關於政府凝聚幼兒教育與保育的策略，在國家層級，企圖將整合幼兒及家庭政策的責任從健康部轉移到教育就業部之下兩個單位，由這兩個單位合作分擔責任。雖然在政策上強調教育及保育的整合，但在兩個系統的責任區隔及相異的政策策略下顯示出幼教服務仍存在歧異。

　　此外，英國在規劃國定課程時，其基礎階段（foundation stage）並不包含嬰兒（infants）及學步兒（toddlers）。造成零至二歲幼兒未被納入體制內的可能原因有二：其一是因為零至二歲孩子多由母親或家庭式幼教服務照顧，較難顧及；其二反映出一般人們認為服務三歲以下幼兒的機構不屬於「教育」。因此在政策擬定過程中，此年齡層幼兒被忽略了，教育及保育仍舊分開，然而此作法卻與原來將保育及教育整合的立場相衝突，不如瑞典、西班牙將零至六歲視為第一階段教育系統，導致英國錯失整合零至六歲幼兒教育之機會（簡楚瑛，2003）。

(二)對幼兒權益的重視

■幼兒教保服務的供與需

　　在英國幼兒從四歲開始可獲得免費的幼兒教育與保育，但在英格蘭一天只提供二點五個小時，蘇格蘭一天四小時，而歐洲其他國家在六歲前就有全天的服務。若決定提供半日班的服務，對於家庭及幼兒有重大意義。首先，目前較經濟實際的方式是在小學提供保育，結果四歲孩子進入小學預收班師生比例高達1：30，造成孩子學習環境的品質下降，同時，課程目標也難達成。再者，政策較支持學校形式、非全日的幼教機構，但是政策對職業父母及育有

三、四歲幼兒的家庭提供較少支持。實際上許多三、四歲幼兒需要能搭配父母工作時間的保育服務。此外，由於零至三歲幼教費用多由家長自行負擔，政府透過幼兒保育稅對低收入戶補助。

　　如要普及三、四歲幼兒教育，政府需設計對職業婦女的配套措施。全國幼兒照護政策鼓勵對零至十四歲的父母提供高品質的幼教服務，但沒有真的包含零至三歲的幼兒。英國對零至三歲幼兒很少提供教育，除非是特殊幼兒。Sure Start方案試圖整合教育及保育系統，如同聯盟的服務，特別是對四歲以下幼兒的貧困家庭。

■進入保育機構的機會

　　討論進入保育機構的機會可從三方面來看：

1. 負擔得起的學費：家長需自付教育費用，所以當父母無法負擔學費時，雙親之一（特別是母親）可能會延遲進入職場而在家照顧小孩。雖然有幼兒保育稅來補助家長，但實施未久，尚無法預知其成效。
2. 幼兒教育與保育服務提供的短缺：零至三歲保育費高，目前在零至三歲幼教方面較欠缺有品質且家長負擔得起的私立幼教機構。隨著經濟發展、婦女就業率升高，保育服務的成長率卻不成比率，且品質較差。
3. 跨地區的差異：家庭式保育為貧困及鄉村地區主要幼教形式，然而，隨著居家保母的短缺，再加上私立及志願性幼教機構在該類地區難以經營，相對影響了低收入戶及鄉村居民進入幼教機構的機會（簡楚瑛，2003）。

■特殊幼兒的托育需求

　　根據OECD調查，英國經濟水準很好，但貧窮水準比過去十五年增加三倍，現在有20%孩子身處貧窮家庭中，為已發展國家最高

比例之一。而不同的階層和種族，在選擇托育方上也有差異性。勞動階層（working class）的母親通常都選擇留在家中或半職的工作，並依賴便宜、非正式的托育服務。中產階層的專業母親則選擇全職的工作，並使用較昂貴的保母、奶媽及幼稚園等的服務。另外有些行為偏差、發展遲緩、移民或需特教的孩子，逃家、翹課、吸毒、犯罪也是相關問題。政府開始採取行動，其中以Sure Start方案與幼兒教育最相關，此方案可視為一個創新的社區發展行動，連結早期介入（early intervention）的各系統，以支持家庭、孩子，和少數民族、特殊需求的孩子、難民……等。從公平正義的角度來看，幼兒教育不僅要確保其能夠進入幼教機構，更要能夠滿足其民族上或語言上的多元性。為達成此需求，在教師或幼教工作者的訓練方面需要有配套措施。

(三)早期學習的成效

在課程模式的爭論方面分為兩派。歐文一派開辦了一所「幼兒學校」，理念上強調以幼兒為中心的教育，方法上注重遊戲、玩具的教育功能；另一派則強調學科技能（academic ability）的教育目標。

然而，目前英國幼兒教育強調讀、寫、算等基本能力，以培育能進入未來職場的能力。所以英國幼兒較其他歐洲國家幼兒更早接受正式教育以及正式課程。此外，早期學習目標（early learning goals）所定下來的目標似乎不盡符合幼兒發展成熟度，對於那些不會說英語的移民幼兒也是種欠缺周慮的目標（簡楚瑛，2003）。

幼教工作者及幼教老師常為了確保幼兒在托教機構能達到早期教育目標，被迫要教導特定內容，似乎有違幼兒學習原則。

四、結論

　　英國近十幾年來，隨著婦女就業人數之增加，要求政府提供兒童照顧之呼聲也此起彼落地擴散。許多工會並要求中央政府提供經費上的補助，以協助地方政府辦理高水準的托兒服務。

　　且由於歷史背景及社會經濟需求，英國幼兒教育起步得早，但卻未能對於零至六歲幼兒提供一個整合性的幼兒教育，且缺乏協調良好的幼教系統。綜觀英國托育服務，雖然早期是以私立提供的服務為主，但後來則因政府的干預而以公立的幼稚園及托兒所服務為主。而免費的四歲以上幼兒教育每週五天，但每次僅二個半小時，對家長的實質幫助可能有限，有需要重新檢討（簡楚瑛，2003）。托育服務應由零碎的服務，轉變為整體系統的服務發展規劃。其涵蓋的範圍，不僅包括兒童生活的照顧，尚包括兒童的學前教育、保健服務及福利給付措施等在內，形成一個整合性的服務方案（馮燕，1997）。多樣化的幼兒教育與保育形態雖然可以讓家長有選擇權，但自付學費對於家長所造成的經濟負擔，以及政府監督幼教品質的不易都是值得注意的地方。

　　因此在供需的協調上，英國兒童法亦強調地方主管機關應加強提供諮詢或資訊交流中心，可以提供父母或照顧者一些諮詢的服務，瞭解服務的需求，也可藉此來改善服務供給的疏失。此外，明訂早期學習目標對於幼兒的學習以及提早面臨學習讀寫算的壓力所可能造成的影響，是值得觀察的。

第二節　法國的托育服務

一、現況

　　由於法國之兒童教育與保育服務與整個婦幼福利政策結合在一起，因此在探討兒童教保服務前，必須從其婦幼福利制度談起，才能瞭解法國學兒童教保服務之精神所在。

　　自第二次世界大戰後，法國人就有一個偉大的社會目標，亦即若要重建國家，必須先從懷孕的婦女開始，他們視未來的主人翁爲一種喜悅與希望（Jacobson, 2001a）。法國的幼兒教育即建立在這種思維上，是以從婦女懷孕開始，法國政府就提供一連串的服務，以確保幼兒是出生在一個政府提供全面醫療照顧及補助家庭扶養的制度下成長（Jacobson, 2001b）。法國懷孕婦女除了可享受二週可支薪的產假外，暑假期間也有數週可領薪的休假，好讓媽媽有較長的時間陪伴幼兒，以利幼兒成長。法國制度並非只照顧職業婦女，對於夫婦都在工作而有二個小孩的家庭，若丈夫或妻子有一方願意留在家裏照顧孩子的話，政府每月給予三千法郎的育兒津貼補助。另外，由於少子化傾向愈來愈嚴重，法國政府爲鼓勵國民生育，即使夫婦都不離職，但只要生第二胎，政府也每月給予六百八十三法郎的育兒津貼，三人的話爲一千五百五十九法郎，生的愈多領的愈多，可以一直領到幼兒二十歲爲止。但如果孩子完成義務教育不再就讀或就讀建教合作班，則育兒津貼到幼兒十六歲義務教育終止時就停止（沼口祐子，2001；Jacobson, 2001b；高義

展、沈春生，2004a）。

　　法國是從嬰兒出生到進入「母親學校」就讀已構成一個完整的制度。法國的「教保服務」措施採取單一模式：提供幼兒基本教育的機構稱為「母親學校或保育學校」（Ecole Maternelle），這是為所有從兩足歲起到義務教育年齡（六歲）的孩子，提供兒童教保服務的唯一機構。除此之外，有多種不同形態的托兒設施，主要服務對象是年齡滿三個月至兩歲的孩子，依家庭所得調整付費標準，以提供職業婦女補充性的育兒服務。這些包括機構式的「托兒所」（creches）及家庭式的兒童照顧，含保母（Assistante Maternelle）及家庭保育員（Garde a domicile）。年齡介於兩至三歲者，可選擇參加托兒照顧或兒童教保服務（邱志鵬、陳芳玲，2006b）。兒童教保服務屬普及性的免費服務，無論父母親的收入或就業狀態，所有適齡幼童都有權入學。

二、兒童教育與保育機構、政策與法規

　　法國的學前教保服務可以分成三種：(1)母親學校——為單獨設立的公立機構，凡是有兩千居民的地方應設立獨立的母親學校；(2)學前兒童班——附設在公立小學的班級，凡是不到兩千居民的地方，僅在小學裏附設一個學前兒童班；(3)幼稚園（jardin de enfants）——是私立學前教育機構，由教會所辦理（嚴翼長，1987）。

　　而法國的托兒服務大約提供了35%的兩歲以下幼兒就讀，其中23%在立案的家庭式日托中心（family day care），11%在母親學校兩歲班，其餘者在其他類型的托兒機構。嬰兒／學步兒童方案與家庭式日托中心並沒有一致性的統一課程。通常每日營運十至十二個小時，大部分孩子都是全日托育，除非母親是兼職工作者。儘管居

家保母以及各類型托兒中心目前都在供應幼兒照顧服務，母親學校也被要求成為一種補足家庭育兒功能的社會機制（邱志鵬、陳芳玲，2006b）。這項ECEC措施無論從內涵或時間來看，勿庸置疑地，是有提供職業婦女及家庭補充性兒童照顧服務的成分，但在收受對象及其廣泛目的上，卻絕不受此限制。

(一)幼兒托育方式與實施機構

目前法國幼兒在未進入母親學校就讀時，提供其托育者，約略有下列幾種情形：

■父母親自己照顧者

法國政府提供很多優惠給親自照顧孩子的婦女，再加上母親學校也收兩歲之幼兒，因此自己照顧零至二歲幼兒者，最快二年，最慢也不過三年，就能再度投入職業市場，因此很多婦女都留在家裏親自帶幼兒，目前大約有50%的家長親自照顧自己的幼兒（Neuman & Peer, 2002）。

■托兒所（cr'eches）

托兒所主要照顧兩個月大的嬰兒至三歲大的幼兒，托兒所為地方政府設立。當婦女產假結束後，回工作崗位上班時，他們可將嬰兒送到托兒所。托兒所之費用依家庭收入而定，每天托育時間長達十一小時，而且全年無休。托兒所園長之資格為公共衛生的護士，且須接受幼兒成長經驗訓練課程。托兒所之保育員也需要接受兩年的訓練，其訓練課程為幼兒發展及幼兒教學。托兒所之教育目標乃在於教養幼兒成長與發展（Cooper, 1999）。

有人認為托兒所之環境比母親學校更適合於二歲的幼兒，因為托兒所的活動設計比母親學校鬆散，也較不以教師導向為中心，

所以幼兒有較多的時間自由遊戲；此外，班級規模也比較小，依政府之規定，每位保育員照顧五位還不會走路的嬰兒，會走路的嬰兒則允許八位。

根據法國一九九○年一個研究報告指出，上過托兒所的幼兒比母親全天候在家照顧之幼兒，進入學校後之表現比較好。因此，法國教育部想要將托育服務納入教育系統，提供給貧窮落後地區幼兒就讀，但托兒所歸衛生及人力資源部監督與管理，所以教育部門也無能為力。尤有進者，目前對托兒所之需求多於供給，主要的原因是地方政府要建造及維護托兒所所需的成本太高，因此父母親都在工作者列入優先入所之考量，或父母親只有一方在工作，但願意依其收入高低付費者才能申請入所（Cooper, 1999; Neuman & Peer, 2002）。

近來，法國許多母親學校與托兒所訂定非正式的協定，進行兩校每隔二週彼此互訪的行程安排，行政人員認為這樣對兩方都受益。母親學校的幼兒到強調保育發展的托兒所，可以使用他們的騎乘玩具或可供觸摸的遊戲器材，而托兒所的幼兒則可參與母親學校的韻律活動。母親學校與托兒所互訪已成為二者的合作模式，而不像過去彼此互不相來往。許多收托兩歲幼兒的母親學校，開始實施與托兒所互訪活動，以幫助他們的幼兒適應學校環境及提供發展的需求（Neuman & Peer, 2002）。

■家庭托育中心（assistant matemelles）

有些法國婦女不將其幼兒送到托兒所，而送到家庭托育中心。領有執照的家庭托育中心是以個別家庭為基礎，他們最多只可照顧三位不同年齡的幼兒。經營家庭中心者須接受六十小時的訓練，其營業執照必須五年更換一次。雖然家庭托育中心為個別家庭所經營，但他們受到政府嚴格的監督與管理。監督管理者是受過專

門訓練的小兒科護士，他們會在固定的時間與醫生去家庭中心訪視，例如，到家庭中心檢查是否存在有害幼兒健康的各種物品。此外，政府督導人員也會不預警的突襲檢查。家長則可以用幼兒在家庭托育中心接受托育服務的繳費證明，用來抵免所得稅（Jacobson,2001b）。

■自己請保母照顧者

對於自己請保母照顧者，政府也鼓勵他們雇用領有執照的保母，政府對於父母在這方面的支出也可減免其所得稅（Jacobson,2001b）。但近年來，很多法國人請菲律賓女傭當保母，除了照顧孩子外，也做打掃、買菜及煮飯的工作（沼口祐子，2001）。

除了上述不同形態的托育制度外，政府也設立下列兩種機構來協助父母親照顧幼兒：

■中途托育中心（halte-garderie）

在家照顧幼兒的婦女如果臨時須外出辦事，例如與醫生約定看病時間或需要長時間處理其他事情者，可以將孩子送到政府設立的「中途托育中心」，請他們免費代為照顧，不過幼兒須至少滿十八個月大才可以送來，而且一星期不能超過四個半天（沼口祐子，2001）。

■交誼廳

交誼廳是提供家長（尤其是媽媽）及兒童談天與玩耍的地方，媽媽可以隨時帶孩子到交誼廳逛逛，一方面可與其他的媽媽聊天，另一方面孩子也能在比家中更寬廣的空間玩耍。交誼廳設計的構想乃在於讓在家自行帶小孩的外國移民，能帶孩子出來，接受外在環境的刺激。因為這些孩子比較沒有機會接觸法國語言、風俗文化習慣，進入母親學校就讀時仍不會說法語（高義展、沈春生，

2004a）。很多法國研究報告指出，貧窮的外國移民兒童缺少使用法國各種資源的管道，因此造成經常於學校中學習失敗的窘況，是以交誼廳正可提供一個非正式社會化的學習環境，因此對這些外國移民家庭而言，交誼廳可說是一個重要的支持機構（Cooper, 1999）。

(二)政策與法令

若以福利國家發展而言，法國是較新近的開發者（a late developer）；但若論及國家家庭政策方面，其肯定是一個先行者（a pioneer）。像法國早在一九三〇年代末就發展出一套明確的家庭政策，以作為社會保護的公共系統之一環。而它獨特且架構複雜的社會保險體系，搭配依職業別而定的種種年金計畫，並且擴展至許多兒童相關的現金津貼與服務，對現今世界各國的廣泛家庭津貼制度設計，或多或少有一定的影響，因為法國的津貼政策是最廣泛且豐厚的。例如，法國為因應貧窮人口比率上升，在一九八九創立的第一個國家社會援助計畫RMI（Revenue Minimum de Insertion, 最少收入登記），它是一種資產調查社會安全網方案，適用於年滿二十五歲以上或二十五歲以下需養育孩子者。這個計畫至今已經被許多歐洲國家複製（邱志鵬、陳芳玲，2006b）。

基本上，法國的兒童教保服務（公共化從兩歲起）由「教育部」負責，「衛生部」負責三歲以下幼兒的托育照顧，以及母親與兒童的健康保健。

■家庭津貼

基本家庭津貼（the base famil/ allowance）是一種現金補助措施，適用於所有兩個以上孩子的家庭（只有一個孩子者無此優惠）。在孩子二至二十歲階段，不管家庭收入多少，都有資格領取

這種津貼，但是給付額度隨孩子的年齡而變化。這項津貼免稅，而且給付水準通常是依據每年物價及一個以最低工資金額（約略是一半或打對折）為基礎的公式進行調整。以二○○一年為例，基本家庭津貼的給付金額，在育有二個孩子的家庭大約每個月一百一十美元，育有三個孩子的家庭為二百六十美元。研究指出，對育有二個孩子的家庭而言，津貼給付金額約占家庭收入的14%；育有三個孩子者，則占29%；育有四個或更多孩子的占45%（邱志鵬、陳芳玲，2006b）。其他類型的津貼包括：

1.追加的家庭津貼，給三個以上孩子的家庭，其中最幼小的孩子年齡不足三歲且經收入審查（income-tested）合格者。
2.給幼小兒童的普及性津貼。
3.孤兒津貼，給失去父母之一或雙親皆歿的孩子。
4.單親津貼，必須是資產調查（means-tested）合格者，給付一年或到幼兒年滿三歲；大約有95%的單親家庭具備資格，而其中95%是婦女。
5.兒童特別津貼，給秋季返回學校上課的孩子，以及在家被照養的殘障兒童。
6.住房津貼，收入審查合格者，補償住房支出，租賃或自有住房者皆可能符合補助資格。
7.「產假」津貼，給付及工作保護給女性從業人員，這個政策最早頒布在一九四六年，歸在疾病保險金給付範圍，提供孕婦取得產前及產後的照顧。
8.「父母看護津貼」（parental attendance allowance），二○○一年一月開始實施的一種新的家庭補助政策，主要是針對家中有罹患嚴重疾病兒童，父母必須請假離職在家看護，而導致收入損失者。補助最高可達四個月，得重新申請兩次，並

且可以由父母兩人分享使用，但此假期之計算必須與父母親的病假合併計算。

另外，法國也提供社會援助現金津貼（social assistance cash benefit），以資產調查爲基礎，給那些年齡二十五歲以上，或年紀較輕但必須照顧或養育孩子者。職業婦女每養育一個十六歲以下的孩子超過九年，就有權獲得二年的養老金年資。

■生育及親職假

1.產假（maternity），定義爲婦女在懷孕和分娩時，賦予離職狀態的工作保障（job-protected leave）。在生育頭胎和第二胎的小孩時，可有十六周的產假（分娩前六周和生產後十周），並且最高可領80%的工作所得。法國鼓勵婦女生育，生育第三胎時，可獲得可有二十六周的產假（分娩前八周和生產後十八周）；如果生育第三胎以上的小孩時，則可有三十四周的產假（分娩前十二周和生產後二十二周）。若因爲懷孕引起相關的疾病，可獲得延長兩周的醫院照顧假。法國的第一個產假法律於一九二八年制訂，相關的醫療護理也被涵蓋在內。如果是領養嬰兒，比照產後休假辦法辦理（邱志鵬、陳芳玲，2006b）。

2.父職假、陪產假（paternity），定義爲因妻子生產，丈夫爲履行父道而被賦予的離職假。自二○○二年一月起，法國的陪產假從三天延長至十四天，在多胎生產的情況下可給予二十一天休假。

3.親職假（parental leave）或稱爲「育兒假」，定義爲一種父母親的育兒選擇權，賦予工作保障以及津貼補助。法國政府在一九八五年訂定育兒假，並於一九九四年修訂之，且在

一九九六年加入「領養」（adoption）比照辦理條文。

(1)親職假的資格必須是為同一個雇主工作至少一年以上。受僱者在「親職假」結束後，有權以相同的薪水返回相同或相似的工作。親職假的津貼只適用於第二胎和隨後出生的孩子，為第一個孩子請「育兒假」無法得到津貼給付。全職請假津貼金額是統一價；如果兼職請假，則以部分比率支付（兼職，定義為每周工作十六至三十二個小時之間）。從一九九四年起，父母可以選擇兩人同時或者輪流接替休假帶孩子，假期最長是三年，但如果孩子有重病、事故或身心障礙，可以再被延長一年。

(2)受僱父母申請親職假時，必須至少一個月前通知他們的雇主，雇主不能拒絕。在一九九四年之前，這項規定只適用於有一百名以上雇員的公司。由於親職假的津貼不適用於第一個孩子，那些只有一個孩子的父母，產假後幾乎都全職返回他們的工作；至於有兩個或更多孩子的父母，研究顯示，親職假的使用率與孩子數、教育程度及工作技能水準有關。

4.病童照顧假（sick child leave），主要是提供職業父母照顧病童的福利措施。依規定，在孩子未滿十六歲之前，父母每年可有五天的有給付病童照顧假。新制定的家庭福利法規定，當家中有罹染重病兒童時，職業父母可有長達四個月的有給付且有工作保障的病童照顧假。

5.領養假（adoption leave），從被領養人抵達領養父母家中起算十周。如果不只收養一個孩子，領養假的期間可延長至二十二周。如同產假一樣，賦予工作保障並可支領全薪；而且政府另有提供領養津貼補助。未使用領養假的父母之一，可有三天的有給付「陪親假」。

■稅賦優惠

　　法國的所得稅制是立基於家庭單位的概念，以家庭總收入來計算稅率。設有育兒稅額減免辦法，以補償就業父母在兒童照顧方面的開銷（邱志鵬、陳芳玲，2006b）。

三、趨勢與議題

(一)法國將兒童教保服務視爲政府之責任

　　法國政府及人民則較早體認兒童教保服務的重要性，因此政府與人民上下一心的重視兒童教保服務。法國政府早在一八八一年代就推動免費的兒童教保服務，設立母親學校招收三至六歲之幼兒。像美國目前推動的免費四歲幼兒教育，至少已落後法國一百多年了。目前法國政府已建立起完整的兒童教保服務，從嬰兒誕生後就有一套妥善的照顧制度。除了政府對幼兒教育的重視外，家長的態度也極其重要。法國人普遍肯定兒童教保服務對幼兒發展的重要性，政治人物如果拒絕家長對開放學前教育之要求，就不用參加選舉了，因此在法國很少產生對於稅收用到兒童教保服務支出的政治爭論（高義展、沈春生，2004a）。

(二)托育與學前教育之關係

　　法國托育機構與兒童教保服務是分開辦理的。法國兒童教保服務已統一在母親學校實施，母親學校爲教育部監督管理，是屬於負責教育的學校機構；至於負責幼兒托育的機構有：自己教養者、請保母托育、家庭托育中心及托兒所。且法國除了派醫生檢查家庭

中心有沒有危害幼兒健康的環境外，保母需完成六十小時之訓練，其營業執照也必須每隔五年更新一次，督導人員更會不定期地抽查（高義展、沈春生，2004b）。此外，政府還提供其他的服務來滿足家長之需求，如設立托兒所、提供職業婦女托育服務、托兒所之收費依家長收入及上班時間比例而定等。

　　除了提供職業婦女各種托育場所及補助外，法國政府也對親自在家照顧幼兒之媽媽給予育兒津貼補助，設立中途托育中心，讓有事要辦的媽媽暫時可以有地方托育。此外，也提供課後安親班及休閒中心，讓放學後或寒暑假期間，家長可以安心地將幼兒送到這些機構，由於這機構也是政府辦理的，因此收費非常的低廉。

(三)注重外國移民之教育問題

　　對法國人而言，語言是一件常縈繞於心頭的事物，教師及教育行政人員不斷強調不良的語言技巧，乃妨礙幼童在學校表現的最重要原因。因此母親學校的主要目標就是讓非法語體系背景之幼兒，儘快地學會使用法語（高義展、沈春生，2004a）。這就是為什麼法國政府要教育優先區之兩歲幼兒，儘早地開始接受學校教育的緣由。法國教育優先區任教之教師，並未充分準備要瞭解移民幼兒的需要及祖國文化，因為法國是要讓移民成為徹底的法國人。

(四)與托兒所及小學教育之銜接

　　法國學校制度分成學前教育、初等教育、中等教育、高等教育四個階段，每個階段又各自分成幾個小階段，各階段之年限不一，最少者只有一年，最多則為四年。通常這些階段是連續的，但也有一些階段是故意設計成重疊的，例如母親學校的最後一年與小學一年級是重疊的。重疊的目的在於讓母親學校的畢業生能順利適

應小學，讓兒童依據自己的學習速度，發展初等教育的學業技能（Lee & Sivell, 2000）。

四、結論

根據「法－美基金」（French-American Foundation, 1994）的一份特別報告，法國的孩子在生命一開始，就有極好的健康發展前景；96%的孩子在出生前，母親都得到良好的產前照顧；除了一小部分的孩子外，大部分孩子都生活在受普及性健康保險涵蓋的家庭。在兩歲以前，超過90%的孩子都可得到所有必要的免疫注射。法國的母親與兒童健康體系（Protection Maternelle et Infantile or PMl）提供母親與兒童良好的健康保健服務，早在第二次世界大戰之後就建制，用以因應嬰兒死亡率和發病率。這個歷史悠久的保健制度，被視為標明法國兒童與家庭政策從慈善到普遍保障的過渡。

這也說明了法國托育服務已經發展到兒童整體的照顧與教育體系，從婦嬰照護到兒童教育與照顧都形成一個網絡。反觀我國目前的托育服務網來看，仍是在以市場經濟為主，托育的品質以價格高低為指標，由家長自行選擇和解決，在立案的管理上也監督不嚴，家庭保母的托育更無法管理。而法國這種以幼兒為本位的托育觀念，以及以家庭、社區為支援的托育措施，確實值得我國借鏡。

參考書目

沼口祐子（2001），《しあわせになれる――パリ幼稚園物語》。東京：光人社。

邱志鵬、陳芳玲（2006a），〈法國「幼兒教育及照顧政策」概述（上）〉，《幼教資訊》，192期，頁2-6。

邱志鵬、陳芳玲（2006b），〈法國「幼兒教育及照顧政策」概述（中）〉，《幼教資訊》，193期，頁2-9。

邱志鵬、魏淑君、巫永森（2005），〈英國幼年教育與照顧五年策略報告書――他山之石可以攻錯〉，《兒童及少年福利期刊》，8期，頁241-261。

高義展、沈春生（2004a），〈美、法兩國學前教育制度之比較研究〉，《美和技術學院學報》，23卷2期，頁75-94。

高義展、沈春生（2004b），〈法國學前教育制度之現況及發展趨勢〉，《幼兒保育學刊》，2期，頁79-97。

馮燕（1997），《托育服務：生態觀點的分析》。臺北：巨流。

楊瑩、詹火生（1994），《英國社會安全制度――改革與現況探討》。臺北：臺閩地區勞工保險局。

葉郁菁（2005），〈英國與臺灣家庭式托育服務制度之比較研究〉，《兒童及少年福利期刊》，9期，頁109-128。

葉郁菁（2006），〈英國2005大選期間工黨提出之兒童福利政策探討〉，《兒童及少年福利期刊》，10期，頁175-191。

簡楚瑛（2003），《幼兒教育與保育之行政與政策（歐美澳篇）》。臺北：心理。

嚴翼長（1987），〈德、英，法學前教育制度比較〉，載於中華民國比較教育學會主編，《學前教育比較研究》。臺北：臺灣書店。

Cohen, B. (1993). Childcare policy in the European community: Finding a place for children. In R. Simpson & R. Walk (eds.), *Euurop: For Richer or for Poor?* pp.64-77. London: CAPG Ltd.

Cooper, C. J. (1999). *Ready to Learn*. New York:. Berenson Design & Books Ltd.

Coote, A. & Gill, T. (1981). *Women's Rights: A Practical Guide*. Middlesex: Penguin.

Jacobson, L. (2001a). Report detail feature of effiective state Pre-K programs. http/www.edweek.org/.

Jacobson, L. (200lb). Looking to France. http/www.edweek.org/.

Kamerman, S. B. & Kahn, A. J. (eds.) (1991). *Child Care, Parental Leave, and the Under 3s: Policy Innovation in Europe*. NY: Auburn House.

Lee, W. B. & Sivell, J. (2000). *French Elementary Education and the Ecole Moderne*. Bloomington. Ind: Phi Delta Kappa Education Foundation.

Melhuish, E. & Moss, P. (1992). Day care in the United Kingdom in historical perspective. In M. E. Lamb, K. J. Sternberg, C. P. Hwang & A. G. Broberg (eds.), *Child Care in Context: Cross-cultural Prespective* (pp.157-184). Hillsdale, NJ: Lawrence Erlbaum Associates, Publishers.

Nehman, M. J. & Peer, S. (2002). *Equal from the Stan. American- French Folindation*.

Tizard, J., Moss, P. & Perry, J. (1976). *All Our Children*. London: Temple Smith.

第十章

美洲的托育服務

黃澤蘭

第一節　美國的托育服務

一、現況

　　美國約有60%的六歲以下幼兒既未入公立幼稚園,也未入私立幼稚園,這些幼兒有的由母親在家自己照顧,有的請親戚帶,也有的是送到居家保母處。根據一九九六年的資料顯示,一歲以下的幼兒有二分之一左右是由親戚照顧的,居家照顧的占百分之二十二;送到托育中心的占百分之九。兩歲幼兒送到托育中心的占百分之十九;三歲占百分之四十一;數據顯示出當幼兒達到三歲以後,父母喜歡的照顧形式就有所轉變了(簡楚瑛,2003)。

　　因此聯邦政府與國會對兒童托育愈來愈重視。白宮於一九七〇年和一九八一年兩次作出決定,把發展幼托事業作為國家最重要、最迫切的需要之一。一九七九年國會通過了「兒童保育法」(Child Care Act),一九九〇年通過了「兒童早期教育法」(Early Childhood and Education Act),同年還通過了「兒童保育和發展撥款法」(Child Care and Development Block Grant Bill),該法於一九九五年作了修訂。

　　美國有若干個全國性的學前兒童保育與教育計畫,其中持續時間最長、影響最大的是Head Start方案。該計畫旨在向貧困家庭的三至五歲兒童(以三、四歲為主)與殘疾幼兒免費提供學前教育、營養與保健。從一九六五年起由聯邦政府與地方當局合作實施,延續至今。

三十多年裏，Head Start方案累計培育了約兩千萬幼兒，幫助了廣大家長提高教養水準，訓練了大量的教師與助手，開展了一系列科學研究，制定了一系列教育標準，成效顯著，對美國學前教育事業的發展起到了重要的作用。

二、兒童教育與保育機構、政策與法規

美國是市場經濟發達的國家，但其兒童托育並非全部市場化，托幼機構也並非全是私人辦的。在發展兒童托育方面，政府起著很重要的作用，同時發揮社會各方面的積極性。托幼機構有營利性的，也有非營利性的（後者約占總數的三分之二）；有民辦的，也有公辦的；民辦的有教會、慈善團體辦的，托幼公司辦的，私人辦的，也有企業、醫院、學校等單位辦的，還有家長合辦的等等，形成了多管道辦理托幼機構的格局。

(一)幼兒托育方式與實施機構

欲瞭解美國的幼兒教育與保育系統，首先要明白該國因為憲法未賦予聯邦政府管轄教育的權利，而幼兒保育中心可分為營利與非營利的幼兒保育中心。非營利的幼兒保育中心占大多數，營利之幼兒保育中心又可分為獨立營業及全國性或州及地方之連鎖店。非營利之幼兒保育中心大部分為宗教組織或其他公益團體設立（如YMCA）（Clifford & Hills, 2003；高義展、沈春生，2004）。為了提高幼兒保育中心的教育品質，目前各州政府提供大筆的經費，補助幼兒保育中心改善其設備，補助教師進修所需費用，進修完畢後給予加薪。因此，沒有一個全國性的幼兒教育與保育的政策架構，各州內也未建立一個一致性的標準。簡言之，美國之幼兒教育與保

育是「沒有系統」可言。綜觀而言，大致可分為下列幾種：

■Head Start

1. 歷史：此計畫是一九六四年美國聯邦政府為增進低收入家庭及少數民族之三至四歲幼兒的學習機會及成就，提供經費給社區辦理的計畫，讓社區三至四歲幼兒免費地進入計畫就讀，而其最終目的是使他們進入小學就讀時能夠與中產階級的兒童具備同樣的程度。幾十年來此計畫已為無數的貧窮家庭負擔起教養三至四歲幼兒的責任（Schorr, 2001）。一九九四年又設Early Head Start計畫，這個計畫是專門針對低收入懷孕婦女及育有一歲和兩歲幼兒的低收入家庭，重點在於家庭、幼兒、社區及工作人員的發展。

2. 主管機關：美國健康與人力服務部門（U.S. Department of Health and Human Service, DHHS）。

3. 目的：對抗貧窮，是個強調以社區為本位的幼教方案。給予貧窮家庭及其幼兒綜合性的服務，其中包括教育、健康與支持性的服務。父母的參與也是這個系統的目標之一。

4. 入學資格：家庭收入低於聯邦規定之最低標準（以一家四口為單位，年收入為17,050美元以下者）。

雖然Head Start服務對象包含了三至四歲幼兒，但入學就讀多半為四歲幼兒，且上學時間為半日班，也不是全年提供幼教服務。此外，其品質由專家監督，所依據的標準較一般托育中心高。由此可知，Head Start的實施有對象及年齡上的限制，不若一般歐洲國家廣泛地提供幼兒二至三年的就學機會。另一問題在於幼教機構不提供服務的時段，父母該如何處理幼兒托育問題？Head Start與其他幼教機構合作以提供全年全日的幼教服務，也許可解決收托時段

上的問題（簡楚瑛，2003）。

■公立系統

可分為兩種：一為幼稚園（Kindergarten），服務五至六歲幼兒；另一種為幼稚園前一年（Pre-Kindergarten），主要服務四歲幼兒。主管單位是州政府。幾乎所有達到入幼稚園年齡（各州規定不同）的幼兒都可進入公立學校就讀，但家長也有選擇就讀私立學校的權利。近年來，幼稚園前一年方案（Pre-Kindergarten，以下簡稱Pre-K）的成長速度相當顯著，Pre-K的定義很廣泛，每州有不同的目標、行政架構、經費、合格標準以及對幼兒與家庭服務的範圍。Pre-K和Head Start相同的地方是兩者都以幼稚園前一、二年的幼兒為主要對象，目標放在未來可能處於學習有困難及貧窮與文化不利的幼兒（簡楚瑛，2003）。兩者不同的地方是Head Start提供較全面性的服務，對象不僅是幼兒，還包括家長和家庭各方面的服務，而Pre-K的服務對象僅針對幼兒而已。

公立學校附設學前教育方案有其優缺點。優點有二，一是公立學校之傳統就是為全體兒童服務，一九九九年的研究報告顯示，公立學校附設之學前教育方案之品質都很高；另一方面是公立學校之經費有保障。至於其缺點則是公立學校僅上半天課（最長也不過六個半小時），又有寒暑假，這對上班族造成極大不便（Clifford & Hills, 2003）。

■私立系統

私立系統中有三分之二為非營利機構，三分之一為營利機構。非營利之幼兒保育中心大部分為宗教組織或其他公益團體設立（如YMCA）（Clifford & Hills, 2003）。營利性機構規模差距很大，大到全國性或州及地方之連鎖店，小到獨立營業自己家中帶二至三個幼兒的，其形式大致分為四種：

1.全日托兒中心：有的只收一、二歲幼兒，有的收一歲到五歲幼兒，有的只收三到五歲幼兒，也有的收托學齡學童。

2.部分時間的托兒所。

3.居家保母：規模有二類，第一類是由一位保母照顧二至四位幼兒，另一類為二位保母照顧十二位幼兒。

4.安親班。

綜觀公立、私立及Head Start三大系統雖各具特色，多樣性的幼教機構可供家長依照其特殊需求來選擇，但對於幼兒而言，他們的一天可能要在不同的幼教機構中度過，對於家長的經濟負擔可能也不小（簡楚瑛，2003）。此外，各種機構的品質不一，無法提供所有幼兒相同品質的照顧及教育。

(二)政策與法令

以往美國將學前教育視為托育性質，因此把焦點放在保護幼兒安全、維護身體整潔及餵食上。但自一九九〇年代中期以來，各州政府開始投入大筆的經費，辦理及補助四歲學前教育之各種方案後，四歲學前教育問題成為大家關心的焦點。大多數的研究報告都指出，應針對四歲學前幼兒施予教育，其重點包括：以和大人談話來充實語言模仿及學習、認字母表、從字母表中辨認出字母、接觸單字（例如在各種物品上貼上對應的字彙）及書本、講故事及念書給幼兒聽、朗誦兒歌及詩詞（高義展、沈春生，2004）。

此外，受到各州政府對幼稚園至十二年級階段學生實施績效責任制度之影響，目前已有三十九州已制定或正要研擬四歲學前教育學習標準，要具體地訂出四歲幼兒應該知道什麼及能做什麼，要將四歲學前教育與幼稚園銜接，並根據學習標準對四歲幼兒施予測驗（Jacobson, 2003）。事實上，聯邦政府已在二〇〇三年三月公

布，凡在Head Start方案就讀的幼兒自該年九月開始每年須接受兩次的成就測驗（Meisels, 2003）。而目前美國幼兒教育與保育的主要政策走向有三：

1.擴大供應面：市場上需求面的增加有三個主要因素：第一，婦女加入就業市場的比率大幅提昇，一九六〇年時家中有六歲以下孩子的婦女只有五分之一在工作，至一九九六年時，這個比例成長了三倍；第二，一九八九年美國教育目標小組（National Education Goals Panel）提出一個目標，即至西元二〇〇〇年，美國所有小孩都要做好上學學習的準備，這使得幼兒教育需求面增加；第三，一九九六年頒訂「個人責任與工作機會配合方案」（PRWORA），低收入婦女在申請政府補助的兩年裏，必須工作。一九八〇和一九九〇年代，許多研究證實幼兒教育對於幼兒未來學習與成人時的生產力具有正面性的效益；加上近年來有關大腦的研究，發現出生後的前三年對於終生發展的重要性，使得政策面上更關心供應面的品質問題。在實際狀況上來看，供應面的質與量都不符合需求面上的期許。

2.品質的提升：非正式或無照的托兒機構不斷增加，工作人員流動率高，欠缺專業訓練之工作人員充斥，欠缺全國通用的證照系統，再再地影響著幼教與托育工作的品質，因此幼兒教育與托育品質的提升成為近年來州政府的主要政策之一。

3.優先提供低收入和特殊需求之幼兒及家庭的需求：幾乎全美各州都提供了五歲幼兒入幼稚園就讀的投資，其中有十一州和哥倫比亞特區更是硬性規定五歲幼兒一定要入幼稚園。至於五歲以下幼兒方面，則以低收入和社經地位、心理、生理不利的幼兒與家庭為優先提供服務的對象。Head Start就是

一個最廣為人知專門照顧貧窮幼兒與家庭的聯邦政策（簡楚瑛，2003）。

不過美國幼教形態差異大，若由聯邦政府直接經營，將形成「產業過大」，控管不易，但完全交由市場機制來決定亦不理想，因此美國採取由政府訂定出規範來監督幼教服務品質，但美國各州的相關規定十分複雜，再者美國的社會福利制度中，各州政府是主要的樞紐機構，負責規劃、行政與評估，因此近百年來，美國幼教服務多數為地方政府發照的私立機構。

1. Head Start：該計畫不但有明確的聯邦經費預算，而且不限於州政府申請，其特點即為可由社區層次的團體自行組織申請，只要能提供符合該計畫標準的照顧服務，便可得到聯邦經費的全額支持。自從一九六五年第一批Head Start方案開始，歷經二十九年，經費和受惠人口迭有起伏，到一九九四年預計才可以照顧到40%的合格人口（三到五歲的低收入戶兒童），但評估研究及學界一致認為該方案品質雖仍可再提升，卻顯有成效（Karger & Stoesz, 1994; Zigler & Muenchow, 1992; Chafel, 1992; Harrington, Greenstein & Norton, 1987；馮燕，1997）。

   而實施Head Start的幼教機構需遵守「方案表現標準」（Program Performance Standards）及各州及地方的合格標準，以確保幼兒的健康和安全。同時，透過年度報告及每三年一次的到園訪視來控管品質，未達「方案表現標準」的機構將會失去聯邦所提供的資助。

2. 公立系統：受聯邦政府資助的幼教方案，則需遵守聯邦補助所訂的要求。公立幼稚園因為需接受公家機關監督，故不需執照即可招生。

3.私立系統：各州可自訂其合格幼教機構類型及標準。有的州則選擇採行專業幼教協會所提出的更高的品質標準，以下列出數個領域中具影響力及指標性的幼教協會：

(1)在幼教中心的認證方面，幼兒教育協會（The Education of Young Children, NAEYC）是權威。

(2)在營利性幼教機構方面，全國幼兒保育協會（The National Child Care Association, NCCA）具有影響力。

(3)在家庭的幼兒照顧方面，家庭幼兒保育協會（The Association for Family Child Care, NAFCC）制訂了相關標準。

(4)全國學齡兒童保育聯盟（The National School - Age Care Alliance）則著重在招收學齡兒童的機構方面。

(5)全國幼教資源及轉介機構協會（The National Association of Child Care Resource and Referral Agencies, NACCRA）建立各地區的幼教服務機構資料庫，形成幼教網路，提供家長相關資訊（如上課時間、師生比例等），但不做品質好壞的評估，以避免被營利型機構告毀謗。全美約有六百家此類協會。

由此看來，品質提升不一定只能單靠政府監督，民間的力量不可忽視。

三、趨勢與議題

儘管在各種文獻中，普遍認定兒童是最重要的自然資源，亦有相當豐富的研究資料證明兒童發展期間，生活照顧和學前教育的環境與內涵，對兒童發展的影響很大。到目前為止，美國立法

和行政界，對其兒童照顧任務的政策方向、服務輸送方式及品質要求標準，仍受到社會中各種對立的意識形態，和相互競爭的壓力團體宗旨任務的阻礙，而無法達成一致協議，以致兒童照顧在美國並非一個服務體系，而呈現一種零碎不全而且不公平的市場（馮燕，1997; Karger & Stoesz, 1994; Kagan, 1989; Kahn & Kamerman, 1987; Morgan, 1983）。更大的問題是，這個每年有好幾百億資金投入的市場，並不能完全滿足市場需求；當家長（消費者）的付費能力（購買力）是市場機能運作成功的一個重要因素時，政府政策干預的必要性自然產生，但是政策干預並未經過完整規劃，而也是零碎或局部反應式，如Kagan（1989）所形容的，其結果非但是供需失調的市場機能失敗而已，更重要的，是千萬幼兒的發展機會受阻。

(一)政府宜妥善規劃完整的幼兒教育及保育制度

一九九〇年代中期美國聯邦及各州政府亦投入大筆的經費要提升四歲學前教育品質，而其最終之目標則為對全體四歲的幼兒實施免費的教育。因此，免費的四歲學前教育是目前美國各州重要的教育政策之一，當全面免費的四歲學前教育目標達成時，便可宣告義務教育向下延伸至四歲的到來（高義展、沈春生，2003）。而聯邦政府的責任在於提出對幼兒教育與保育一般性的政策主張，以便協助州政府根據地方需求將政策予以落實，聯邦階層的政策多著重在低收入及特殊需求的特定族群。州政府政策焦點在於幼兒教育與保育需求上的提供，讓有需要的家庭與幼兒容易得到所需要的服務。

目前美國存在著一個觀念，幼兒應由母親在家撫育，每個家庭被視為經濟上自給自足的單位。除了幫助有特殊需求的家庭之外，過多的政府介入被認為是干擾家長的權力和責任，這也解釋了

美國幼教政策一直以來多著重幫助貧窮、身處不利情形或是受虐兒童。美國人雖然相信幼兒應留在家中，相反地，社會福利改革及缺乏有給薪的育嬰假，使得家長無法待在家裏照顧孩子。這與OECD多數會員國視幼兒為社會共同責任的立場相異（簡楚瑛，2003）。

(二)幼兒教保的多元化

美國幼教為一個私立及公立系統的組合，各有不同特色。這樣的多元性優點在於，有互相激勵作用，家長也可以從中選擇符合自己需求的幼教機構；缺點是形成教育上的不平等。因為各個幼教機構在工作人員素質、資源、環境上有很大差異，大多數的幼教機構學費頗高，負得起學費的家庭可享受高品質的幼教，對於經濟上或知識上較不足的家庭，所獲得的幼教服務較差。

在擴展州立的Pre-K服務時，若所有Pre-K設在小學中，相對地會使得私立系統的幼兒中心失四至五歲的學生來源，甚至造成倒閉；若能由學校出面與合格私立機構簽約合作Pre-K教育，或是提供「課前課後班」及「安親班」服務，可讓私立幼教機構仍保有其學生來源。由此來看，擴展公立Pre-K並不一定會排擠私立幼教機構的利益。

在規範方面，雖各州或各協會的要求及規定不同，但各種規定都著重在要求幼教機構遵從其規範，卻未對他們進行技術上的協助，部分規定甚至阻礙了某些創新的教學法。因此有需要針對規定進行適度的修訂，一方面仍能確保幼兒健康及安全的基本需求，一方面學校又能有彈性進行教學的創新。

至於幼教經費的分配，如前所述，因為社會認為家長在幼兒養育及教育負有主要責任，使得各州政府投資在幼教上的資金不多，家長需自行負擔幼教費用，因此，幼兒能否有機會進入有品質

的幼教機構就讀，端賴於其父母的經濟能力。一般非營利性機構為了生存，需花費很多時間在爭取資金補助的文件準備上，而非專業工作上，造成品質打折。

(三)托育服務品質的改進

托兒品質在零至三歲階段相當薄弱，特別是設置標準的規定，即使是健康及安全問題方面，在很多州都顯得過低。另外，很多育有四歲幼兒的家庭，通常僅狹窄地選擇讓孩子進入「教學形態」的幼兒園（邱志鵬、曹萱，2006b）。且目前幼教機構品質差異大，雖然不乏有品質十分良好、教學用心之幼教機構，但有的機構環境及教學品質低落，令人憂心。

(四)提供平等的托育服務

自從美國聯邦政府開始辦理Head Start方案，這麼多年來已為無數的貧窮家庭負擔起教養三至四歲幼兒的責任。

而在義務教育的年齡規定上，歐盟國家多以六歲為基準，美國則從五歲到八歲不一（有二十二州規定從五歲起，有二州則為八歲）。與其他工業化國家不同，美國的幼兒教育並非全面義務化或是普及性的，目前僅有喬治亞州及紐約州承諾要全面提供四歲幼兒的幼教服務，其餘地區有大部分的幼兒無法進入公立學校就讀。除了觀念使然，經費也可能是其中原因之一。因為除了聯邦政府補助各州辦理四歲的學前教育外，各州辦理四歲學前教育之經費來源都不同。各州之經費來源主要有煙酒稅、彩券及正式的教育預算。例如喬治亞州是首先辦理全面免費四歲學前教育的，其經費來自彩券收益。

再者，文化及種族上的多元性造成另一個與受教公平性相關

的問題。美國境內移民人數多，形成多元文化，爲了因應不同文化的需求，每個教室中需有一位工作人員或老師會說多數幼兒所使用的語言（不一定是英語，可能是西班牙語或其他語言），但部分機構表示經費難以負擔再僱請會第二語言的工作人員，這也是待解決之問題（簡楚瑛，2003）。

四、結論

　　美國因幅員廣大，各州民情及需求不一，難以制訂在各州使用皆適宜的標準，義務教育的起始年齡也不同。其國內存在的幼教服務機構及形態呈現多樣性，進修及研究也由各托教協會領頭帶動，但托教服務品質及工作人員素質差異很大，兒童受教品質仍缺乏保障。

　　美國的兒童福利制度是被公認爲一個湊和物（patchwork），不但從來沒有一個明白的政策，甚至沒有具體的聯邦文獻，可以說明美國兒童福利的發展目標、方向與分工（Kager & Stoesz, 1994; Robinson, 1985; Costin & Rapp, 1984）；而各級政府之間的差異，和各州政府決策間的差異，乃至各地方社區自行實施的方案，更反映出其社會需要的多元性，和達成一個全國性兒童福利政策的複雜性（馮燕，1997）。

　　在上述情況下，托育服務深受影響，幼兒進入幼托機構尚不普及，四歲以下的幼兒教保也非義務化，在推動及提升托教品質方面，除了相關幼托協會具有重要角色，部分州政府也開始提出改善托兒品質的法案（簡楚瑛，2003）。不過美國是一個地方分權的國家，各種教育改革在各州間卻有實施之快慢，但只要一種改革在各州推廣開來後，最終仍形成全國一致的目標，普遍且免費的四歲托育（child care）已指日可待了。反觀我國由於三歲以下幼兒的

托育，影響家庭和婦女就業的層面最大，而且在我國也尚未納入幼教系統，除了家庭成員照顧外，其他仍以使用家庭托育服務爲主，因此不僅管理和品質監督上較爲複雜，更不要奢望免費之四歲托育了。

第二節　加拿大的托育服務

一、現況

　　加拿大是個多民族社會，其境內的居民來自世界各國，包括有英裔、法裔、華裔、烏克蘭裔、美裔、德裔、拉丁美洲裔、希臘裔等等，除此之外當然也包括一些原住民，比如印第安人、愛斯基摩人等，因此加拿大人口中的絕大部分，都是移民或是其後代。而此一種族多樣化的事實，更增加了國民透過教育增進理解的必要。

　　就因如此，加拿大各省區包括成人教育在內的教育政策，也就各異其趣。有些省區，自學前教育至高等教育，皆由單一的廳級行政單位——即教育廳負責。而有些省區則分別由不同的廳級行政單位負責。例如，在某些省區內，學齡人口和成人學習者，即分由不同的廳級行政單位負責；在另外一些省區內，則把一般教育和職業訓練，作了明確的區分，而把職業訓練的業務劃歸勞工廳負責。另外有一些省區，把幼稚園和托兒所階段的教育加以區分，分由不同的廳級行政單位負責。幾乎每個省區，對於宗教、種族和其他各團體所關心的教育事務，在經費的分配和使用方面，都有其特別的作法。

　　不過，雖然不同的省區因爲各有其許多不同的作法，但是從另一個角度來看，各個省區的各個主管教育事務的廳級行政單位，乃至各級學校的日常性業務和活動，還是有許多相同的地方。以中小學校和大學的課程爲例，除了少數的特例之外，多半是相同的，而不一定受到地區利益所干擾。同樣地，各級學校的一般行政事務的作法，除了少數的特例之外，更多半是相同的。名異而實同的情形，十分常見。各省區的教育行政事務，皆由廳級行政單位負責，且皆受民意機構之監督，各地區的民眾因而享有來自各省區聯合的服務，但同時民眾享有相當程度的管制權，則爲全國一致的現象。

　　加拿大對兒童制定了一系列的優惠政策。法律規定從幼稚園到高中實行免費義務教育，幼稚園、小學、初中、高中，校方不收費用，學校還備有校車接送學生。每個公民必須依法接受義務教育，否則視爲違法。國家還爲兒童修建電影院、博物館、圖書館、公園、醫院，在機場、車站、碼頭設有兒童候機、侯船、候車室，讓兒童好好休息，兒童還可以優先登機、上車、進船。國家還規定兒童到公園、博物館、生物館、電影院和其他公共場所均可免費或減收費用。

二、兒童教育與保育機構、政策與法規

(一)幼兒托育方式與實施機構

　　著重照顧學齡前幼兒的日托機構，乃依據當地社區居民實際需要而設立。日托機構是由政府發放執照或批准的育兒部門，主要有兩種形式：「日托中心」和「家庭托兒所」。家庭托兒所雖在私人家庭內興辦，但必須受到政府人員的管理。新布倫瑞克省規定

日托機構中兩歲以下幼兒與保育員的最高比例限額為7：1；而不列顛哥倫比亞省規定為3：1。日托機構主要分為私人商業性、私人非營利性和公共福利性幾種。在安大略和阿爾伯塔省，所有日托中心都由政府部門開辦（高鑒國，2006）。聯邦政府根據「全國補助計畫」向省市政府提供相應比例的經費，幫助低收入者的幼兒接受日托照料。一九四五年以前加拿大就有了日托中心，但大部分日托中心成立於七〇年代以後。職業女性的增長，使學齡前子女需要社會化照護。一九七一年加拿大只有11,440所全日制日托機構，到一九九一年三月增加到39.43萬所，增長二十七倍（高鑒國，2006）。

目前加拿大的主要托育服務機構有下列三種形式：

■日間托育

在過去，通常是招收出生至五歲的幼兒（Biemiller et al., 1987）。而目前的日間托育服務，大多是全日制，服務對象為嬰兒至初等學校的兒童（Mayfield, 2001）。此一服務模式較常被上班族家庭所採用。

對於日間托育和課後輔導的管理均是由各省或各領地的社會服務部或人類資源部（Ministry of Social Services/Ministry of Human Resources）制定法規加以規範（Biemiller et al., 1987）。但各省的法規經常改變，目前有些省正在修改其規定。部分幼教專業組織也推薦了一些日間托育的標準做為參考。例如，加拿大幼兒保育聯盟（The Canadian Child Care Federation, CCCF）及全美幼教學會（The National Association for the Education of Young Children, NAEYC）建議三歲幼兒每班最多十至十四位，師生比例為1：5至1：7；四至六歲幼兒每班最多十六至十八位，師生比例為1：8至1：9；六至九歲幼兒每班二十至二十四位，師生比例為1：10至1：12（Mayfield,

2001）。

日間托育主要有下列幾種類別（蔡秋桃，2005）：

1.嬰兒及學步兒日間托育：爲零至十八月嬰兒及十八至三十六月學步兒而設。

2.大專院校校園附設日間托育：通常是爲服務學生、教職員或社區家庭而設，也提供大學生做爲觀察與實習之場所。

3.學齡兒童托育：中心本位或家庭本位的計畫。目的在提供上學前、放學後、學校專門的日子、暑假及其他非上課時間內的保育。

4.家庭托育：爲少數從嬰兒到學齡期的兒童提供的家庭式服務，有時是由幾個家庭聯合組成一個服務網。

5.工作相關的托育：公司或工廠爲服務員工之子女而設。

6.特殊幼兒托育中心：爲有特殊需求之幼兒而設，例如發展遲緩或殘障幼兒。

■幼稚園

有二種形式，一種是「高年級幼稚園」（senior kindergarten），是在進小學之前（五歲時）就讀一年。哥倫比亞省維多利亞市以前大多數的初等學校（elementary school）是包括幼稚園至七年級（K-7），但是Sannich區較早採行K-5新制，目前越來越多地區採行此一新制。一九五八年哥倫比亞省立法規定幼稚園招收四至五歲幼兒（之前是招收四至六歲），但是目前已改爲招收五歲幼兒爲主；幼稚園在哥倫比亞省並非強迫教育，然而幾乎所有五歲幼兒皆就讀於幼稚園（蔡秋桃，2005）。

另有一種稱爲「低年級幼稚園」（junior kindergarten），招收小學前兩年（即四歲）幼兒就讀，但並非各省皆有。低年級幼稚園最早是爲在危險中的幼兒或特殊幼兒而設。安大略省是低年級幼稚

園的一個先驅。渥太華在一九四三年招收三及四歲幼兒。多倫多最早的低年級幼稚園是於一九四七年設立。低年級幼稚園之教學與半日制托兒所相似（Corbett, 1989）。低年級幼稚園傳統上被認為是提供給低收入、移民、市中心及具有多重問題的家庭幼兒之補救教育。

自從一九七〇年代起，除了愛德華王子島之外，加拿大的每一省均設有幼稚園；公立幼稚園雖為免費的，但是大多數的省並不強迫入學（Mayfield, 2001）。公立幼稚園係由選舉產生的地方或區域教育委員會來決定課程、書籍和材料、專業人士之運用及測驗計畫；省教育部的幼兒教育服務部門（Early Childhood Services）則負責資助五歲兒童的幼稚園教育計畫及三至八歲殘障兒童的教育計畫（Biemiller et al., 1987）。

幼稚園通常是公立學校系統的一部分，有半日制、全日制及隔日制三種。哥倫比亞省的每個社區皆有一所初等學校，公立幼稚園通常是附設於其中；公、私立幼稚園之比例，大約是8：1或9：1。一般傳統的幼稚園通常是半日制，採用福祿貝爾教學法，而全日制幼稚園大多是為特殊團體如特殊幼兒、移民的幼兒、原住民或鄉村幼兒而設立的（蔡秋桃，2005）。而隔日制幼稚園通常設於鄉村，每兩天上學一次，全日制。

■托兒所

托兒所主要托育對象為二至五歲幼兒，大多採取半日制。有些托兒所一週上課五天；有些是較大幼兒上一、三、五早上或下午，較小幼兒則上二、四早上或下午（蔡秋桃，2005）。托兒所之名稱原為 "nursery school"，現在加拿大有些省稱之為 "preschool"（Mayfield, 2001）。例如，目前哥倫比亞省的立法已經使用 "preschool"（學前學校）一詞替代 "nursery school"。

托兒所常見之類別如下所述（Mayfield, 2001；蔡秋桃，2005）：

1. 父母合作托兒所：由父母組成之董事會運作。每節上課時由二、三名父母協助一位合格的幼兒教育人員。教學可能每天進行，或是每週有二至三個早上或下午。
2. 實驗／示範托兒所：通常是附設在大學、學院或研究機構下，目標在於便於觀察、實習安置及研究。

目前加拿大衛生局對托兒中心之管制極嚴，不同年齡的層次，有一定的人數比例；教學中心的設備、課程、師資及行政人員，均要經過面試，且達到相當標準；兒童的醫療保健及注射不容忽視，生病發燒或出水痘時，必須等痊癒後才能上學，以免傳染給其他人；每月的防火及防震演習是不可免的例行公事（葉憲年，1998）。

而加拿大為不同年齡階段的兒童，所提供的各類日托服務機構的數量有所不同。如在一九九四年，每週工作二十小時以上或正在上大學的父母中，其中有44%的六歲子女進入日托機構。而這類父母的十八個月以下幼兒能接受日托服務的僅占15%。其中重要原因之一是嬰幼兒日托機構數量較少，且費用高。雖然設有各種日托中心、家庭托兒所，但還是不能滿足需求，尤其缺乏必要的設施和機構照料有特殊需要的學齡兒童和殘疾兒童（高鑒國，2006）。雖然三分之二以上的日托教師有大學證書或文憑，但她們的基本收入處卻於普通就業者的最低水準。

加拿大對幼兒教育一向採自由開放式的教育，各托育機構能自由揮灑的空間及嚴謹度也因此不同。或許寧願相信每間托育機構的托育人員都能盡心盡力地教育及照顧幼兒，但也因為省政府給予托育服務太過不拘形式的托教規範，反而可能會產生許多良莠不齊

的現象。

(二)政策與法令

　　加拿大政府為提倡兒童與少年福利的全國性組織，於一九九六成立加拿大全國兒童聯盟（National Children's Alliance, NCA）。並於一九九八年，提出全國兒童政策書（Investing in Children and Youth: A National Children's Agenda），結合不同組織的資源，更呼籲由聯邦政府領導，以聯邦政策為基礎架構。政策書也列出聯邦政府的行動計畫，作為聯邦政府著力的方向。而聯邦政府可以透過兒童福利（national child benefit）、免稅額、勞工保險、改進育兒假期，讓有幼兒的家庭獲得收入的保障（吳韻儀，1999）。這項開始於一九九八年的兒童福利政策，最初的經費為八億五千萬加幣，到二○○○年七月，加倍成為十七億加幣。

　　在一九九八年加拿大安大略省也頒布了「幼稚園大綱」，這是該省教育當局五十年來頒布的第一個有關幼稚教育的政策性文件，用於指導安大略省所有幼稚園的工作。其內容主要包括課程內容、培養目標、教學方法等（劉麗，2002）。

　　不過加拿大人力資源發展部仍認為，加拿大的學前教育還需要加強，因為約18%的學齡兒童入學時，在各方面都沒有作好學習的準備；入學後，這些兒童在不同程度上存在行為或學習上的困難（郝克明，2002）。為此，加拿大提出了「全國兒童福利計畫」（National Child Benefit）和「早期兒童發展計畫」（Early Childhood Development Initiative），該計畫由聯邦政府、省或專區政府合作，截至二○○四年和二○○六年，分別投入二十六億和二十二億加元。同時還提出「父母福利計畫」（Maternity / Parental Benefit），促進父母幫助兒童為終身學習打好基礎。

同時聯邦政府也運用了一些金援計畫，協助一些家庭支付幼兒保育的費用（Friendly & Rothman, 1995）。這些金援計畫如下：

1.加拿大協助計畫（The Canada Assistance Plan, CAP）：本計畫於一九六六年開始。CAP是加拿大主要的聯邦社會福利法案，與省份分擔社會協助或福利、社會服務及幼兒福利的費用。它是用於幼兒保育的唯一聯邦經費機制，CAP的目的是要剷除貧窮；其服務的對象，乃是「有需要」或「可能有需要」的家庭。CAP規定分擔費用的機構，需由政府或非營利機構負責並運作。

2.所得稅條例中的幼兒保育費用減免規定：允許低收入的父母親，從所得中扣減部分的幼兒保育費用（每位七歲以下之兒童每年高達五千美元）。

3.提供給接受聯邦政府贊助之工作訓練計畫之成年人的子女扶養津貼：這些支出項目，與對抗貧窮的目的有關。

加拿大各省已經透過CAP計畫運用省及聯邦經費來補助低收入家庭之幼兒保育費用。此外，在過去二十多年來，大部分的省份／領地已開始啟動一些金援計畫（如增加幼兒保育職員之薪資，或補助幼兒保育計畫），使勞力市場中的中等收入婦女能夠支付幼兒保育費用（蔡秋桃，2005）。

三、趨勢與議題

(一)尊重兒童，注意發展兒童自我意識，培養兒童的健康個性

在加拿大，培養兒童的自尊自信，不僅是一個觀念性的口號，更是他們課程中實實在在的組成部分。在「幼稚園大綱」裏，他們把「具備積極態度」作為幼兒階段的重要培養目標之一。日常學校生活中，托育人員時時表現出尊重兒童人格、尊重兒童意願的態度。顯性課程的實施與隱性課程相輔相成，以此來促進兒童的自我意識，培養兒童的健康個性。

(二)從小培養兒童的自主意識

他們認為，兒童年齡雖小，但與大人有著同樣的權利與尊嚴，他們還有著成人想像不到的能力和潛力。應該讓兒童去辦理自己能辦理的一些事情，有關兒童的事情應該讓兒童自己去選擇、決定；所以，在加拿大幼稚園的小班，兒童就開始有「圖書館活動」，即兒童去圖書館選擇自己喜歡的圖書並自己辦理借閱手續。他們還有一個傳統的活動——分享活動。兒童輪流做分享活動的主持人，每天則有幾個固定的小朋友走到大家面前，給大家介紹自己從家裏帶來的玩具（劉麗，2002）。這些活動有助於培養兒童的膽量、自信，這些都是自主性的寶貴品質。

(三)教育的各個環節體現面向全體

班裏每一天都有一個教師的小助手（special helper），幫助教

師主持分享活動等。班裏的每一個幼兒都渴望當小助手，而且他們確實有機會輪流做小助手，他們都有得到鍛練、發展的機會。班裏沒有「明星孩子」與「角落孩子」之分（劉麗，2002）。恰恰相反，發展緩慢的孩子比正常孩子有更多的機會得到教師的關注、表揚和鼓勵。

四、結論

兒童托育的品質對孩子們的健康成長非常重要。根據加拿大聯邦人力資源和發展部門對加拿大全國幼兒保育情況的調查，結果顯示：加拿大有一百四十萬兒童，因家長上班無暇照顧，而進入各種形式的付費托兒所；正規的日間托兒所、幼稚園收費高，凡是送孩子到這樣幼稚園的家長，要不是高收入的階層，就是收入太低，可以享受政府的補貼，不用自己交托兒費。

除此之外，大量中等收入的家庭，都想找到收費較低的托兒服務，如鄰居的家庭婦女等等，而提供這些服務的人員，通常沒有受過專業的訓練，因而影響了兒童保育的質量；同時，兒童保育人員的工資太低，也對保育質量有所影響。此調查報告指出，雖然兒童保育是家庭的私事，但社會政策也具有著重要的作用，由保育人員工資低一事，可以看出加拿大政府並不重視兒童保育，對於兒童保育工作也缺乏尊重。

參 考 書 目

吳韻儀（1999），〈全球競相培育未來主人翁〉，《天下雜誌──教育特刊》，27期，頁76-79。

邱志鵬、曹萱（2006a），〈美國「幼兒教育及照顧政策」概述（上）〉，《幼教資訊》，190期，頁2-7。

邱志鵬、曹萱（2006b），〈美國「幼兒教育及照顧政策」概述（下）〉，《幼教資訊》，191期，頁2-9。

郝克明（2002），〈加拿大加強終身教育體系建設〉，《中國教育報》，4月13日第4版。

高義展、沈春生（2003），〈美國學前教育現況和發展趨勢〉，《教育學苑》，4期，頁50-56。

高義展、沈春生（2004），〈美、法兩國學前教育制度之比較研究〉，《美和技術學院學報》，23卷2期，頁75-94。

高鑒國（2006），〈以社區為基礎的加拿大社會服務〉，http://www.ccpg.org.cn/list.asp?id=634。

馮燕（1997），《托育服務：生態觀點的分析》。臺北：巨流。

葉憲年（1998），〈加拿大從事育幼教育的甘苦談〉，《師大校友》，291期，頁36-37。

蔡秋桃（2005），〈加拿大幼兒教育現況與趨勢〉，2005年幼兒保育國際學術研討會，南臺科技大學。

劉麗（2002），〈加拿大幼稚教育課程與觀念〉，http://www.pep.com.cn/200406/ca441009.htm。

簡楚瑛（2003），《幼兒教育與保育之行政與政策》（歐美澳篇）。臺北：心理。

Biemiller, A. et al. (1987). Early childhood programs in Canada. (ERIC Document Reproduction Service No.ED264976)

Chafel, J. A. (1992). Head Start: Marking "quality" a national priority. *Child & Youth Care Forum*, 21(3), 147-163.

Clifford, D. & Hills, T. (2003). Public school and pre-K service. http//www.fpg.unc.edu/.

Corbett, B. E. (1989). *A Century of Kindergarten in Ontario, 1887-1987*.

Mississauga, ON: The Froebel Foundation.

Costin, L. B. & Rapp, C. A. (1984). *Child Welfare: Policies and Practice*. NY: McGraw-Hill Book Company.

Friendly, M. & Rothman, L. (1995). Miles to go...the policy context of child care in Canada. *Child Welfare, 74*(3), 503-525.

Harrington, M., Greenstein, R. & Norton, E. H. (1987). *Who Are the Poor?* Washington, D. C.: Justice for all Nation Office.

Jacobson, L (2003). New repon tracks states' preschool learn standard. http/www. edweek.org/.

Kagan, S. L. (1989). The care and education of America's young children: At the brink of a paradigm shift? In Frank J. Macchiarola and Alan Gartner (eds.), *Caring for America's Children*. NY: The Academy of Political Science.

Kahn, A. J. & Kamerman, S. B. (1987). *Child Care: Facing the Hard Choices*. Dover: Auburn Hourse Publishing.

Karger, H. J. & Stoesz, D. (1994). *American Social Policy*: A Pluralist Approach (2nd edition). Longman Publishing Groups.

Mayfield, M. I. (2001). *Early Childhood Education and Care in Canada*. Toronto, ON: Pearson Education Canada Inc.

Meisels, S. J.(2003). Can head start pass the test? http/www.edweek.org.

Morgan, G. (1983). Child daycare policy in chaos. In Edward F. Zigler, Sharon Lynn Kagan & Edgar Klugrman(eds.), *Children, Families, and Government: Perspectives on American Social Policy*. Cambridge University Press.

Robinson, N. D. (1985). Supplemental services for families and children. In J. Laird & A. Hartman (eds.), *A Handbook of Child Welfare.* NY: The Free Press.

Schorr, L. B.(2001). Tinkering with head start. http/www. edweek.org.

Zigler, E. & Muenchow, S. (1992).*Head Start: The Inside Story of America's Maot Successful Educational Experiment*. NY: Basic Books.

第十一章

紐澳的托育服務

黃澤蘭

第一節　紐西蘭的托育服務

一、現況

　　國家在生育率與托育政策兩者之間應當扮演何種角色？近年來發展的兩種觀點（Del Boca, 2003），其一認爲政府基於維繫國家經濟競爭力，應當提出具體托育政策以協助工作中的父母解決育兒的問題；其二則是認爲是否生育子女是屬於家庭的決策，當然政府也不應介入家庭在托育方面的選擇。

　　在許多國家中，三至六歲兒童使用家長以外的兒童托育服務的比例很高，相對之下，三歲以下幼兒使用正式日間托育的比例普遍不高；紐西蘭約有40%的零至三歲的幼兒在機構中托育，而葡萄牙和瑞士僅有20%（OECD, 2004）。

　　而紐西蘭的幼兒教育已經歷經了十年的改革，現在進入第二階段，由量的增加進入到質的提升階段。

　　從一九八九年開始，零至六歲的幼兒照顧與教育系統由教育部負責，過去分別由教育、內政與社會福利部共同負責（吳韻儀，1999）。經過改革，制定法規、發予執照、給予經費，都由教育部負責。

　　十年來，幼兒教育機構成長快速。根據紐西蘭教育部資料顯示，從一九九三年到一九九七年，參加各種幼兒機構的人數，由十四萬七千人增加爲十六萬四千人，幼兒教育機構的數目從三千六百家，增加到三千九百家。現在，紐西蘭的幼兒教育進入提

升質的階段。教育部曾指出，紐西蘭幼兒教育的重點，不僅是確保每個幼兒都得到幼兒教育，還要提升幼兒教育的品質（吳韻儀，1999）。

二、兒童教育與保育機構、政策與法規

(一)幼兒托育方式與實施機構

在紐西蘭，以社區為基礎的非營利性或者私營的營利性「幼兒教育和托育中心」是使用最頻繁的集體式兒童托育服務種類。想參加這些種類的托育服務，一般要求幼兒每週到園所的時間不少於三或四個半天，而這些服務機構每天提供的實際托育時間則不同。近幾年，紐西蘭全日托育已有顯著的增長，對照半日制的幼稚園（每天授課三至四小時），大約71%的服務是全日的。

紐西蘭採用英國教育體制，在紐西蘭的幼兒從兩歲半便可開始接受教育，但並非強制性的教育，但是大多數的幼兒會在幼稚園或娛樂中心接受某種形式的學前教育（欣月，2001）。

而紐西蘭的學前教育機構主要有以下幾種：

1. 兒童保育中心：招收嬰兒至入學前的幼兒，數量居所有學前教育機構的榜首，占全國總招生數的32.4%。
2. 幼稚園：招收兩歲半至五歲的幼兒，在保育與教育上來做比較，教師更重視後者。招收幼兒數占全國總數的30.39%，居第二位。
3. 語言學校：這種獨特的學前教育機構，由紐西蘭原住民於一九八二年創立，旨在使毛利人的後代一出生就能受到毛利人語言的薰陶和文化的洗禮。

4.遊戲中心：旨在使零至六歲幼兒能夠在固定的時間和地點，透過遊戲進行學習，獲得發展。

5.家庭日托：這種簡便易行的學前教育機構，主要是在家庭環境中對兒童進行保育和教育。舉辦家庭日托的家庭必須符合一定的安全、衛生標準，且保教人員受過一些培訓。

6.函授學校：這是專為偏遠地區及患有疾病、行動不便的幼兒，或遇到特殊情況而不能外出受教的幼兒所設立。

不過在紐西蘭，對於較年幼的幼兒還是傾向使用「家庭式兒童托育」服務。它可能是在保母的家裏，或是在兒童父母的家裏托育，孩子由一位奶媽或保母照顧。選擇這種方式的家長有兩個考量：第一，孩子可以留在對孩子和托育人員間個人關係發展有益處的家庭環境。第二，它比起集體性托育機構可以有更長的托育時間，和更加靈活彈性的時間安排，配合家長工作時間的限制。但是，關於非正式保母所提供的托育品質仍存在憂慮（OECD, 2004）。

(二)政策與法令

國家在兒童托育的公共投資，基於兩個重要的理由。第一，提供家庭以外的教育和托育服務，培養孩子社交和認識能力的發展，並為他們將來融入教育系統而做準備（OECD, 2001; Kamerman et al., 2003）。其次，協助家長協調工作和家庭生活，並促進工作就業機會中的男女平等。從微觀經濟的角度來看，這些政策的目的在於支持家庭（尤其是母親）所提供的勞動力供給，並減少由勞動力市場緊縮而造成人力資本的損失。因此提供兒童托育服務的目的，是為了使養育孩子和工作相容並存（OECD, 2004）。

國家努力使家長可以選擇他們喜歡的托育服務方式的同時，

兒童托育服務的政策設計必須在這些目標中找到一個恰當的平衡點，而此平衡點在不同國家和孩子的不同年齡也有所區別。三歲以下幼兒的托育服務政策重點應該在協助家庭解決幼兒照顧的問題，以平衡家庭和工作的目標（葉郁菁，2006b）。至於三歲以上的幼兒，政策目標的重點則在教育。

　　繼續擴大托育服務的補助項目，是紐西蘭的托育政策目標，不僅延伸托育照顧的類型，從學齡前幼兒到國小課後照顧，同時也增加托育時間，以配合家長工時。這些國家托育政策的結果，將使得家長在家庭與工作兩者之間取得更理想的平衡點。

三、趨勢與議題

　　提供一個對幼兒發展有益的社會和教育環境，最終會對社會未來的人力資本發展有利。因此，兒童的發展原本就存在集體性的利益。其次，使家長能夠更有效地協調工作和家庭生活，可提高勞動參與率而產生更大的財富，增加現今和將來的稅收。最後，國家之所以投注如此多的經費，主要是爲了使幼兒教育和托育服務更普羅化，托育品質得到改善、提高托育人數。

(一)托育人數與品質的平衡

　　提高幼兒參與率和保持品質標準之間存在緊張關係。提高幼兒托育人數的方法之一是降低兒童托育的支出費用，特別將照顧者的人事成本控制在最低，或者降低托育人員的薪資，或改聘臨時照顧者，但此將引向低技能或兼職的僱用。另一方面，保持高品質很可能會提高兒童托育服務的費用，例如透過提高照顧者對孩子的比例，或提高薪資來吸引高資歷的保育員。當托育機構的人事成本增

加時，相對就必須增加班級人數，這會牽制托育服務的品質。

　　不過要提升幼兒托育品質的主要做法，就是提升幼教人員的品質。國際研究顯示，幼兒教育機構的品質與人員的品質關係密切，紐西蘭新的法規要求負責幼兒教育中心的人員，要有幼兒教育學位，未來還會進一步要求有兩年的幼兒照顧或教育的工作經驗（吳韻儀，1999）。

(二)政府財政部門對兒童托育服務供給的影響

　　政府提供給兒童托育供給者和使用者的補助和補助金的規定，有助於理解兒童托育服務系統中有關托育人數、托育時間、照顧者－兒童比例，以及收費等方面的特質。

　　紐西蘭政策的目的，是促進兒童參與高品質的幼兒托育服務設施，並增加低收入群體的勞動市場參與率。紐西蘭強調協助低收入戶家庭解決托育問題，使低收入戶者重回就業市場，同樣的做法也出現在英國的「重回就業市場」（back to work）政策（葉郁菁，2006a），希望透過使低收入戶家庭就業，減少政府在社會救助和貧民兒童照顧的沉重負擔。紐西蘭有兩項補助的管道：第一，教育部以撥發給「教育和兒童托育」服務設施的補助形式。所有兒童托育機構都得到以每位幼兒每小時計算的補助。教育部撥發的補助是給每位孩子每天最多六小時（一週三十小時）。兒童托育中心基本上不鼓勵提供家長超過每週三十小時的托育，除非是為了滿足有工作家長的需要，但收費也因此相對較高。

　　第二個則是透過提供「兒童托育補助」經費給有工作父母（或正在接受職訓父母）正式的、高品質托育的支持。此計畫由社會發展部（Department of Social Development）主導，經費補助父母支付托育費用。

(三)使用者補助金：一個可增加服務可得性的工具

在紐西蘭，家長理論上可自由選擇他們想為他們孩子使用的服務設施，不管私營的、公共的或半官方的。但實際上，有很多因素限制家長的選擇。一些地區　（通常是農村）缺乏基本的托育機構，同時在每日兒童可托育的時間也都有所限制。

擴大服務使用者選擇的方法是將補助金直接發給父母，而不是給托育機構經營者。此處理方式有很多益處。首先，它允許補助的分配更集中低收入家庭，並減少弱勢家庭在托育服務系統中被排擠的不合理現象，儘管對兒童托育收托人數低的地區，政府會優先保障弱勢家庭幼兒入學。另外，在供給方面，它提倡服務機構之間的競爭，使提供者加強成本意識，並對家長的需求做出更快的反應，例如托育機構的開放時間、收托幼兒的靈活性。所有使用有執照服務設施（包括家庭日間托育）的家長，都有資格得到政府的經費補助。因此，政府提供父母經費支援，應該使家長更有效地向托育機構經營者傳達他們在兒童托育市場的態度和想法，並且最終提高家長選擇托育機構的能力。

資金規定在兒童托育的需求與供給上產生的影響，是紐西蘭重要的爭論議題。如上所述，紐西蘭「大量資金補助」提供每天最多六個小時（而可用的兒童托育補助為每週五十小時）。

四、結論

紐西蘭在過去的十年裏增加了對兒童托育的政府公共投資，以加強兒童的教育和社會的發展，而兒童托育服務設施也為父母和幼兒逐步建立更好的工作和家庭生活的平衡。

　　紐西蘭的兒童托育政策大體上是由教育部所開發、監督和資助，目的是為了提高早期兒童教育服務中的品質和參與度。政府增加全天托育服務中的經費補助，反映出對平衡父母工作和生活的議題不斷得到重視。對托育品質的要求，包括保育人員薪資的合理性，將繼續朝向提升到小學教師薪資的水準，並且積極鼓勵大量的在職托育人員取得教學證書。目前政策的後果是薪資費用的增加，導致兒童托育服務費用和潛在父母繳交費用的增加（葉郁菁，2006b）。存在的一個風險是這個政策會引起兒童托育容量下降，尤其是在較貧窮的地區，兒童托育對低收入群體來說是昂貴而負擔不起的，因此家長反而轉向非正式的托育服務資源。當國家追求托育品質，而設定教保人員資格與合理薪資待遇時，相對托育機構就會將成本轉嫁到家長身上，反而使得經濟弱勢的家庭從托育系統中被排擠。

　　因此紐西蘭將補助金撥付從托育機構的經營者轉移到托育服務的使用者，使兒童的父母有足夠的影響力向托育機構討價還價。在紐西蘭，此政策可能會鼓勵服務供給隨著不斷變化的需求而作相應的改變，並擴大兒童父母的選擇範圍，例如他們可以選擇提供更多的延長時間托育的服務提供者。

　　在紐西蘭，幼兒托育資金供給主要是透過以每位幼兒每小時計算的資金補助，而每天托育時數最多不超過六小時（等同於小學的上課時間）。此資金供給的結構（不包括小學課後照顧的托育服務），可以幫助短時兼職工作的家長，但不能完全滿足全職工作家長的需要。這個經費補助的架結構對於想開辦兩歲以下幼兒的托育服務（它的提供花費比較大）或每日多於六小時托育服務的機構，相對顯得困難，因此他們只能提高托育服務的價格，或者用托育每日六個小時的（較大）孩子而得到的補助來交叉彌補兩歲以下幼兒的托育服務（葉郁菁，2006b）。加強高品質早期幼兒托育服務的

運作各方面與家長工作時間之間的協調，在紐西蘭是一個重大的政策挑戰。

 ## 第二節　澳洲的托育服務

一、現況

　　澳洲是一個由來自許多不同背景的民族所組成的國家，約有23%的人出生於其他國家，而超過四分之一人口的父母中至少有一位出生於海外，共有來自超過一百四十個以上國家的人們選擇成為澳洲公民。文化多元性已成為澳洲的一項國家特性，也是澳洲在面臨世界快速變遷的挑戰時，最重要的優勢之一。這種多元性是由原住民文化、早期的歐洲移民，以及從世界各地相繼而來的移民潮所滋養融合而成，為競爭優勢、豐富文化、社會安定的根源。

　　在澳洲，學校教育是普遍提供給所有學齡兒童，而省政府的責任是要確保所有學齡兒童都能接受到教育。澳洲政府規定兒童年滿六歲時才必須入學就讀，不過有很多三至五歲兒童會先到幼稚園或學前教育中心就讀。學前中心一般招收四歲的兒童，每日分上、下午班上課。一般學前教育每次上課時間約為二至三個小時，每週上課三至四次，採自願入學。大多數的澳洲幼兒在五歲左右進入小學之前，會在幼稚園或者學前機構裏待上一至二年。三十多年前的澳大利亞幼稚園活動，迄今仍能代表澳洲學前教育的特點。例如第二次世界大戰前，澳洲學前教育的情景是這樣的：在家裏一個由壁爐、水池、燉鍋、刀叉等布置的角落裏，兒童擺弄著洋娃娃的小

床以及面色粉紅的洋娃娃，唱著以袋鼠和樹袋熊為主題的歌曲，講給孩子們的故事大多關於眼前偏遠地區的日常生活。二次大戰後，政府同意了大約二百萬人移民澳洲，這些新移民大多來自北歐。當時政府對移民採用「同化」政策——將移民融入不列顛澳大利亞文化中，於是幼稚園教師最重要的任務是教給兒童足夠的英語，以利於這些移民孩子能參與集體活動並在學校生活中充滿自信（喬梁、Joan. W.，2004）。

目前幼兒教育與保育主要目標為：使家長能外出工作賺錢、為家長及幼兒提供短暫的休息及支持困境中的家庭。但新採用的幼稚園認證制度使得政府重視到幼兒教育與保育機構在幼兒發展、學習及社會化所提供的機會。關於語文、算數發展與增進孩子往後學習成果也漸成為幼托機構的角色之一。

在幼兒教育與保育機構的供應面上，要考慮到供應、需求及可負擔性三個因素。在一九九一年之前的十二年間的聯邦補助採取需求取向，且只補助社區型非營利機構，但當時的需求量高於供應量許多，之後更通過準則將政府提供的幼兒教育與保育機構能以家長需求為導向。一九九一年之後，聯邦轉向補助選擇私立機構的家長，這種轉變刺激了私立系統的成長，反而造成供過於求的現象。一九九七年，為抑制私立機構過度成長，聯邦政府提出一個方案，限制補助金額每年最高為七千元，以兩年為限。法案效力過期後，聯邦政府改以提供地區性資訊給幼兒教育與保育機構投資者，例如告知有高幼托需求量的地區、提供投資者哪些地區幼托機構已達飽和、哪些地區幼托機構仍不足等資訊（簡楚瑛，2003）。二〇〇〇年七月後通過的家庭協助法（Family Assistance Legislation）使得聯邦政府在有必要時有權控制新的幼兒教育與保育機構的成立數量及地點，大部分地方政府都有提供學校及學前教育機構（特別是入小學前一年的學前機構）。

二、兒童教育與保育機構、政策與法規

(一)幼兒托育方式與實施機構

澳洲的幼兒教育與保育機構可分為公立系統（政府提供）、非政府非營利性機構、私立營利性機構及私立非營利性機構。其中73%的全天日托中心為私立，而其他的幼兒教育與保育機構多屬省政府、地方政府或非營利性機構。

不同機構可滿足家長的不同需求。全天日托中心、家庭日托系統及課後托育服務都是政府為了就業父母需求所設；學前教育機構（preschool）是在幼兒入小學前提供教育性經驗、臨時性托育服務。

幼兒教育與保育機構的服務地點也有不同，全天日托中心及家庭托育系統多以社區導向或工作地區導向，以便提供就業父母所需之幼兒教育與保育服務。課後托育班多附設在小學，也有可能設在社區中心。同樣地，學前教育機構也可能設在學校或是日托中心。臨托服務則多位於社區大會堂、購物中心或在社區中單獨經營（簡楚瑛，2003）。

以下就各種幼兒教育與保育機構分別介紹：

■家庭托育系統（**family day care**）

由有註冊的保母（caregiver）在保母家中照顧零至十二歲的小孩。當地的家庭托育系統協調單位負責幼兒的分配及註冊保母的招募。

■私人家庭保母（**home based care**）

同樣是在保母自己家裏照顧幼兒，但是這類的私人保母並無加入家庭托育系統。有些省或領地會依照保母照顧幼兒的數量來決定是否應接受規範。

■全天托育中心（**long day care centres**）

主要對象是零至六歲（學齡前）的幼兒。開放時間每天至少八小時，每週五天，一年四十八週。在全天日托中心中的師生比會依幼兒年齡有所調整，零至二歲幼兒之師生此為1：5，二至三歲為1：8，三至六歲則是1：10，這些幼兒教育與保育人員不一定需要有合格資格，但依法全天日托中心每招收二十至二十五位幼兒就需要有一名合格人員。

■臨時托育中心（**occasional care centres**）

針對零至六歲（學齡前）兒童提供定期或非定期的短期服務，開放時間及天數依機構而不同。

■多功能兒童服務（**multifunctional children's services**）

多功能兒童服務主要對象是零至十二歲的偏遠郊區兒童，視當地社區需求提供不同服務，例如全天日托中心、課後托育以及家庭托育系統。

■機動性兒童服務（**mobile children's services**）

機動性兒童服務是移動式資源提供者，對象為郊區及偏遠地區的家庭，視社區需求提供不同服務。可提供多種服務，包含幼兒保育與學前教育，並可設計活動給年齡稍長的孩子，例如遊戲團體（playgroups）與玩具館（toy libraries）。

■註冊托育（**registered care**）

在註冊托育的規定下，照顧者無論是親戚、朋友、私人家庭保母，都必須要向家庭支助辦公室（**Family Assistance Office**）登記。這個登記程序並不具有約束力，但可讓符合條件的父母從中央政府獲得補助。

■課後托育（**outside school hours care**）

主要提供活動給五至十二歲兒童，服務時間包括上學前、放學後與假期間。

■遊戲團體（**playgroups**）

主要提供活動給育有零至六歲（學齡前）幼兒的家庭，活動通常由家長或照顧者陪同參加。

■學前教育機構（**preschool s**）

學前教育機構主要招收三至五歲兒童，採學期制，開放時間從早上九點到下午三點。幼兒可以半天班或全天班（半天等於幼稚園的一堂課）。學前教育機構可包含幼稚園或小學先修班（pre-primary）。各州與領地間規定不同，學前教育機構招收兒童的年齡、開放時間以及管理方式皆有所不同。

■多功能原住民兒童服務（**multifunctional aboriginal children's services**）

多功能原住民幼兒服務的照顧對象為零至十二歲原住民以及多力斯海峽島民（Torres Strait Islander）的兒童，由各社區的原住民以及多力斯海峽島民管理，依社區需求提供不同服務。

■小學（schools）

進入小學就讀是所有六歲以上兒童都需接受的義務教育。偏遠教育機構（distance education programs）對象為偏遠地區的兒童。兒童每天上學六小時，視各地區及公私立學校的規定不同，學期長短也有分別。

■玩具館（toy libraries）

玩具館可出借玩具及遊戲給家長或幼兒教育與保育機構。這些玩具遊戲通常是為了刺激兒童發展。某些玩具館透過機動性兒童服務來提供特殊幼兒或偏遠郊區兒童相關設備。

(二)政策與法令

據一份OECD（2006）的報告顯示，在二十個相比較的國家中，澳洲是屬於幼兒學前教育開支最少的國家之一。澳洲位居南韓和墨西哥之後，這方面的支出只占了國民生產總值的0.1％。而在聯邦政府制度下，州及特區政府內的公私立學校機構負責提供教育服務。而聯邦政府則以經常性的支出和捐款模式，提供補助。聯邦政府透過澳洲教育委員會扮演中央管理者的角色，促進全國教育體系的合作。

為了協助雙薪家庭平衡工作和家庭責任，協助單親家庭維持家庭生活水準，更為了促進社會兩性平等，澳洲在托育政策大至為三個主要方向：國家補助的托育服務網、育嬰假、托育津貼（Leira, 2002）。

在這些政策立意下，如何將政策目標落實在實務層面，也成了一個政策成功的關鍵因素。以下就澳洲政府所提出的福利政策中與托育相關的政策來陳述：

■育嬰假（**parental leave**）

　　家長在孩子出生前後享有五十二週有薪給的育嬰假，但前提是家長需在孩子出生前為同一位雇主連續工作一年以上才可使用育嬰假。除了生產第一週之外，家長可以輪流使用育嬰假，兩人加起來的育嬰假不可超過五十二週。在產前生產假最多可有六週。有薪給的育嬰假（包括產假）通常是六到十二週，且是經過公司同意。

■家庭津貼（**family allowance**）

　　家庭津貼是針對育有十六歲以下子女的家庭所給予的補助，且是針對情況特殊之年紀較大的眷屬。

■不利地區補助（**disadvantaged area subsidy**）

　　針對偏遠地區及都市邊緣地區的幼兒教育與保育機構所提供的補助。

　　由於澳洲在行政劃分上有省及領地之分，其法規依地方也會有所不同，從**表11-1**中可清楚一覽規範各種幼兒教育與保育機構之法規。

表11-1　澳洲各省、領地幼兒教育與保育法規一覽表

州／領地	學前教育機構	全天日托中心	家庭托育系統	私人家庭保母	機動性兒童服務	課後托育
澳洲首要領地	1.1999年兒童服務修正法案。 2.執照資格手冊。 主要由教育部運作。	1.1999年兒童服務修正法案。 2.執照資格手冊。	若照顧的幼兒低於5人或是12歲以下兒童低於8人，則不需規範管理。	若照顧的幼兒低於5人或是12歲以下兒童低於8人，則不需規範管理。	沒有提供此項服務	兒童服務法案

（續）表11-1　澳洲各省、領地幼兒教育與保育法規一覽表

州／領地	學前教育機構	全天日托中心	家庭托育系統	私人家庭保母	機動性兒童服務	課後托育
新南威爾斯	1996年幼托中心暨機動性兒童服務法規	1996年幼托中心暨機動性兒童服務法規	1996年家庭托育及私人保母服務法規	1996年家庭托育及私人保母服務法規	1996年家庭托育及私人保母服務法規	沒有法規
北方領地	主要是教育部管理，其他則由1997年社區福利（兒童照顧）法規及北方領地兒童照顧標準（Standards NT Child Care enteresl997）	1997年社區福利（兒童照顧）法規及北方領地兒童照顧標準	若6歲以下幼兒少於6人，則沒有規範。	1.若6歲以下幼兒少於6人，則沒有規範。 2.立法通過私人家庭保母指導方針。	無	無
昆士蘭	1991年兒童照顧（托育中心）法規〔Child Care（Child Care Centres）〕	1991年兒童照顧（托育中心）法規	1991年兒童照顧（托育中心）法規	在私人家裏，並無具體規範。	1991年兒童照顧（托育中心）法規	無
塔司馬尼亞	主要由教育部管理。其他則由1.1960年兒童福利法案及1961年的法規。2.1998年托育中心證照準則。	1.1960年兒童福利法案及1961年的法規。2.1998年托育中心證照準則。	1.1960年兒童福利法案及1961年的法規規範。2.社區和健康服務部門的成果標準。	1.1960年兒童福利法案及1961年的法規規範。2.社區和健康服務部門的成果標準。	無此服務	若照顧的孩子超過7歲，則無規範

資料來源：簡楚瑛（2003）。

三、趨勢與議題

(一)現存的系統與新興方法

　　社會及經濟的變動使得澳洲的幼兒教育與保育系統出現了新興的方法。面對這樣的挑戰，澳洲需要做的是，保持及促進現有系統的優點，同時兼顧新方法的發展。若能促進相關政府部會間和社群間的持續對話，形成一個全國性的共識，囊括現存的及未來的幼教與保育概念，對於形成幼教與保育政策的全國性架構是有幫助的。

(二)提供多元且公平的機會

　　雖然澳洲有很多幼兒教育與保育服務，但仍有許多家庭無法進入適合的幼托機構。有特殊需求的家庭可能仍無法獲得滿足。面對如此多元的需求的同時，澳洲如何確保其幼教托育品質，是另一大挑戰。

(三)提升幼兒教育與保育品質

　　根據社會依附及早期腦部發展的研究，兩歲以下嬰幼兒偏高的師生比例（1：5），使得工作人員無法有效率地與每個孩子互動，同時造成工作人員工作上的壓力（簡楚瑛，2003）。

　　而Harrison和Ungerer（1996）在比較澳洲就業婦女的托育形態（非正規托育服務，及正規托育服務的在宅托育與機構托育）與親子依附關係之研究中發現：平時受到法令規範及相關政府部門管理督導的正規在宅托育與機構托育，較非正規托育（未立案登記，無

需受到法令規範及相關政府部門管理督導）能提供高品質之服務，因而有利於幼兒安全依附關係的建立。

此外，非學校式的幼兒教育與保育機構的品質也存在一些問題。因家長需求，幼兒可能面臨多種幼托機構的安排，產生適應方面的問題：幼兒非全時的參加全天日托中心，造成幼兒在一週中的經驗不連貫，工作人員則面對數量甚多且流動的幼兒，造成教學上的壓力。這些議題都會影響幼兒教育與保育品質。

四、結論

澳洲的幼教與保育在政策或實務立場上呈現二分化的情況，若著重家長需求，可能忽略幼兒發展；若保育重於教育，則在工作人員的素質要求上則會較寬鬆；若考慮家長在學費上的負擔，會產生減低學費的壓力，卻也有可能影響品質。不同教育概念會影響到教學資格及機構形態。如馮燕（1997）所指，托育需求的產生原因，主要來自社會的變遷，所以滿足托育需求的責任，也應由社會承擔，由政府執行。

此外，在幼兒教育與保育機構的供應量上，澳洲政府所採取的介入方式對於幼兒教育與保育市場所造成的影響，值得我們省思參考。未來在臺灣托育服務政策的發展上，如何確立政策目標和方向，選擇管理機制和方法，將是托育服務政策成功與否的關鍵，也是所有家庭能否得到價格合理、品質優良的托育的重要基礎。從澳洲的例子反映出，一個質優價廉的托育服務並非不可行，但的確需要更多的政策和行政力量投入。

參 考 書 目

王珮玲（1996），〈紐西蘭的幼兒教育〉，《新幼教》，9期，頁26-29。

吳韻儀（1999），〈全球競相培育未來主人翁〉，《天下雜誌——教育特刊》，27期，頁76-79。

欣月（2001），〈孩子的天堂——紐西蘭的幼兒教育〉，《學前教育》，24卷1期，頁62-63。

喬梁、Joan. W.（2004），〈文化與幼稚教育的澳大利亞視角：多元文化趨勢〉，《學前教育研究》，7期，頁13-14。

馮燕（1997），《托育服務：生態觀點的分析》。臺北：巨流。

葉郁菁（2006a），〈國家在托育發展的角色——紐西蘭、葡萄牙和瑞士的托育政策〉，《教師之友》，47卷4期，頁30-38。

葉郁菁（2006b），〈英國2005大選期間工黨提出之兒童福利政策探討〉，《兒童及少年福利期刊》，10期，頁175-191。

簡楚瑛（2003），《幼兒教育與保育之行政與政策（歐美澳篇）》。臺北：心理。

Del Boca, Daniela (2003). Why are fertility and participation rates so low in Italy (and Southern Europe)? Paper presented for presentation at the Italian Academy at Columbia University, October 29, 2003.

Harrison, L. J. & Ungerer, J. A. (1996). Maternal employment, infant child care and security of attachment at age 12 months. ERIC Document Reproduction Service No. ED 400112.

Kamerman, S., Neuman, M., Waldfogel, J. & Brooks-Gunn, J. (2003). *Social Policies, Family Types and Child Outcomes in Selected OECD Counties*. Paris: OECD.

Leira, A. (2002). *Working Parents and the Welfare States: Family change and Policy Reform in Scandinavia*. London: Cambridge University.

OECD(2001). *Starting Strong: Early Childhood Education and Care*. Paris: OECD.

OECD (2004). *Babies and Bosses: Reconciling Work and Family Life (Volume 3): New Zealand, Portugal and Switzerland*. Paris: OECD.

OECD (2006). *Education at a Glance: OECD Indicators- 2006 Edition*. Paris: OECD.

第四篇

托育服務專業人員

第十二章

托育服務專業素養

黃澤蘭、許芳玲

 # 第一節　專業的定義

　　隨著近年來，社會大眾對於專業度越來越重視，每一行業也不斷要求自身專業性的提升，托育服務亦然，在講求教保品質的今日，托育服務專業以及人員之專業素養均是亟待提升的一環，以下針對托育服務專業特性及人員專業特質加以說明。

一、何謂專業？

　　「專業」是種全職的工作，此種工作能為社會帶來有價值的貢獻，也受到社會的尊重；從事此種工作的人必須受過相當高等的教育，並在某一特殊的知識領域受過訓練（朱建民，1996）。

　　「專業」的觀念在歐洲中古時期大學興起以後便存在，當時歐洲大學教師的資格，必須有學位當做專業證明，如早期的醫學、神學、法律等科，演變到後來，稱為「專業」，它是由博士（doctor）而來，以後繼續演變（魏建忠，2001）。學者對專業加以闡釋與定義舉例如下：

1. Benveniste認為專業的特徵是：(1)有科學知識為基礎的技術；(2)持續的進修與訓練；(3)控制與選擇專業成員；(4)有工作倫理規範；(5)具有服務的熱忱；(6)有專業的組織（引自魏建忠，2001）。

2. 何福田（1992）指出專業就是指一群人在從事一種需要專門技術之職業。專業是一種需要特殊智力來培養和完成的職

業，其目的在於提供專門性的服務。

3.Hall（1983）指出專業的內涵有兩個層面，一是結構層面，包括進行專任行為的場所、訓練學校、組成專業組織、訂有倫理規範等。二是態度層面，包括以專業團體為主要參照點、服務大眾的信念、自律的信念、獻身事業、從事專業決定的自主權等。

由此可知，專業是一種合乎時代的科學，而且這種科學是不斷的進步，因此從事人員應不斷地進修而學習各種專門技術，在各種專業工作規範下，來完成專業，並以特殊智力來培養和提高專業能力，而達到提供專門性服務。

二、專業的定義

依《新知英漢辭典》（宋美樺、陳長房，1997）的用法來看，「專業」（profession）指的是一種專門職業，此種工作為社會帶來有價值的貢獻，也受到社會的尊重，從事這種工作的人必須受過相當高等的教育，並在某一特殊的知識領域受過訓練。西方指的專業人士曾經僅限於那些受過法學、醫學或神學方面訓練的人，現在的用法比較寬鬆，但也限定在那些對社會有一定貢獻的行業（朱建民，1996）。

對「專業」這個詞的定義，可以從兩個角度來看：一是在學術界，另一則是從使用這個字的人當中，來探討他們對這個詞的體會。Turner採用第二種角度。他認為「專業」這個詞是一個通俗的概念（folk concept），要研究這個概念要注意到它的使用，以及它在社會中所扮演的角度；Dingwall亦採用相同的觀點，他認為要探討這個詞的含義，應研究職業中的成員在日常生活中如何界定這

個名詞，而非由社會學家用命令的語氣來界定它（Rich, 1984）。Rich（1984）將各種職業分成以下的等級：非技術性、半技術性、技術性、半專業性以及專業性。這些等級的區分採用七項標準，如**表12-1**。若一項職業符合這些標準的項目愈多、程度愈高，則愈趨於專業（郭玉霞，1998）。

根據《牛津英語大辭典》（Simpson & Weiner, 1989），所謂「專業」是指「一個人專門從事於一項職業，這項職業必須有高度的學術或科學上的知識與技能，以應用於其他人的事務而提供專門性的服務」。《大辭典》（三民書局大辭典編纂委員會，1985）則對專業有另三種涵義：

1.專門研究某種學問，或從事某種事業。

2.專精於某種學問或事業。

3.具備專門知識才能和道德的人。

《韋氏新辭典》（Gove, 1986）將專業解釋為「需要高級教育的一種職業」。《美國百科全書》中則指出：專業與一般行業並無不同，不過專業必須提供高度特殊化的知識服務。因此就專業而言，必須包括三種重要的特徵：

表12-1 七項專業的標準

第一項	高層次之通則性的、系統化的知識。
第二項	一個長期之特定的、智性方面的訓練。
第三項	實務工作有著智性的性質。
第四項	專業人員組織起來提供獨特的社會服務。
第五項	控制進入或離開此項專業的標準。
第六項	強制執行專業倫理的準則。
第七項	賦予大範圍的專業自主權。

1.從事專業必須有精博的知識、專業的態度，與經過專門教育
　團體訓練其用以服務人群的技能。
2.從事專業必須遵守服務重於報酬的原則。
3.從事專業必須接受同業公會的約束，並遵守專業倫理守則。

　　Larson認為所謂專業是指一些有特殊權力與聲望的行業，社會給予這些專業的人員適當的評價與報酬，因為這些專業具有某些特殊的能力與奧秘的知識，而這些知識是整體社會體系中具有價值且極需要的（引自陳曉理，1992）。Shanker認為專業是指一位能獨立執行職務的專家（引自黃瑞榮，1997）。

　　研究者若稱某行業為專業，通常即對其有較高的評價，所以被冠上這個名詞，是一個榮譽的象徵（郭玉霞，1998）；Bayles（1989）認為專業有六個基本特質：

1.專業人員需要經過長期嚴格的教育訓練。除了正式的學校教
　育之外，專業人員通常還需要經過實習階段才能成為正式的
　執業人員。
2.專業訓練包括相當程度的抽象知識成分。
3.專業工作對於現代社會的運作，提供不可缺少的服務。
4.專業人員通常需要通過認證。
5.專業人員通常都有一個強而有力的專業團體。
6.專業人員通常對其工作有很高的自主權。

　　而我國行政院對「專業人員」的定義是：凡從事科學理論研究、應用科學知識以解決經濟、社會、工作、農業、環境等方面的問題，及從事物理科學、環境科學、工程、法律、醫學、宗教、商業、新聞、文學、教學、社會服務及藝術表演等專業活動之人員均屬之。本類人員對所從事之業務均具有專門之知識，通常須受高等

教育或專業訓練，或經專業考試及格者。

綜合以上學者的觀點，「專業」是指一個人專心致力於某一種職業，具備一定水準的專業知識和專業技能，能夠獨當一面，而且不是一般人能取而代之的，並具有社會的崇高地位。

三、專業的發展

Duke認為專業發展不僅指事實、知識的獲得，更重要的它是一種動態的學習歷程，在其中對新的事物有所瞭解，同時還能增進教育工作環境的瞭解，透過此種瞭解來對習以為常的措施加以反省（引自余錦漳，2001）。

因此，無論何種專業，當該專業在培育人才時，在知識方面，除了要加強該專業的系統性知識以外，對於日常生活中的常識也要有一定程度的瞭解。至於在人際關係方面，則須朝下列三方面加以培養：首先，在專業的工作取向上，應兼顧公眾利益與私利，絕對不可以因個人私利而危害公益。其次，應培養該專業人士自律的德行，並透過專業學會（或協會）的規範力量，幫助他們遵守專業組織所制訂與執行的專業倫理（或從業倫理）。

以托育服務之教保專業發展而言，美國幼兒教育協會（National Association for the Education of Youth Children，簡稱NAEYC）在一九九三年列出九項幼兒教保人員有效的專業發展原則：(1)專業發展是持續不斷的；(2)最有效的專業發展方式是一連串、有系統的以理論與哲學為基礎的訓練；(3)最成功的專業發展方式是能契合個人的背景、經驗以及目前從事的角色；(4)有效的專業發展經驗是結合實務與經驗；(5)提供專業發展的主辦者必須具備基礎的知識與經驗；(6)有效的專業發展經驗使用是以主動的、參與的以及以互動的方式學習；(7)有效的專業發展經驗是在

訓練過程中接受知識和資源以建立自尊，來對抗自我懷疑與被質疑不適任的感覺；(8)有效的專業發展經驗是提供參與者應用、反省，以及從學習中得到回饋；(9)專業人員應該參與、設計自己的專業發展計畫。

美國幼兒教育協會（NAEYC）建議幼兒專業人員每年完成二十四小時的進修，因為有許多未受職前訓練的工作者，為了取得證照與受訓機會而接受零散的進修方式，所以接受每年持續且有系統的進修，就能夠獲得完整且新的應用資訊。依據個人的需要設計進修方式，參與者比較不會有被欺騙和失望的感覺，而這樣的進修設計必須由具有專業知識、有經驗者去計劃會比較妥當。另外，專業發展的方式並不是枯燥地坐著聆聽與自己不相干的議題，而是主動地與其他人員互動、交流，進而分享、學習不同的實務經驗。當低社經地位與低收入正逐漸侵蝕幼托專業人員的自尊時，進修所帶來的知識與技能將可以提高專業人員的自尊，也可以避免專業人員失望、挫折的負面情緒影響了與孩子的互動。一個能夠融合資訊、專業知識、實務經驗分享的進修，的確能為專業人員帶來反思與應用，沒有經過精心策劃的零散進修則無法達到這樣的效果（巫鐘琳，2006）。

綜合上述，專業發展的目的在謀求個人及組織更好的改善及發展。托育人員在托育工作歷程中，主動地、積極地、持續地參加各種正式與非正式的學習活動，以促使專業知識、專業技能與專業態度的提升與增進，以期個人的自我實現，進而促進組織發展。

 # 第二節　何謂托育服務專業？

　　專業定義或許會隨著時代背景、社會變遷而有不同，但就托育人員而言，托育工作是獨特、確定且重要的，托育服務的專業可就托育服務的內在（服務的內涵）及外在（人員的專業素質）兩部分來探討。

一、托育服務專業的涵義

　　關於托育服務專業的涵義，Lillemyr、Fagerli和Sobstad（2001）針對教保服務領域提出「新專業特質」的看法：(1)知道自己能力有限，必須不斷地進修；(2)必須具備幼兒部分的相關知識，如父母的職責以及可以使用的資源；(3)與其他專業人員和父母合作。

　　而專業的托育服務，須透過「托育人員素質的專業化」及「服務內涵的專業化」來達成。所謂托育人員素質的專業化，是指提升托育人員的資格要求及促進其專業智能的發展，在人員資格要求方面，對於新進服務人員，以確保服務人員具備相關學識背景為發展方向，對於在職服務人員，則強調透過在職進修及訓練方式來提升或改善其工作能力，以促進其個人及專業技能的成長為目的。因此人員素質的專業化，牽涉到托育人員培育與訓練體系的完善規劃與實施。而所謂托育服務內涵的專業化，在於凸顯托育服務的專業定位：由於托育服務是為確保兒童健康成長及滿足其發展需要，而提供給家庭的一項福利服務，以補充家庭內兒童照顧功能的不

足，所以托育服務的功能是多方面的，有促進家庭功能發揮、支持
正向親職角色扮演的功能，及促進兒童發展、保護兒童免於暴露在
不適當環境中受害的功效；因此托育服務除了以兒童為主要服務對
象，提供其智能、生理、情緒、社會各方面發展所需服務外，更應
以父母及整個家庭為服務對象，朝向增加家庭的穩定性、發展父母
能力的方向努力。因此托育服務內涵的專業化發展，在強調增強其
家庭及社區服務方案內涵（馮燕，1997）。

　　這些專業定義或許會隨著時代背景、社會變遷而有不同。就
托育人員而言，托育工作是獨特、確定且重要的，可是托育人員
是否接受過長期專業訓練並且不斷地進修？是否能為自己的工作負
責？是否遵守專業倫理？能否具有專業判斷以隨時告知兒童父母？
當外界質疑托育人員的專業時，托育人員面對這些問題會認為自己
是專業、半專業或者是不專業呢？實際來說，臺灣的托育工作還停
留在照顧小孩的觀念上；社會地位低落、薪資少、工作時數長、母
職角色重疊和父權主義等等，都讓托育工作者無法提升其社會形象
以及爭取合理的工資待遇（王淑英、孫嫚薇，2003；王淑英、張盈
堃，1999；周玟琪，2004）。姑且不論性別不平等或是社會階層的
剝削，身為一位托育人員必須發展專業的目的在於：讓自己處於無
可取代的地位、降低其替代性，同時達成自我實現的需求，讓托育
人員真正成為一位自我發揮的專業工作者（巫鐘琳，2006）。

　　綜合上述，可以知道托育服務專業應具備二項因素：(1)能符
合托育專業的工作技巧與倫理標準；(2)能反映教育、訓練和經驗
的成果（郭靜晃，1999）。而要落實托育服務專業化，仍須有賴
政府監督輔導措施的配合，透過政府對托育服務方案內涵、人員素
質、服務品質等的客觀評估及檢討，並提供經費支持、確實執行輔
導工作（馮燕，1997），才能有效提升各類托育服務專業化的發
展。

二、托育服務人員的專業化

托育人員專業化的發展一直不斷被關心。有些托教工作者曾接受短期的專業訓練，有些在學經歷上都有相當的背景，有些甚至是幼教領域的專家。美國教育學會（National Educational Association, NEA）對教保專業工作及人員之定義為：

1. 專業工作必須運用專業的知識與技能。
2. 專業工作必須強調服務的概念，而不計較經濟報酬。
3. 專業工作人員必須經過長期的專門訓練。
4. 專業工作人員必須享有相當的獨立自主權。
5. 專業工作人員必須有自律的專業團體與明確的理論信條。
6. 專業工作人員必須不斷地在職進修。

美國幼兒教育協會（NAEYC, 1993）更明確指出幼教工作者是一專業角色，並且列出托教人員應有的四個條件：具有專業知能、提供專業的服務品質、專業的主動參與、具有教保的專業倫理。以上這些專業定義的共通點包括：(1)不斷的在職進修；(2)具有專業倫理；(3)具有專業知能；(4)與他人（專業人員、家長）合作。

社會快速變遷，需要托育服務的幼兒愈來愈多，父母對於照顧者有一定的期許，希望托育人員具備知識、能力、愛心和育嬰、保育的技巧。而托育人員定期的進修、促進專業發展，對自己則有實質的幫助。因為一個持續發展專業的托育人員，應具有知識上和心理上改變的能力，知道做到什麼地步才稱得上表現優異，知道自己的工作內容與標準（齊若蘭譯，2004）。因此托育人員應具備之專業能力需包含四個層面：

1. 教保專業知識：主要測量教保人員的專業知識踐行度，如幼教理論、心理學、幼兒發展與保育、兒童福利、醫學常識及親職教育等專業領域知識的實踐。
2. 教保專業技能：主要測量教保人員的專業技能踐行度，如觀察並記錄幼兒之行為、健康情形，包括餵藥事項、各領域的教學規劃、布置學習環境、製作教具及課室管理等專業技能。
3. 教保專業倫理：主要測量教保人員的教保專業倫理踐行度，如充分關愛幼兒、尊重幼兒、具專業精神、專業修養與踐行等。
4. 其他相關能力：指並不直接與教學行為相關但在幼托園所亦應具備之相關知能，如行政管理、檔案管理、教保業務策劃、電腦能力、危機處理、瞭解相關政策及法令等專業能力等。

　　而具備這些專業能力的托育人員也可因此降低自己的被替代性，使個人價值與經濟效益提高。當托育人員持續進修所帶來的專業技術與知識，獲得僱主、家長的信任與肯定時，可以促進專業人員的自尊與自我認同，降低流動率，形成勞資雙贏的局面。

　　至於托育人員是不是一種專門職業的爭論，重點應該放在是否能夠持續地發展專業，也就是專業的定義在於歷程而非結果。所以無論是家庭式或是機構式的托育服務，都必須接受相關的訓練，才能成為稱職、專業的托育人員。

第三節　托育服務專業內涵

　　隨著科技的進步、知識的發達，人類社會越來越講求專業化。專業化是社會對各行各業的從業人員的基本要求，因此追求專業已經成為工業化時代不可逆轉的趨勢，也是現代社會的潮流。教育與照顧事業既是國家百年根基，托育服務專業品質就是樹人的關鍵，以下針對教保員的專業素養與專業倫理來探討托育服務專業內涵。

一、教保人員的專業素養

　　黃志成（1995）將教保員的條件分為基本條件與專業條件。在基本條件方面，必須具備健全的身心、敬業的精神、高尚的儀表、服務的精神和正確的基本觀念。在專業條件方面，則認為須具備專業的知識、專業的技能與專業的理想。

　　我國教育部（1999）訂定幼稚園教師手冊時，認為幼教教師應具有下列三類專業素養：

　　1.發揮專業技能：
　　　(1)瞭解教學的原理和方法。
　　　(2)瞭解幼兒各方面的發展情形。
　　　(3)能運用專業知識設計和實施課程。
　　　(4)能運用專業知識做好班級經營。
　　　(5)能運用專業知識做好幼兒保育和輔導。

2.堅守專業人員的規範：

  (1)服務的理想。

  (2)客觀和公正的態度。

  (3)專業道德。

3.秉持優良的專業精神。

而王靜珠（2006）強調保育人員須具備下列幾個基本觀念，方能勝任教保工作：

1.幼兒非成人之縮影。

2.重視幼兒個別差異。

3.保育重於教育的階段。

4.安全是嬰幼兒保育工作的重要課題。

美國幼兒教育協會（NAEYC）也明確指出從事幼教工作者所應扮演的角色，並把他們和非專業或準專業的幼教工作者（例如，助教或助手）區分開來。不同的專業化角色需要不同的職前準備及專業知識。這些專業角色包括助理教師、教師、校長、主任及安親班老師；除此之外，美國幼兒教育協會亦指出其他像特教專家、科任老師（例如美術、體育、音樂或外語等）、親職教育協調者、社會服務工作者、課務人員、單位行政人員等也是一種專業人員。這些專業角色通常比幼教老師需要更多職前準備及訓練。

美國幼兒教育協會（NAEYC）（1984）對全國相關從業人員進行調查，並明確界定專業幼教師資的分類及其應有準備和責任，茲分述如下：

1.助理幼教老師：指剛踏入幼教行列，並在專業人員的督導下進行教育計畫活動的教師。它通常需要有高中畢業證書或同

等學歷始可擔任。一旦受聘，他們應參加專業發展教育課程。

2. 準教師：指能單獨進行課程活動，且能負責照顧及教育一群孩子的教師。此類老師必能勝任美國兒童發展協會認證課程中的六大能力領域。

3. 幼教教師：指不僅能照顧及指導一群孩子，且需具備及展現有第一、二階段的能力，及擁有較多理論知識和實務技能的老師。他們必須是大學幼教系或兒童發展的相關科系畢業。

4. 幼教專家：指監督、訓練教職員，設計課程並（或）執行教育計畫表。其條件是大學幼教系或有關兒童發展之相關科系畢業，且具三年以上教導幼兒和（或）更高年級的全職教學經驗。

　　綜合上述，美國幼教人員已全面專業化的發展，上述的分類除了有助理專業人員及專業人員（例如，我國助理保育人員及保育人員）之區分，他們更有分級之概念（例如，準幼教師─幼教師─幼教專家）。臺灣目前和美國在一九八○年代的情況相似，許多在幼教界的從業人員完全沒有或只受過一些專業訓練，例如，我國許多從業人員來自專業相關科系畢業、幼教系畢業或幼兒保育科（系）畢業，也有非相關科系及公務員普通考試及格者，而這些人是否可以繼續擔任幼教工作或者需要更多的職前訓練（例如，兒童福利專業人員訓練），是當前急待解決的問題，這也是我國托育服務工作專業正面臨的困境（郭靜晃，1999）。在某一方面，要求較多的職前訓練，可以增加托教人員之專業化程度；但另一方面，這也將使有意願從事托育服務工作之人被擋在門檻之下，而不得其門而入。

二、托育服務人員的專業倫理

因應社會變遷以及家庭結構之改變，托育服務人員的專業成爲背負教育與照顧國家未來良好公民的重責大任（OECD, 2001; Patterson, 2005），除了前述須具備托育服務之專業知識與技能之外，還要有專業倫理之覺知、奉行與省思，才能共同提升托育服務專業以及托育服務人員的社會責任與地位。

(一)專業倫理的相關概念

「專業倫理」一詞源自於十九世紀英美等工業國家，是指專業團體用來規範與專業服務有密切關係的行爲，保護被服務者權利，並解釋含混與兩難事例的道德倫理規約，簡單的說就是各種專門行業的行規。專業倫理（profession ethics）一詞，乃指某一專業領域人員所應該遵循的道德責任和社會規範（林奕民，2002）。

在西方，專業倫理守則是透過專業團體共識逐漸演生。但在我國，由於專業之歷史短暫，專業倫理又不被視爲一個重要的部分，專業倫理也就比較不被重視。在美國，所有的專業團體甚至一般會社團體都有倫理守則（葉匡時，2000）。

制定及遵守倫理守則是專業的特徵（Lieberman, 1956; Lieberman, 1988），各個專業領域中都訂有相關準則，這是從事專業工作的人應該要面對以及實行的，因爲這是確保專業人員接受專業教育與訓練之後才能發揮正面作用（黃俊傑，1999）。

然而要達到專業倫理的要求，必須先具備專業能力，因爲有德未必有才，有心卻未必能成事，有了專業知能才能對托育工作有所瞭解、有所準備；另一方面，具有道德動機才能落實專業倫理，

因爲有了專業知能之後，必須要有道德來落實（蘇永明，2004）。一位被稱爲專業的工作人員，他的社會地位相對地提升，能夠贏得他人的尊重與信賴，也因此需要高標準的自我要求。

所以郭碧唫（2000）認爲如果要促進專業人員的倫理行爲，就要從加強專業人員的倫理道德和改變專業組織的環境開始。在倫理道德教育方面應該要注重知、情、意、行四方面的培育，不只要提升專業人員的道德認知層次，也要培養其道德情操，才能鼓勵其道德行爲的實踐。至於組織的專業倫理環境的改善，則從建立倫理規範守則、建立專業學會、建立證照要求、改善組織的政策及改善工作環境的文化著手。

(二)托育服務人員之專業倫理

隨著政府逐年推動的托育政策，我們可以看到托教品質的提升與幼兒托教人員的服務水準具有密切的關聯，而這些托教人員的培訓除了強調專業的知識、專業的技術之外，專業倫理更是目前師資培育機構所大力提倡的重點（武藍蕙，2004）。因爲一位具有證照的托育人員不一定全然是好的托育人員，但是具備專業倫理卻是成爲專業托育人員的必備條件之一。Lillemyr、Fagerli和Sobstad（2001）提出倫理包括了兩方面：除了責任之外，還有對家長說明的義務。無論照顧幼兒的托育人員是不是具備專業知識，都必須遵守倫理守則。挪威法律規定托育機構必須跟家長合作，因爲倫理守則是在專業人員與家長對話中才能產生的，托育人員在工作中依據守則解釋自己的工作內容，讓倫理守則不再表面，而是實現在工作當中。美國幼兒教育協會（NAEYC）針對幼保人員之倫理規範，提出六項基本專業道德原則（林佩蓉、陳淑琦，2003）：

1.對決策的價值有所懷疑時先考慮幼兒的福祉。

2.盡力公平對待每位幼兒。

3.在教學期間不要談論個人的問題。

4.尊重幼兒。

5.遵從專業的決定。

6.遵從組織系統。

我國內政部（1979）公布之《托兒所教保手冊》中，亦列舉托兒所工作人員應具備之專業倫理守則如下：

1.工作人員應確信教保工作之價值，並以擔任教保工作為榮。

2.工作人員應確信每一位幼兒都有其生存價值，不論其家庭環境、地位、國籍、種族、宗教、政黨及其行為及外型，並盡力培養其安全感、自信心及自尊心。

3.工作人員應確認幼兒時期為人格奠定基礎時期，教保任務艱鉅，需要高度耐性與服務精神。

4.工作人員應確認家庭是幼兒生長發育之基地，除了在托兒所內實施教保外，並應對家長推行親職教育。

5.工作人員應尊重幼兒之個別差異，並促進其潛能之充分發展。

6.工作人員應利用各種社區集會及活動宣揚嬰幼兒教保之重要性，藉以推廣教保工作為全體幼童謀福利。

7.工作人員執行任務時應與其他專業，如衛生教育與相關人士充分聯繫密切配合，以確保幼童身心之平衡發展，並發揮家庭功能。

由此可知，專業倫理對托育人員在行為、道德上的規範，主要原因是避免成人照顧者對身心尚在發展的幼兒造成無法彌補的傷害。當托育人員面對無反抗能力的孩子時，應該給予適當的照顧，

言語上、行為上的溫暖的回應；面對家長時，能給予專業判斷的建議，以及協同合作；面對自我時，能夠不斷地在職進修，充實自己的專業知能。如果托育人員無法遵守專業倫理，對幼兒的傷害可能是一輩子；對家長而言，是不能盡責的受雇者；對自己而言，是不求長進的不適任者。所以遵守專業倫理不僅是追求幼兒的最大益處，也是讓自己成為提供托育服務的專業人員（巫鐘琳，2006）。

　　基於上述專業理論的概念，想要從事托育服務工作者，必須先瞭解托育工作的特殊性，才能在工作上勝任愉快。托育服務人員專業化的倡導更彰顯其重要性，優質的托育機構更需提升教育與保育品質，因此我國托育服務人員培育機構更需深思未來的托育服務人員應該具備什麼樣的教育專業，使其教保品質與教保效能一起提升，進而促進托育服務人員的專業形象及社會地位。建立健全在職進修制度，讓托育服務人員能藉由多元化且暢通的進修管道，來促使托育服務人員參與進修的動機，使其教學品質與教學效能相互提升，達到自我實現的境界。

參考書目

三民書局大辭典編纂委員會（1985），《大辭典》。臺北：三民書局。

中華民國師範教育學會（1992），《教育專業》。臺北：師大書苑。

內政部（1979），《托兒所教保手冊》。臺北：內政部。

王淑英、孫嫚薇（2003），〈托育照顧政策中的國家角色〉，《國家政策季刊》，2卷4期，頁147-174。

王淑英、張盈堃（1999），〈托育工作女性化及相關政策檢視〉，《婦女與兩性學刊》，10期，頁167-194。

王順民（2005），〈課後照顧服務的一般性考察：現況處境與未來展望〉，http://www.npf.org.tw/PUBLICATION/SS/094/SS-R-094-011.htm。

王靜珠（2006），〈幼兒教育人員專業責任倫理的認知〉，《幼教資訊》，183期，頁14-22。

朱建民（1996），〈專業倫理教育的理論與實踐〉，《通識教育季刊》，2期，頁33-56。

何福田（1992），〈教育改革與教師專業化〉，載於中華民國師範教育學會主編，《教育專業》。臺北：師大書苑。

余錦漳（2001），《國民小學組織學習與教師專業成長之相關因素研究》。高雄：國立高雄師範大學成人教育研究所碩士論文。

宋美樺、陳長房（1997），《新知英漢辭典》。臺北：三民。

巫鐘琳（2006），〈托育人員專業發展〉，載於葉郁菁主編，《托育服務》。臺北：心理。

周玟琪（2004），〈生養孩子與婦女就業為何難以兼顧？論勞基法與兩性工作平等法「制度支持的不足」〉，載於國立中正大學舉辦之「勞動基準法實施二十週年學術研討會」。嘉義：國立中正大學。

林佩蓉、陳淑琦（2003），《幼兒教育》，臺北：空大。

林奕民（2002），〈創新教學──從教師專業倫理出發〉，《中等教育》，53卷4期，頁36-49。

武藍蕙（2004），《幼兒教保專業倫理》。臺北：群英。

段慧瑩、張碧如、蔡嫦娟、張毓幸（2006），〈托育機構因應幼托整合政策之現況研究〉，《教育資料與研究雙月刊》，68期，頁1-22。

教育部（1999），《幼稚園新進教師手冊》。臺北：教育部國教司。

郭玉霞（1998），〈教育專業倫理準則初探──美國的例子〉，《國民教育研究集刊》，6期，頁1-19。

郭碧唫（2000），〈初探幼稚園教師對幼教專業倫理的認知、實踐及需求〉，2000年代幼兒教育的展望學術研討會，B場，頁53-66。

郭靜晃（1999），〈托育服務工作專業及專業倫理〉，《社區發展季刊》，86期，頁143-148。

陳曉理（1992），〈圖書館員專業道德規範之探討〉，《政大圖資通訊》，3期，頁33-41。

馮燕（1997），《托育服務：生態觀點的分析》。臺北：巨流。

黃志成（1995），《幼兒保育概論》。臺北：揚智。

黃俊傑（1999），〈專業倫理與道德教言的共同的基礎：心靈的教育〉，《通識教育季刊》，6卷3期，頁1-10。

黃瑞榮（1997），《國民小學教師教育專業素質之研究》。臺北：國立臺灣師範大學教育研究所碩士論文。

葉匡時（2000），〈論專業倫理〉，《人文及社會科學集刊》，12卷3期，頁495-526。

齊若蘭譯（2004），P. F. Drucker著，《彼得‧杜拉克的管理聖經》。臺北：遠流。

魏建忠（2001），《綜合高中教師專業成長與學校效能關係之研究》。彰化：國立彰化師範大學工業教育研究所碩士論文。

蘇永明（2004），〈教師工作的道德動機與專業倫理信條〉。載於黃藿（主編），《教育專業倫理（1）》。臺北：五南。

Bayles, M. D. (1989). *Professional Ethics*. Belomont, CA: Wadsworth Publishing.

Gove, P. B. (Ed.) (1986). *Webster's Third New International Dictionary*. Springfield: Merrian-Webster Inc.

Hall, R. H. (1983). *Organizations: Structure and Process*. Englewood Cliff, N.J.: Prentice-Hall.

Lieberman, M. (1956). *Education as a Profession*. N.J.: Prentice-Hall.

Lieberman, M. (1988). Professional ethic in public education: An autopsy. *Phi Delta Kappan*, 70(2), pp.159-160.

Lillemyr, O. F., Fagerli, O. & Sobstad, F. (2001). A global perspective on early childhood care and education: A proposed model. Queen Maud's College of Early Childhood Education (Trondheim, Norway).UNESCO Action Re-search in Family and Early Childhood November. Retrieved from http：//unesdoc.unesco.org/images/0012/001246/124689e.pdf#search='A%20Global%20Persp ective%200n%20Early%20Childhood%20Care%20and%20Education：%20 A%20Proposed%20Model'.

NAEYC (1984). Result of the NAEYC survey of child care salaries and working conditions. *Young Children*, pp.9-14.

NAEYC (1993). *Conceptual Framework for Early Childhood Professional Development*. Washington D.C.: NAEYC.

Rich, J. M. (1984). *Professional Ethics in Education*. IL: Charles C Thomas Publisher.

Simpson, J. A. & Weiner, E. S. (1989). *The Oxford English Dictionary*, Vol. BⅢ.Oxford: Clarendon.

Patterson, K. (2005). (Howard government enhances support for the childcare industry.) Canberra, Government of Australia, 11 Nov.

OECD (2001). *Starting Strong: Early Childhood Education and Care*. Paris: OECD.

第十三章

托育服務專業人員培育

黃澤蘭、許芳玲

　　隨著社會變遷快速，各專業人員的角色不斷更迭，托育服務也從以前單純提供托兒服務（child minder），演變為涉及更多知識與技能專業能力，而能提供全方位之教保合一（educare）之服務（劉翠華，2001；王順民，2005）。以下就托育服務人員的教育與訓練養成管道來說明之。

 # 第一節　教育養成管道

　　目前我國有關托育服務之教保人員培育管道有兩個主流，一為教育部，另一為內政部。教育部主要負責學校教育與訓練，包括有高教司、中教司及技職司；而內政部兒童局則負責兒童福利專業人員之培訓。其目的都是期望能提升托育服務人員的專業素質，除了提升托育人員學歷要求，專科以上學校畢業者始有教保人員資格，而高中（職）幼保科系畢業生未經專業訓練者僅具助理保育員資格；此外也重視托育專業智能，以幼兒保育、家政、護理、兒童福利或其他相關科系畢業者為任用對象，而非相關科系畢業者則透過兒童福利保育人員專業訓練來補足其兒童照顧的專業能力（馮燕，2005）。

一、目前我國培育幼教師資機構

　　我國幼教師資一向由師範校院培育，一九九〇年以前，幼教師資培育仍為專科程度，為提升幼教師資水準，臺北市立師範學院於七十九學年度創先設立幼兒教育系，而後其他八所師範學院也先後設立。

　　因此我國培育師資的管道自一九九五年後已從過去一元化慢慢開闢更多的管道來培育師資生。目前我國培育師資機構所招收師資生的方式主要有三（丁志權，2002）：

1.師範院校招生：包括三所師大、八所師院及嘉義大學教育學院的一年級新生，修業四年，另加實習一年後才能取得教師證書。

2.教育學程遴選：一般大學教育學程學生，絕大部分從二年級開始進入教育學程修課，由於教育部有名額限制，因此必須經過遴選程序。各校教育學程學生遴選辦法大多分為初審與複審二階段，初審大多以學業成績（例如班級的前30%）與操行成績（例如八十分以上）。複審採筆記、口試、性向測驗等方式。

3.學士後專班考試：學士後專班是由師範學院開辦，提供給大學畢業有心從事幼兒教育的的人。

　　現有的幼稚園教師培育管道，主要以臺北市立師範學院等九所師範院校幼兒教育學系為主，分為日間部、夜間部以及暑期班三種。日、夜間部提供了未來幼稚園教師的培育，暑期班是為了因應師資培育法與教師法的修訂，提供給目前在職幼教師的一種進修管道。

二、幼兒教育師資培育制度之現況

　　就目前有關幼教師資培育而言，其來源有四種：

1.師範學院及大學設有幼兒教育學系日間部四年制修畢者。

2.師範學院進修推廣部夜間幼稚園師資教育職前學分班結業

者。

3.一般大學申請核准設立幼稚園教師教育學程（共二十六學分）（見**表13-1**）修畢者。

4.在現行法規頒行前就已獲合格幼教教師資格者。

而前三者都需依教育部規定先參加半年教育實習，成績及格者，由師資培育之大學發給修畢師資職前教育證明書，並可依證明書參加師資檢定考，考試合格者，由中央主管機關發給教師證書。

表13-1　幼稚園教師教育學程（共二十六學分）

課程類型	課程	學分
一、必修科目及學分：採學科領域計二十學分		
(1)教學基本學科課程 四～六學分	幼兒語言表達	二學分
	幼兒文學	二學分
	幼兒體能與遊戲	二學分
	幼兒餐點與營養	二學分
	幼兒自然科學與數概念	二學分
	幼兒社會學	二學分
	幼兒音樂與律動	二學分
	幼兒藝術	二學分
(2)教育基礎課程 二～四學分	幼兒發展與保育	二～三學分
	特殊幼兒教育	二學分
	幼教人員專業倫理	二學分
(3)教育方法學課程 四～六學分	幼稚教育概論	二～三學分
	幼稚園課程設計	二～三學分
	幼兒行為觀察	二學分
	幼稚園行政	二學分
	幼兒學習環境設計	二學分
	幼兒教具設計與應用	二學分
	親職教育	二學分
	幼兒行為輔導	二學分
(4)教育實習課程（含教材教法） 六～八學分	幼稚園教育實習	四學分
	幼稚園教材教法	四～六學分
二、選修科目及學分：計六學分，由各校依其師資及發展特色自行開設。		

孩童時期教育是重要的。因應雙薪家庭，孩子需要托育照顧，關於孩子的照顧品質，相關的研究指出照顧者有接受正式教育則有較好的托育品質，鼓勵政策制定者及父母共同正視兒童保健中心品質的問題，包括照顧者經驗、特性、較高的教育背景和專業訓練以及師生比。

 ## 第二節　訓練養成管道

Margaret、Debby和Richard（2002）總結從一九九〇年以來的研究結果，指出無論一般父母、政策制定者或專業人員均重視孩子的教養及托育品質，孩子在高品質托育中心比在低品質托育中心，具有更好的語言和社會的技巧。而托育照顧者如擁有正規教育、參加訓練或研習，則能提供更加優質的兒童照顧。所以主張鼓勵托育的照顧者參加訓練或研習，共同促進好品質的托育服務。對於托育服務保育人員的培育，馮燕（2005）認爲應以其工作的家庭及社區服務導向，除了增進托育人員兒童發展相關專業知能外，更須強化其家庭服務、社區工作參與、社區資源瞭解與使用，甚至組織、管理、社區網絡建構等相關概念，以培養全方位的專業托育人員。而一位受過課程訓練的托育人員，其專業價值可以大大地提升。

內政部（2004）「兒童及少年福利機構專業人員資格及訓練辦法」對於專業人員訓練有下列幾項規範：

1.專業人員訓練，類別如下：
　(1)職前訓練：對新聘用之專業人員實施之訓練。
　(2)在職訓練：對現任之專業人員實施之訓練。

2.職前訓練依機構特性辦理，訓練內容應包括簡介機構環境、服務內容、經營管理制度及相關法令等。

3.在職訓練每年至少二十小時，訓練內容應採理論及實務並重原則辦理。

4.在職訓練辦理方式如下：

　(1)由主管機關自行、委託或補助機構、團體辦理。

　(2)由機構自行或委託機構、團體辦理。

　(3)由目的事業主管機關辦理。

5.專業人員參加在職訓練，應給予公假。

因此我國政府遵照兒童福利相關法規之規定，舉辦各類專業訓練。過去臺灣省政府社會處為發展兒童福利事業，提升工作人員素質，於一九六一年十二月創設「兒童福利業務人員研習中心」，以現代化社會工作方法，調訓臺灣省各級政府兒童福利行政人員、業務人員及公私立育幼院、村里托兒所及一般托兒所教保人員（李鍾元，1981）。一九八一年時擴充為「社會福利工作人員研習中心」，繼續辦理相關業務。一九九九年時受到精省的影響，改隸屬於內政部（郭靜晃、黃惠如，2001）。

至於現階段的兒童福利專業人員訓練，主要是依據內政部兒童局（2004）頒布的「兒童及少年福利機構專業人員資格及訓練辦法」，及「兒童福利專業人員訓練實施方案（含訓練課程）」二項。在「兒童及少年福利機構專業人員資格及訓練辦法」部分，主要是規範各類兒童福利專業人員的資格標準，分別說明如下：

1.教保人員應具有之資格：

　(1)專科以上學校幼兒教育、幼兒保育相關科、系、所畢業，或取得其輔系證書者。

　(2)專科以上學校畢業，並修畢幼稚園教師教育學程或教保

核心課程者。

(3)高中（職）學校畢業，於本辦法施行前，已修畢兒童福
利專業人員訓練實施方案乙類、丙類（**表13-2**）訓練課
程，並領有結業證書者，於本辦法施行日起十年內，得
遴用為教保人員。

(4)普通考試、丙等特種考試或委任職升等以上考試社會行
政職系及格，並修畢教保核心課程者。

2.助理保育人員應具有之資格：

(1)高中（職）以上學校幼兒保育相關科畢業者。

(2)高中（職）以上學校畢業，並修畢教保核心課程者。

(3)高中（職）學校家政、護理等科畢業，於本辦法施行日
起十年內，得遴用為助理教保人員。

(4)高中（職）學校畢業，於本辦法施行前，已修畢兒童福
利專業人員訓練實施方案甲類（**表13-2**）訓練課程，並領
有結業證書者，於本辦法施行日起十年內，得遴用為助
理教保人員。

3.保母人員應具有之資格：

(1)高中（職）以上學校幼兒保育、家政、護理相關科畢
業，並取得保母人員丙級技術士證書者。

(2)高中（職）以上學校畢業，修畢保母、教保或保育核心
課程，並取得保母人員丙級技術士證書者。

(3)其他於本辦法施行前，已取得保母人員丙級技術士證書
者，於本辦法施行日起十年內，得遴用為保母人員。

4.托育機構主管人員應具有之資格：

(1)研究所以上幼兒教育、幼兒保育相關系、所畢業，且有
二年以上托育機構或幼稚園教保經驗者。

(2)大學幼兒教育、幼兒保育相關系、所畢業或取得其輔系

證書，具教保人員資格，且有二年以上托育機構或幼稚園教保經驗，並修畢主管核心課程者。

(3)大學畢業，具教保人員資格，且有三年以上托育機構或幼稚園教保經驗，並修畢主管核心課程者。

(4)專科畢業，具教保人員資格，且有四年以上托育機構或幼稚園教保經驗，並修畢主管核心課程者。

(5)高中（職）學校畢業，具教保人員資格，且有五年以上托育機構教保經驗，於本辦法施行前，已修畢兒童福利專業人員訓練實施方案戊類（**表13-2**）訓練課程，並領有結業證書者，於本辦法施行日起十年內，得遴用為托育機構主管人員。

(6)高等考試、乙等特種考試或薦任職升等考試社會行政職系考試及格，具有二年以上托育機構教保經驗，並修畢主管核心課程者。

表13-2　兒童福利專業人員訓練課程

類別	課程時數	課程內容
甲類（助理保育員）	共三百六十小時	1.教保原理：兒童發展、嬰幼兒教育、兒童行為輔導、兒童行為觀察與記錄。 2.教保實務：教保課程與活動設計、教材教法、教具製作與應用、兒童安全、專業倫理、嬰幼兒醫療保健概論及實務、兒童生活常規與禮儀、課室管理、學習環境的設計與規劃、意外事故急救演練。
乙類（高中高職幼保相關科系畢業或公務人員考試及格者）	共三百六十小時	1.教保原理：兒童福利導論、社會工作、親職教育。 2.教保實務：教保活動設計專題、教保模式、教材教法專題、幼兒文學、專業生涯與倫理、兒童遊戲、兒童安全。 3.其他：特殊兒童教育與輔導、嬰幼兒醫療保健概論及實務、壓力調適、人際關係、嬰幼兒營養衛生概論及實務。

（續）表13-2　兒童福利專業人員訓練課程

類別	課程時數	課程內容
丙類（專科以上畢業者）	共五百四十小時	1.教保原理：兒童發展與保育、幼兒教育、兒童行為觀察與記錄、兒童福利導論、社會工作、親職教育。 2.教保實務：教保課程與活動設計、教材教法、教具製作與應用、課室管理、學習環境的設計與規劃、兒童遊戲、幼兒文學。 3.其他：特殊兒童教育與輔導、嬰幼兒醫療保健概論及實務。
丁類社工人員	共三百六十小時	1.社會工作：個案工作、團體工作、社區工作、福利機構行政管理、方案規劃與評估。 2.兒童教保：兒童發展、特殊兒童心理與保育、兒童安全與保護、班級經營、人際關係。 3.兒童福利：兒童福利政策與法規、兒童福利服務、親職教育。 4.諮商與輔導：婚姻與家庭、兒童諮詢與輔導。 5.專題討論：兒童問題專題討論、社會工作實務專題討論。
戊類（托兒機構所長、主任）	共二百七十小時	1.兒童福利專論：兒童保護、兒童權利、兒童福利政策與法規、各個兒童福利比較。 2.托育服務專論：托兒機構評鑑、托育服務問題、各國托育服務比較。 3.托兒機構經營與管理：公共關係、財務管理、教保實務管理、人力資源管理、領導與溝通。 4.托兒機構教保專題：社會調查與研究、教保方案設計與評估、教保哲學與發展史、教保專業倫理。 5.托兒機構社會工作：兒童個案工作、社區工作、特殊兒童工作、親職教育。
己類（兒童教養保護機構所（院）長、主任其他兒童福利機構所（園、館）長、主任）	共二百七十小時	1.兒童福利專論：兒童保護、兒童權利、兒童福利政策與法規、各個兒童福利比較。 2.福利機構經營與管理：公共關係、財務管理、人力資源管理、領導與溝通。 3.專題討論：社會調查與研究、福利服務發展、方案規劃與評估、輔導與諮商、專題研究。

資料來源：內政部兒童局（2000）。

　　由上可知托育人員的專業訓練逐漸像幼教老師有系統且有規模了，為了提供高品質的托育服務給幼兒，持續不斷的在職進修是必須的。

　　整體而言，「兒童福利專業人員資格要點」對保育人員、助理保育人員、社工人員、保母人員、主管人員的資格取得已有詳細的規定，除了有意擔任公職者須取得國家考試及格外，還可透過學校專業的養成教育、接受基本專業訓練，經技能檢定，取得合格證照及透過國家考試及格取得證照等途徑。無論經由何種方式取得兒童福利專業人員的資格，我國兒童福利專業人員已邁入制度化及法制化，是顯而易見的事實，且期望透過該要點的實施，能提升托育服務的人員素質。

　　總之，在托育服務定位釐清、中央政府亦已頒訂專業人員資格標準後，養成教育體系勢必得在學制、課程內容以及教育目標檢討，甚至為學生所做之生涯規劃各方面有所修正。托育人員培育的重點，應從托育服務的兒童福利定位出發，使得托育人員的角色是社區幼兒保育專家、資源提供者、諮商者及社區工作催化者，而不再僅僅只是照顧者和教學者（馬祖琳，1996）。

第三節　教育訓練養成問題與趨勢

　　基於專業理論的概念，托育服務專業化的倡導更彰顯其重要性，現在家長孩子生得少，對於幼保工作越來越重視，幼保人員的責任和挑戰也越來越大，是以對於幼保人員的培訓至為重要。包括人類發展學、幼兒保育實務、幼兒教育學原理、幼兒行為評量和觀察、幼兒活動設計、幼教新趨勢等皆須有深入的鑽研，以滿足幼兒

本身發展的需要與家長的需求。幼保人員已成爲一種專業性的工作。因此，我國幼保人員培育機構更需深思未來的幼保人員應該具備什麼樣的教育專業，使其教學品質與教學效能一起提升，進而促進教保人員的專業形象及社會地位。

　　而目前我國較有系統的進修管道，除了學位進修外（包括學士學位或碩士學位），還包括兒童福利專業人員訓練課程、幼稚教育學程，以及「幼稚園及托兒所在職人員修習幼稚園教師師資職前教育課程」。這些課程提供了進修的機會，但其執行結果卻是有瑕疵的。

　　兒童福利專業人員訓練課程不必經過嚴格篩選，只要符合基本資格者均能進修，而其評核過程也不嚴謹；因爲取得資格容易、所花費用比修習學位便宜，造成大量開班而且班班客滿的結果。這些背景不強、僅以速成課程得到資格的人占著位置，正規訓練畢業生找工作會有困難，因而影響其情緒，甚至黯然離開職場，造成劣幣驅逐良幣的後果。在教育學程的進修上，師資培育法修正後提出多元師資培育管道的概念，也讓師院體系之外的大專院校學生有機會藉由修習教育學程取得教師資格。然而，爲了擠進教育學程，及取得幼稚園教師證的機會，保育員拼命唸書，考進去後課業壓力也很大，甚至造成課業影響本職的情形（張碧如，2003）。

　　目前，兒童福利專業人員訓練課程終於在幼托整合的政策性決定後即將走入歷史，在二○○三年八月一日，又有另一波「幼稚園及托兒所在職人員修習幼稚園教師師資職前教育課程」推出，其中甚至提供專科學校或高級中等學校畢業者，在取得大學學籍並修畢三十二個普通課程學分後，一個可以取得幼稚園教師資格的管道。在目前大專院校升學率已近百分之百的情形下，這個規定是否能眞正提升師資素質，也令人擔憂。

　　因此目前我國托育人員培育所面臨的問題，大致可歸納出下

列幾點：

1. 大多數的幼教學者專家皆表示幼稚園教師之資格應比照國小教師資格提升至大學程度，而托兒所教保人員卻只需具有高中（職）幼保相關學科畢業或普考保育人員及格資格即可擔任，幼托師資的法定資格差距懸殊。

2. 多數師資培育工作者具有高學歷，能提供許多理論基礎，但由於缺乏現場實務經驗，常面臨理論與實務很難兼顧的困境。

3. 政府督導機制不完整，無法有效控管，使得未立案園所及不合格托育人員充斥，劣幣驅逐良幣。

4. 目前幼教師資培育過程無法配合幼教現場的需求，因為培育機構幼教系課程結構缺乏多元及系統規劃；一般大學幼教學程的二十六學分之科目名稱與內容頗值得商榷，而兒童福利專業人員資格要點規定的培訓課程則更受爭議，有待改善。

5. 目前臺灣的資源分布仍極不均，臺北以外地區資源有限。因此各地合格的訓練單位，如「內政部擇定登記有案之訓練單位」，或「設有相關科系之大專院校」數量頗有差距，也許將影響到各地合格托育人員的供給量。

6. 我國保母八十小時托育相關養成訓練與英美兩國相比似乎稍嫌不足（Children's Defense Fund, 1991; NVQ, 2002）。又如丹麥政府的政策原則是高福利可保障高品質托育，也可使保母流動率降到最低（OECD, 2001）。反觀我國保母人員證照現非強制性，亦即不硬性規定一定要有證照者才能當保母收托小孩，所以有為數眾多的在業保母沒有接受任何形式的督導與管理，而政府相關單位亦無法掌握所有家庭保母的人數、分布、素質。

　　綜合上述，政府對目前托兒所教保人員與幼稚師資的法定資格差距懸殊，再加上目前托教人員的升遷管道不明確，私立托育服務機構人員異動頻繁且流失率偏高等問題，以致造成專業托教人員嚴重缺乏，或從事幼教事業意願低落。因此政府除了必須整體規劃托教人員專業發展之相關制度，政策性的支持托育服務專業發展，應開放培育管道，更需建立健全在職進修制度，落實托教人員成人教育，讓托教人員能藉由多元化且暢通的進修管道，激發參與進修的動機，強化終身學習理念，將理念融入於實務中且相契合，追求永續專業發展，主動積極追求富創意的多元新知，結合社區資源，拓展宏觀的視野共創雙贏乃當務之急。

參考書目

丁志權（2002），〈第二代「師資培育法」的變革與展望〉，《教師之友》，43卷4期，頁30-36。

內政部兒童局（2000），〈兒童福利專業人員訓練實施方案〉，http://www.cbi.gov.tw。

內政部兒童局（2004），〈兒童及少年福利機構專業人員資格及訓練辦法〉，http://www.cbi.gov.tw。

王順民（2005），〈課後照顧服務的一般性考察：現況處境與未來展望〉，http://www.npf.org.tw/PUBLICATION/SS/094/SS-R-094-011.htm。

李鍾元（1981），《兒童福利》。臺北：金鼎出版社。

馬祖琳（1996），〈保育專業人員的社區定位和角色功能〉，托育服務趨勢——托兒所與社區結合研討會，高雄縣政府。

張碧如（2003），〈學前教保育師資進修管道多元化的利與弊〉，《幼教簡訊》，11期，頁4-5。

教育部（2002），《幼托整合方案規劃專案報告》。臺北：教育部國教司。

郭靜晃、黃惠如（2001），《托育家庭的管理與佈置》。臺北：揚智。

馮燕（2005），〈托育問題〉，載於馮燕、李淑娟、謝友文、劉秀娟、彭淑華著，《兒童福利》。臺北：空大。

劉翠華（2001），〈走向教保合一的EDUCARE趨勢〉，《幼教資訊》，127期，頁15-18。

Children's Defense Fund (1991). *The State of America's Children 1991*. Washington, D.C., Children's Defense Fund.

Margaret, R., Debby, C. & Richard, M. (2002). Caregiver training and classroom quality in child care centers. *Applied Developmental Science*, 6 (1), pp.2-11.

NVQ (2002). Qualificaion. http://www.gov.uk/nvq/orgs.shtml.

OECD (2001). Early Childhood Education and Care Olicy in Denmark. Background Report, OECD Thematic Review of Early Childhood Education and Care Policy. OECD.

第十四章

托育服務專業人員資格

黃澤蘭、許芳玲

　　自從二〇〇四年「兒童福利專業人員資格要點」法令公布後，托育人員的培育管道逐漸走向多元化，不論是職前教育的培育或是在職進修的方式，托育人員品質的管制是比托育人員培訓的產量來得重要，因為托育品質的好壞與托育人員的素質息息相關。因此，政府相關單位除了開闢多元化的培訓機構外，托育人員資格的篩選制度更需嚴格的把關，以確保托育人員能達到專業的要求。以下就我國對托育人員資格的標準與規範來說明。

第一節　我國托育服務專業人員資格之發展

　　臺灣最早的幼稚教育始於明治三十年（1897），由蔡夢熊招聘二名女子師範畢業生為園長，地點位於關帝廟，然因經費無著、保母難尋、設備簡陋，在種種困難下，僅招收三年即被迫宣告停辦。日明治三十八年（1905）臺灣總督府發布府令第十六號「幼稚園規程」做為辦理幼兒教育的準繩，此法令為臺灣第一個幼稚教育法令，共計六條，保育年齡以滿三歲至入小學時為止之幼兒，同年又發布「臺北幼稚園規程」。日大正十年（1921），總督府發布府令第一〇九號制定「臺灣公立幼稚園規則」，至此臺胞適用的公立幼稚園乃正式被許可辦理，共計十八條，其規定凡設立與廢止、基地與建築物、編制、保育期間（滿三歲至入小學公學校）、收納員額、園長與保母任用資格、保母保育幼兒數、課程（遊戲、唱歌、談話、手工等）、保育費用等等，其項目具體而微，為一具前瞻性幼稚教育法規（林天祐等，2000）。

　　一九四五年臺灣光復以後，政府勵精圖治積極建設，對於兒童福利尤為重視，於一九五五年開始在各鄉鎮市成立農忙托兒所，

並由社會處邀集農林廳、財政廳、省農會等單位研擬推行辦法及擬定有關規章。一九七五年再將「農村托兒所」改稱爲「村里托兒所」，鼓勵各縣市鄉鎮廣爲設置。一九九三年臺灣省政府社會處爲健全村里托兒所行政組織，提高保育員素質，訂定「臺灣省各縣市立鄉鎮市立托兒所組織準則」（王靜珠，2001）。

一九二二年教育部公布實施新學制，開始確立幼稚園的名稱，並規定幼稚園收六歲以下之兒童，奠下了學前教育在學制內的一個基礎。一九三三年加入嬰兒教保員，以訓練不幸婦女爲保母人才，使能自立，隔年設置「家庭總部」，模擬家庭方式，可算是我國首度正式托育機構的創辦。從早期托育服務與幼稚園的發展，就種下兩個系統併行前因，幼稚教育一直沒有立法基礎，一九五三年公布兒童福利法草案，給予「托兒所設置辦法」法源後，兩者更是區分不明顯，社會大眾更無法細分兩種系統了（馮燕，1997）。

目前我國的托育服務機構工作人員可區分爲「幼稚園教師」與「托兒所保育人員」兩部分；換言之，目前我國的幼托師資是分開培育的情形。幼稚園教師依據一九九四、一九九五年通過之「教師法」及「師資培育法」規定，其教師資格認定已由專科提升至大學程度；幼稚園教師之培育機構由大專院校之幼兒教育學系，以及設置師資培育中心之大專院校負責，因此，幼稚園教師資格已具有完整的專業化制度。而托兒所保育人員之資格認定，主要依據內政部社會司於一九九五年七月五日頒布之「兒童福利專業人員資格要點」，將助理保育人員、保育人員、社工員、保母人員及其主管人員稱爲兒童福利專業人員，因此，兒童托育機構之工作者統稱爲兒童福利專業人員。而「兒童福利專業人員資格要點」也在二〇〇四年十二月二十三日由內政部兒童局修正爲「兒童及少年福利機構專業人員資格及訓練辦法」繼續實行之。

托兒所保育人員之培育工作，於一九九三年起，由技職教育

體系之大專院校陸續開設幼兒保育科系，建構從高職、專科、二技、四技及研究所碩士班等學制，使保育人員培育趨向完整之體制。

不過我國托育服務專業不管過去或現在大都沿用「幼稚園教師」與「托兒所保育人員」之資格，除了社工員或護理人員之外，學界希望提升托教之品質，托教人員希望提升自己的社會地位與薪資待遇，因此在資格的要求上也越來越高。但是工作場所環境不佳，造成合格的托育人員大量的流失；托育機構聘用不合格的托育人員依然可以運作（簡楚瑛，2004），直到「兒童及少年福利機構專業人員資格及訓練辦法」頒布後才有其他更明確的規定。

在家庭托育人員之專業培育方面，內政部兒童局督導各地方政府積極辦理家庭托育人員訓練，並於二〇〇〇年頒布「社區保母支持系統實施計畫」，而高雄市配合此計畫，積極推展「社區保母支持系統」，委託高雄家庭扶助中心與彭婉如文教基金會，將一千餘名保母編入社區托育互助網絡，並以「保母義工隊」為主軸，建構全國首創之「高雄市社區托育互助服務網」，便於家長就近提供適切之家庭托育服務。另外，自一九九八年正式實施保母人員技術士技能檢定，以培育專業之保母人員（林廷華，2004）。依據「兒童福利專業人員資格要點」之規定，保母人員應經技術士技能檢定及格取得技術士證。

 ## 第二節　幼托整合後之教保人員資格要點

原本我國的幼兒托育分別由教育與保育共同擔任。而國內近來開始注重兒童照顧與早期教育之調整，故行政院於一九九七年研

議「幼兒托育與教育整合方案」，以及二〇〇〇年重新組成「幼托整合推動委員會」，繼續展開推動工作，將有關法令加以整合，決議新訂「幼兒教育暨照顧法」作為母法，以利推動托育整合。初步達成以下結論（林萬億，2002）：

1.五至六歲兒童納入國民教育向下延伸一年。
2.兩歲以下幼兒屬兒童照顧為主，歸社會福利部門主管。
3.兩歲以上未滿五歲之兒童照顧機制整合為「幼兒園」（暫訂），歸社會福利部門主管。

因應幼兒托育與教育整合方案，國內相關學者對於幼托合一議題之探討，幾乎達到一致的共識，即幼托人員應合流分級（鄭瑞菁、張翠娥，2000）。

一、「幼托整合草案」之師資資格要點

二〇〇三年內政部兒童局發布之「幼托整合草案」表示：幼托整合中師資整合之規劃方向有下列幾點：

(一)專業人員之分級、培訓及任用

1.未來相關人員分為幼教教師、教保員、助理教保員、保母及課後照顧人員五類，其相關資格如下：
　(1)幼教教師：指大學以上幼教相關科系畢業，或大學以上非幼教相關科系畢業已修畢幼教認可學程，並取得幼兒教師資格者，擔任五歲國民教育幼兒班之教師，適用「師資培育法」。
　(2)教保員：指大專以上幼教、幼保相關科系畢業者，以及

　　大專以上非幼教或幼保相關科系畢業已修畢幼教或幼保
　　資格認可學程者，負責五歲以下之學前幼托工作。

(3)助理教保員：指高中職幼保相關科別畢業者，以及高中
　　職非幼保相關科別畢業已修畢幼保資格認可學程者，協
　　助教保員進行五歲以下之學前幼托工作。

(4)保母：指通過保母證照檢定者，從事家庭托育或受聘於
　　托嬰中心，負責零至兩歲之托嬰工作。

(5)課後照顧人員：暫依教育部會同內政部訂定之「國民小
　　學辦理兒童課後照顧服務及人員資格標準」辦理。

2.前述專業人員之培訓以「資格認可學程」或「職業訓練課
　程」方式規範之。其中有關「職業訓練課程」係針對保母及
　課後照顧人員而設，其內容及實施辦法另訂之；至於「資格
　認可學程」與各相關、非相關學系之關係，可分為三種：

(1)學程科目完全內含於幼教學系、幼保學系，或設有幼
　　教、幼保組群之相關學系之學位授予課程中，基本上這
　　些學系（組）認定該系（組）學生之培訓目標涵蓋此專
　　業資格。

(2)學程科目部分內含，部分外加於相關學系中（如社工、
　　福利、心理、家政等），基本上這些學系同意學生可以
　　選擇幼教或幼保專業，亦允許學生可以在學位授予學分
　　中有若干學分屬幼教或幼保課程，其餘未受內含之學分
　　則採外加方式。

(3)類似現行之教育學程制度，完全外加，為提供非相關學
　　系者選擇幼教或幼保專業所需修習之用。

(二)現職人員之轉換

1.目前幼托職場上之助理保育人員，於整合後改稱為助理教保員；保育人員改稱教保員（幼兒園教師同時兼具教保員資格）；幼稚園園長、托兒所所長可繼續採認為（幼兒園）園長，惟僅具高中職學歷者，須於一定期限內取得大學或以上學歷。

2.目前具幼稚園教師資格者，整合後仍稱為教師。另依師資培育法第二十四條規定：「本法修正施行前，已從事幼稚園或托兒所工作並繼續任職之人員，由中央主管機關就其擔任教師應具備之資格、應修課程及招生等相關事項之辦法另定之。」符合資格之在職人員，須於一定期限內修畢幼稚園師資職前課程之教育專業課程及全時教育實習；惟具專科學校或高中職畢業學歷者，須另於一定期限內取得大學畢業學歷。

二、「兒童教育及照顧法草案」之師資資格要點

教育部（2007）發布之「兒童教育及照顧法草案」第三章中提到「教保人員與其他人員資格」，分述如下：

1.幼兒園教師應依師資培育法規定取得幼兒園教師資格；幼兒園教師資格於師資培育法相關規定未修正增訂前，適用幼稚園教師資格之規定。

2.教保員應具備下列資格之一：
　(1)國內大學或經教育部認可之國外大學幼兒教育、幼兒保育相關系所畢業。

(2)國內大學或經教育部認可之國外大學非幼兒教育、幼兒
保育相關系所畢業，並修畢幼兒教育、幼兒保育輔系或
教保學程者。

前項相關系所及教保學程之認定標準，由教育部定之。

3.助理教保員應具備下列資格之一：

(1)國內高級中等以上學校幼兒保育相關學程、科系畢業。

(2)國內高級中等以上學校非幼兒教育及幼兒保育相關科系
畢業，並修畢助理教保員課程者。

前項相關學程、科系及助理教保員課程之認定標準，由教育
部定之。

4.保母人員應具備下列資格之一：

(1)高級中等以上學校幼兒保育、家政、護理相關科畢業，
並取得保母人員丙級技術士證。

(2)修畢保母訓練課程，並取得保母人員丙級技術士證。

前項第二款之訓練，由直轄市、縣（市）主管機關自行或委
託教保專業組織辦理；其訓練課程及相關事項之認定標準，
由內政部定之。第一項保母人員丙級技術士應檢資格之標
準，由內政部會同行政院勞工委員會定之。

5.課後照顧服務人員應具備下列資格之一：

(1)高級中等以下學校教師或幼兒園教師。

(2)教保員或助理教保員。

(3)高級中等以上學校非幼兒教育及幼兒保育相關科系畢
業，並經課後照顧服務人員訓練及格。

(4)曾任國民小學兼任、代理、代課教師或教學支援工作人
員。

前項第三款之訓練，由直轄市、縣（市）主管機關自行或委
託教保專業組織辦理；其訓練課程及相關事項之認定標準，

由教育部定之。

 ## 第三節 問題與趨勢

隨著科技的進步、知識的發達，人類社會越來越講求專業化。專業化是社會對各行各業的從業人員的基本要求，因此追求專業已經成為工業化時代不可逆轉的趨勢，也是現代社會的潮流。隨著社會的變遷，教育與照顧事業既是國家百年根基，而幾乎所有研究顯示兒童健全發展和早年經驗的重要性，因此托育服務建立專業、朝向專業化乃刻不容緩的議題（Cameron, 2005）。

一、提升托育服務人員專業形象

長期以來，由於托育人員工作薪資偏低、福利差又無工作保障等因素，造成托育人員流動率高，也造成托育師資供需之間嚴重不平衡，也衝擊整個托教生態及其專業品質（Liu, 2004; 王順民等，2001）。

從法令的觀點來看，目前我國在中、小學及幼稚園合格教師證的核發上，以學歷和通過教師實習課程作為核發專業證照的依據。幼兒教師在通過合格的認證制度取得正式教師資格之執照後，幼兒教師即為具有專業資格的專業教師。然而在一般社會大眾的眼中，教師的專業地位與受尊敬的程度卻不及同樣領有專業執照的醫師、律師或建築師。在整個教師體系中，以受教年齡最低的幼稚園小朋友為教導對象的幼兒教師更是如此。因幼兒教師工作內容繁瑣，幼兒教師雖需具備各式各樣的知識與能力，以設計符合幼兒發

展與學習的課程活動，然而，因幼兒教師教育對象為身心尚未發展成熟的幼兒，幼兒教師為配合幼兒的發展與學習需要，常需籍由歌唱、律動、說故事、遊戲等方式實施教學，但這些方式卻形成外界人士誤以為幼兒教師的工作只是陪幼兒玩耍、唱歌、哄小孩的刻板印象，他們認為這些工作與保母照顧幼兒並無不同，僅將幼兒教師視為是照顧幼兒的另一位保母，因此，位居為半專業的幼兒教師，其職業的專業度更受質疑。

然而現行之幼兒保育及教育制度，分屬內政及教育部門，二者招收之年齡層部分重疊，除了使幼兒照顧品質有兩套標準外，亦造成社政及教育資源的部分重疊，故自二○○一年起，「幼托整合」即為學齡前教保之努力重點，二○○三年內政部及教育部初步決定未來幼托之方向朝向：兩歲以下托嬰部分，由內政部主管；兩至未滿五歲設置幼兒園，專業人員為教保員、助理教保員（未來朝向教保師方向規劃），主管機關為內政部；五至未滿六歲，擬納入國民教育，即國民教育下修一年，專業人員為教師，主管機關為教育部（內政部統計處，2006a）。目前我國的幼兒教保卻因為教育與保育的混淆，而出現社政及教育資源的部分重疊。在政策方面，臺灣的幼托整合（integrated ECEC programs）尚未落實，也稱不上所謂的教保平行（education and childcare two parallel system）。二○○六年六月底，托育機構之保母人數有785人，教保員18,528人，助理教保員5,513人，保母教保員合計24,826人；平均每人負擔13.21位兒童（內政部統計處，2006a）。在民間方面，教保人員被視為是保母也是老師。

當外界質疑托育人員的專業性時，托育人員的自我表現是否也不期然地符合這樣的懷疑？如果托育人員自認為這是一份「看顧小孩」的工作時，那如何能提升托育品質與專業知能呢？專業、不專業的認定，不在學者專家，而是在於身為職場人員如何看待自己

的工作，因為對於工作的定義與定位，須來自於處於該職場的人員才有意義（王淑英、孫嫚薇，2003；王淑英、張盈堃，1999；巫鐘琳，2006）。

兒童福利是一種專業工作，有賴專業人員的推動，以收預期效果。綜合上述幼兒教育的蓬勃發展，促使父母對於幼保品質的要求也越來越高，教保人員如果沒有充足的專業能力以及專業認知，無法因應日趨多元化的幼兒教保工作。因此，教保人員的專業能力與認知，往往是幼兒教保工作品質提升與否的重要關鍵。在成為一位托育人員之前，必須先思考自己想要成為什麼樣的托育人員、需要具備什麼樣的專業知能、需要接受什麼樣的訓練與課程，最重要的是，我是否能夠成為一位能夠認同自己、別人也能認同我的托育人員（巫鐘琳，2006）。對一位教保人員而言，當他開始試著去思考這些問題時，並瞭解本身專業能力與認知的狀況，可以據此進一步充實自己，而托育人員的專業也能有提升與改進的機會。

因此為建立托育服務專業化，政府相關單位對於托育人員之培育、在職訓練、專業角色與地位、專業證照制度應加以規範，適時檢討法規之適用性，並落實托育機構評鑑與建立高品質托育服務之指標，以提升托育服務的專業化。

二、專業化之托育服務需求

雖然二〇〇五年我國僅有二十萬五千的新生兒，出生率降為千分之九點一（內政部戶政司，2005），但生育仍為女性之天職，現今社會更是必須面對家庭與工作挑戰的雙職；也因此隨著女性就業人口日益增加，母親親自照顧幼兒的比率逐年降低，而必須向外尋求協助，托育服務成為父母最需要的社會福利。Liljestrom（1978）和Ruggie（1984）也提到托育服務是婦女就業和性別平等

的問題，也是一個雙薪家庭中，兩個同等地位的父母，兩個賺錢養家的成員，兩個社會的公民，也是生活中的兩個個人，有其個別的時間安排和生活需求。有了質優價廉的托育服務，婦女就不會陷入傳統的性別分工角色，家庭也不會將生兒育女視爲婦女的理所當然的責任，婦女有更多時間安排個人生活，參與勞動市場和各種社會活動，成爲一個經濟自主、生活自主的公民（邱貴玲，2003）。所以爲促進幼兒之身心健康與平衡發展，並配合家庭需求、協助婦女就業，並增進兒童福利，提升國家整體托育服務專業素質，提供兼具教育、親職與保育專業功能的專業機構爲主要目標。

換言之，即使少子化，托育機構仍如雨後春筍不斷成長設立，究其成因是現代父母對幼兒學前教育的重視、彌補育兒經驗的不足、讓幼兒及早學習，最後爲解決雙薪家庭的托育問題。

許多以福利國爲國家發展政策取向的先進國家，將托育服務納入國家福利制度，使托育服務具專業性及有保障，讓民眾有更多的空間和彈性規劃家庭生活，選擇托育服務的方式（Kabeer, 1997; Siim, 2000; Leira, 2002）。因此我國爲提升托育服務的專業性，並導引托育服務朝向專業領域發展，政府訂頒「兒童福利專業人員資格要點訓練實施方案」，並委託大專院校積極辦理專業訓練，對提升整體托育體系之專業素質有莫大的助益。另除督導各地方政府辦理家庭保母培訓工作外，並於一九九八年三月正式實施保母人員技術士技能檢定，期能廣爲培訓專業保母人員，截至二○○六年，已輔導40,553人取得保母技術士證照，並於各地方政府建立四十個保母支持系統（王順民等，2001；內政部統計處，2006b），以期能提升托育品質的質與量及邁向專業化發展。

參考書目

內政部戶政司（2005），〈歷年人口總數、年增加、自然增加、出生、死亡數及其比率〉，http://www.ris.gov.tw/ch4/static/st20-1.xls。

內政部兒童局（2003），〈幼托整合規劃結論報告書（草案）簡明版〉，http://www.cbi.gov.tw/upload/files/download/06/06030113201.doc。

內政部統計處（2006a），〈內政統計通報九十五年第三十八週（95年6月底托育機構概況）〉，http://www.moi.gov.tw/stat/main_1.asp?id=2375。

內政部統計處（2006b），〈內政概要〉，http://www.moi.gov.tw/outline2007/5.htm。

王淑英、孫嫚薇（2003），〈托育照顧政策中的國家角色〉，《國家政策季刊》，2卷4期，頁147-174。

王淑英、張盈堃（1999），〈托育政策女性化與相關政策檢視〉，《婦女與兩性學刊》，10期，頁167-194。

王順民、郭靜晃、黃志成、張瓊云、曾華源、蔡宏昭、劉邦富（2001），《兒童福利——兒童照顧方案規劃》。臺北：揚智。

王靜珠（2001），《托育機構行政管理與實務》。臺北：龍騰。

巫鐘琳（2006），〈托育人員專業發展〉，載於葉郁菁主編，《托育服務》。臺北：心理。

林天祐等編著（2000），《臺灣教育探源》，國立教育資料館。

林廷華（2004），〈托育服務〉，載於彭淑華等著，《兒童福利——理論與實務》。臺北：偉華。

林萬億（2002），《「幼兒教育暨照顧法」專案研究期中報告》。臺中：內政部兒童局。

邱貴玲（2003），〈托育服務的國際觀：從丹麥經驗談起〉，《社區發展季刊》，101期，頁266-275。

教育部（2007），〈兒童教育及照顧法草案〉，http://www.ece.moe.edu.tw/。

馮燕（1997），《托育服務：生態觀點的分析》。臺北：巨流。

鄭瑞菁、張翠娥（2000），〈教保師資培育、進修現況探討〉，於高雄縣政府主辦，全國教保專業師資研討會講義。臺北：高雄縣婦幼青少年館。

簡楚瑛（2004），〈從幼托整合政策研究軌跡看幼教政策未來發展方向應思考之問題〉，《兒童及少年福利期刊》，6期，頁1-7。

Cameron, C. (2005). Building on an integrated workforce for a long-term vision of universal early education and care. (leading the Vision Policy Papers: No.3). London: Daycare Trust.

Esping-Andersen, G. (1990). *The Three Worlds of Welfare Capitalism*. Princeton, US: Princeton University Press.

Kabeer, N. (1997). *Reversed Realities: Gender Hierarchies in Development Thought*. New York: Verso Press.

Leira, A. (2002). *Working Parents and the Welfare States: Family Change and Policy Reform in Scandinavia*. London: Cambridge University Press.

Liljestrom, R. (1978). "Sweden" in Kamerman, S. and Kahn, A. (eds.), *Family Policy Government and Families in Fourteen Countries*. New York: Columbia University.

Liu, C. H (2004). Preschool teacher stress. Unpublished PhD dissertation of Education School, Birmingham University, UK.

Ruggie, M. (1984). *The State and Working Women: A Comparative Study of Britain and Sweden*. Princeton: Princeton University Press.

Siim, B. (2000). *Gender and Citizenship: Politics and Agency in France, Britain, and Denmark*. Cambridge, UK: Cambridge University Press.

附錄一　兒童及少年福利機構專業人員資格及訓練辦法

九十三年十二月二十三日
臺內童字第0930093916號令發布

第一條　本辦法依兒童及少年福利法（以下簡稱本法）第五十一條
　　　　規定訂定之。

第二條　本法所稱兒童及少年福利機構（以下簡稱機構）專業人
　　　　員，其定義如下：

　　　　一、教保人員、助理教保人員：指於托育機構提供兒童
　　　　　　教育保育服務之人員。

　　　　二、保母人員：指於托育機構、安置及教養機構照顧未
　　　　　　滿二歲兒童之人員。

　　　　三、早期療育教保人員、早期療育助理教保人員：指於
　　　　　　早期療育機構提供發展遲緩兒童教育保育服務之人
　　　　　　員。

　　　　四、保育人員、助理保育人員：指於安置及教養機構提
　　　　　　供兒童生活照顧之人員。

　　　　五、生活輔導人員、助理生活輔導人員：指於安置及教
　　　　　　養機構提供少年生活照顧之人員。

　　　　六、心理輔導人員：指於安置及教養機構、心理輔導或
　　　　　　家庭諮詢機構及其他兒童及少年福利機構，提供兒
　　　　　　童及少年諮詢輔導服務之人員。

　　　　七、社會工作人員：指於托育機構、早期療育機構、安
　　　　　　置及教養機構、心理輔導或家庭諮詢機構及其他兒

童及少 年福利機構，提供兒童及少年入出院、訪視
調查、資源整合等社會工作服務之人員。

八、主管人員：指於機構綜理業務之人員。

第三條　教保人員應具備下列資格之一：

一、專科以上學校幼兒教育、幼兒保育相關科、系、所
畢業或取得其輔系證書者。

二、專科以上學校畢業，並修畢幼稚園教師教育學程或
教保核心課程者。

三、高中（職）學校畢業，於本辦法施行前，已修畢兒
童福利專業人員訓練實施方案乙類、丙類訓練課
程，並領有結業證書者，於本辦法施行日起十年
內，得遴用為教保人員。

四、普通考試、丙等特種考試或委任職升等以上考試社
會行政職系及格，並修畢教保核心課程者。

第四條　助理教保人員應具備下列資格之一：

一、高中（職）以上學校幼兒保育相關科畢業者。

二、高中（職）以上學校畢業，並修畢教保核心課程
者。

三、高中（職）學校家政、護理等科畢業，於本辦法施
行日起十年內，得遴用為助理教保人員。

四、高中（職）學校畢業，於本辦法施行前，已修畢兒
童福利專業人員訓練實施方案甲類訓練課程，並領
有結業證書者，於本辦法施行日起十年內，得遴用
為助理教保人員。

第五條　保母人員應具備下列資格之一：

一、高中（職）以上學校幼兒保育、家政、護理相關科
畢業，並取得保母人員丙級技術士證者。

二、高中（職）以上學校畢業，修畢保母、教保或保育
核心課程，並取得保母人員丙級技術士證者。

三、其他於本辦法施行前，已取得保母人員丙級技術士
證者，於本辦法施行日起十年內，得遴用為保母人
員。

第六條　早期療育教保人員應具備下列資格之一：

一、專科以上學校醫護、職能治療、物理治療、教育、
特殊教育、早期療育、幼兒教育、幼兒保育、社
會、社會工作、心理、輔導、青少年兒童福利或家
政相關科、系、所、組畢業或取得其輔系證書者。

二、專科以上學校畢業，並修畢學前特殊教育學程或早
期療育教保核心課程者。

三、專科學校畢業，依身心障礙福利服務專業人員遴用
訓練及培訓辦法取得身心障礙福利服務教保員資格
者，於本辦法施行日起十年內，得遴用為早期療育
教保人員。

四、普通考試、丙等特種考試或委任職升等以上考試社
會行政職系及格，並修畢早期療育教保核心課程
者。

第七條　早期療育助理教保人員應具備下列資格之一：

一、高中（職）以上學校幼兒保育、家政、護理相關科
畢業者。

二、高中（職）以上學校畢業，修畢早期療育教保核心
課程者。

三、高中（職）學校畢業，依身心障礙福利服務專業人
員遴用訓練及培訓辦法取得身心障礙福利服務教保
員資格 者，於本辦法施行日起十年內，得遴用為早

期療育助理教保人員。

第八條　保育人員應具下列資格之一：

一、專科以上學校幼兒教育、幼兒保育、家政、護理、青少年兒童福利、社會工作、心理、輔導、教育、犯罪防治、社會福利、性別相關科、系、所、組畢業或取得其輔系證書者。

二、專科以上學校畢業，並修畢國民小學教師教育學程或保育核心課程者。

三、普通考試、丙等特種考試或委任職升等以上考試社會行政職系及格，並修畢保育核心課程者。

第九條　助理保育人員應具備下列資格之一：

一、高中（職）以上學校幼兒保育、家政、護理相關科畢業者。

二、高中（職）以上學校畢業，並修畢保育核心課程者。

三、初等考試或丁等特種考試以上社會行政職系及格，並修畢保育核心課程者。

第十條　生活輔導人員應具下列資格之一：

一、專科以上學校家政、護理、青少年兒童福利、社會工作、心理、輔導、教育、犯罪防治、社會福利、性別相關科、系、所、組畢業或取得其輔系證書者。

二、專科以上學校畢業，並修畢生活輔導核心課程者。

三、普通考試、丙等特種考試或委任職升等以上考試社會行政職系及格，並修畢生活輔導核心課程者。

第十一條　助理生活輔導人員應具備下列資格之一：

一、高中（職）以上學校家政、護理相關科畢業者。

二、高中（職）以上學校畢業，並修畢生活輔導核心
課程者。

第十二條　心理輔導人員應具下列資格之一：

一、專科以上學校心理、輔導、諮商相關科、系、
所、組畢業或取得其輔系證書者。

二、專科以上學校社會工作、青少年兒童福利、社會
福利、教育、性別相關科、系、所、組畢業，並
修畢心理輔導核心課程者。

第十三條　社會工作人員應具下列資格之一：

一、社會工作師考試及格者。

二、專科以上學校社會工作、青少年兒童福利、社會
福利相關科、系、所、組畢業或取得其輔系證書
者。

三、專科以上學校畢業，於本辦法施行前，已修畢兒
童福利專業人員訓練實施方案丁類訓練課程，並
領有結業證書者，於本辦法施行日起十年內，得
遴用為社會工作人員。

四、高等考試、乙等特種考試、薦任職升等考試社會
行政職系及格，並修畢社會工作核心課程者。

第十四條　托育機構主管人員應具備下列資格之一：

一、研究所以上幼兒教育、幼兒保育相關系、所畢
業，且有二年以上托育機構或幼稚園教保經驗
者。

二、大學幼兒教育、幼兒保育相關系、所畢業或取得
其輔系證書，具教保人員資格，且有二年以上托
育機構或幼稚園教保經驗，並修畢主管核心課程
者。

三、大學畢業，具教保人員資格，且有三年以上托育
機構或幼稚園教保經驗，並修畢主管核心課程
者。

四、專科畢業，具教保人員資格，且有四年以上托育
機構或幼稚園教保經驗，並修畢主管核心課程
者。

五、高中（職）學校畢業，具教保人員資格，且有五
年以上托育機構教保經驗，於本辦法施行前，已
修畢兒童福利專業人員訓練實施方案戊類訓練課
程，並領有結業證書者，於本辦法施行日起十年
內，得遴用為托育機構主管人員。

六、高等考試、乙等特種考試或薦任職升等考試社會
行政職系考試及格，具有二年以上托育機構教保
經驗，並修畢主管核心課程者。

前項托育機構或幼稚園教保經驗，以直轄市、縣
（市）主管機關或教育主管機關所開立服務年資
證明為準。

第十五條　早期療育機構主管人員應具下列資格之一：

一、研究所以上青少年兒童福利、幼兒教育、幼兒保
育、社會工作、心理、輔導、特殊教育、早期療
育相關系、所、組畢業者，具有二年以上兒童及
少年福利、身心障礙福利機構工作經驗者。

二、大學青少年兒童福利、幼兒教育、幼兒保育、社
會工作、心理、輔導、特殊教育相關系、所、組
畢業，具有二年以上兒童及少年福利、身心障礙
福利機構工作經驗，並修畢主管核心課程者。

三、大學畢業，具第三條、第六條、第八條、第十

條、第十二條、第十三條所定專業人員資格之
一，且有三年以上兒童及少年福利、身心障礙福
利機構工作經驗，並修畢主管核心課程者。

四、專科畢業，具第三條、第六條、第八條、第十
條、第十二條、第十三條所定專業人員資格之
一，且有四年以上兒童及少年福利、身心障礙福
利機構工作經驗，並修畢主管核心課程者。

五、高等考試、乙等特種考試或薦任職升等考試社會
行政職系及格，具有二年以上兒童及少年福利、
身心障礙福利機構工作經驗，並修畢主管核心課
程者。

六、具有醫師、治療師、心理師、社會工作師、特殊
教育教師資格者，具有三年以上兒童及少年福
利、身心障礙福利或相關機構工作經驗，並修畢
主管核心課程者。

第十六條　安置及教養機構主管人員應具下列資格之一：

一、研究所以上青少年兒童福利、社會工作、心理、
輔導、教育、犯罪防治、家政、社會福利相關
系、所、組畢業者，具有二年以上兒童及少年福
利機構工作經驗者。

二、大學青少年兒童福利、社會工作、心理、輔導、
教育、犯罪防治、家政、社會福利相關系、所、
組畢業或取得其輔系證書者，具有二年以上兒童
及少年福利機構工作經驗，並修畢主管核心課程
者。

三、大學畢業，具第三條、第六條、第八條、第十
條、第十二條、第十三條所定專業人員資格之

一，且有三年以上兒童及少年福利機構工作經驗，並修畢主管核心課程者。

四、專科學校畢業，具第三條、第六條、第八條、第十條、第十二條、第十三條所定專業人員資格之一，且有四年以上兒童及少年福利機構工作經驗，並修畢主管核心課程者。

五、高中（職）學校畢業，具保育人員資格，且有五年以上兒童及少年福利相關機構教保經驗，於本辦法施行前，已修畢兒童福利專業人員訓練實施方案己類訓練課程，並領有結業證書者，於本辦法施行日起十年內，得遴用為安置及教養機構主管人員。

六、高等考試、乙等特種考試或薦任職升等考試社會行政職系考試及格，具有二年以上安置及教養機構工作經驗，並修畢主管核心課程者。

七、具有醫師、護理師、心理師、社會工作師、教師資格，且有三年以上兒童及少年福利或相關機構工作經驗，並修畢主管核心課程者。

第十七條　心理輔導或家庭諮詢機構、其他兒童及少年福利機構主管人員應具下列資格之一：

一、研究所以上青少年兒童福利、社會工作、心理、輔導、教育、犯罪防治、家政、社會福利相關系、所、組畢業者，具有二年以上社會福利相關機構工作經驗者。

二、大學青少年兒童福利、社會工作、心理、輔導、教育、犯罪防治、家政、社會福利相關系、所、組畢業或取得其輔系證書者，具有二年以上社會

福利相關機構工作經驗，並修畢主管核心課程
者。

三、大學畢業，具第三條、第六條、第八條、第十
條、第十二條、第十三條所定專業人員資格之
一，且有三年以上社會福利相關機構工作經驗，
並修畢主管核心課程者。

四、專科學校畢業，具第三條、第六條、第八條、第
十條、第十二條、第十三條所定專業人員資格之
一，且有四年以上社會福利相關機構工作經驗，
並修畢主管核心課程者。

五、高中（職）學校畢業，具保育人員資格，且有五
年以上兒童及少年福利機構教保經驗，於本辦法
施行前，已修畢兒童福利專業人員訓練實施方案
己類訓練課程，並領有結業證書者，於本辦法施
行日起十年內，得遴用為其他兒童及少年福利機
構主管人員。

六、高等考試、乙等特種考試或薦任職升等考試社會
行政職系考試及格，具有二年以上托育機構、兒
童安置及教養、心理輔導或家庭諮詢、其他兒童
及少年福利機構工作經驗，並修畢主管核心課程
者。

七、具有醫師、護理師、心理師、社會工作師、教師
資格，且有三年以上兒童及少年福利或相關機構
工作經驗，並修畢主管核心課程者。

第十八條　本辦法所定核心課程之修習方式、課程名稱及內容、時
數，由中央主管機關定之。

修習不同類別核心課程，其課程名稱相同者得抵免

之。

第十九條　本辦法所定核心課程由主管機關自行、委託設有相關科
　　　　　系之大專校院辦理或以補助方式辦理。必要時，得專案
　　　　　報中央主管機關核准後辦理。

　　　　　前項核心課程之授課者，應具備下列資格之一：

　　　　　一、大專校院教師資格者。

　　　　　二、相關實務經驗，並報經主管機關核准者。

　　　　　依本辦法規定接受核心課程及格者，由主管機關發給
　　　　　證明書，其格式由中央主管機關定之。

第二十條　專業人員訓練，類別如下：

　　　　　一、職前訓練：對新進用之專業人員實施之訓練。

　　　　　二、在職訓練：對現任之專業人員實施之訓練。

第二十一條　職前訓練依機構特性辦理，訓練內容應包括簡介機構
　　　　　　環境、服務內容、經營管理制度及相關法令等。

第二十二條　在職訓練每年至少二十小時，訓練內容應採理論及實
　　　　　　務並重原則辦理。

第二十三條　在職訓練辦理方式如下：

　　　　　　一、由主管機關自行、委託或補助機構、團體辦
　　　　　　　　理。

　　　　　　二、由機構自行或委託機構、團體辦理。

　　　　　　三、由目的事業主管機關辦理。

第二十四條　專業人員參加在職訓練，應給予公假。

第二十五條　本辦法核心課程之修習及專業人員之訓練，由辦理機
　　　　　　關或機構自行編列經費；必要時，得收取相關訓練
　　　　　　用。

第二十六條　本辦法施行前，除第四條第二款外，已依兒童福利專
　　　　　　業人員訓練實施方案修畢訓練課程，並領有結業證書

者，視同已修畢本辦法相關核心課程。

第二十七條　本辦法施行前，已依兒童福利專業人員資格要點取得專業人員資格，且現任並繼續於同一職位之人員，視同本辦法之專業人員。

前項人員轉任其他機構者，應符合本辦法專業人員資格。

第二十八條　山地、偏遠、離島、原住民地區機構遴用專業人員有困難者，得專案報請直轄市、縣（市）主管機關審查，並經中央主管機關同意後酌予放寬人員資格。

第二十九條　本辦法自發布日施行。

附錄二　兒童教育及照顧法草案版本

二〇〇七年一月二十四日教育部公布

第一章　總則

第一條　爲保障兒童接受適當教育及照顧之權利，確立兒童教育及照顧方針，健全兒童教育及照顧體系，以促進其身心健全發展，特制定本法。

兒童之國民教育，依國民教育法之規定辦理。

第二條　本法用詞，定義如下：

一、兒童：指未滿十二歲之人。

二、幼兒：指入國民小學前之兒童。

三、教育及照顧服務（以下簡稱教保服務）：指對兒童提供之居家式照顧服務、對幼兒提供之托嬰中心照顧服務、幼兒園教保服務及對國民小學階段兒童提供之課後照顧中心課後照顧服務。

四、教保機構：指提供教保服務之托嬰中心、幼兒園、課後照顧中心。

五、托嬰中心：指提供未滿二歲幼兒照顧服務之教保機構。

六、幼兒園：指提供二歲以上幼兒教保服務之教保機構。

七、課後照顧中心：指提供國民小學階段兒童課後照顧服務之教保機構。

八、教保機構負責人：指教保機構設立登記之名義人；

其為法人者，指其代表人。

九、教保人員：指園長、主任、教師、教保員、助理教
保員、課後照顧服務人員及保母人員。

十、居家式照顧服務：指兒童由其三親等內親屬以外之
人於居家環境中提供收費之照顧服務。

第三條　居家式照顧服務及托嬰中心照顧服務之主管機關：在中
央為內政部；在直轄市為直轄市政府；在縣（市）為縣
（市）政府。

幼兒園教保服務及課後照顧中心課後照顧服務之主管機
關：在中央為教育部；在直轄市為直轄市政府；在縣
（市）為縣（市）政府。

本法所定事項涉及各目的事業主管機關業務時，各該機
關應配合辦理。

第四條　教育部及內政部依其主管分別掌理下列事項：

一、教保服務政策及法規之研擬。

二、教保服務理念、法規之宣導及推廣。

三、全國性教保服務之方案策劃、研究、獎助、輔導及
評鑑規劃。

四、地方教保服務行政之監督及指導。

五、教保人員之人力規劃、培訓及人才庫建立。

六、全國性教保服務基本資料之蒐集、調查、統計及公
布。

七、其他全國性教保服務之相關事項。

第五條　直轄市、縣（市）主管機關掌理下列事項：

一、地方性教保服務方案之規劃、實驗、推展及獎助。

二、居家式照顧服務與教保機構之登記、設立、監督、
輔導及評鑑工作。

三、教保人員之監督、輔導、管理及在職訓練。

四、親職教育之規劃及辦理。

五、地方性教保服務基本資料之蒐集、調查、統計及公布。

六、其他地方性教保服務之相關事項。

第二章　教保服務

第六條　教保服務應以兒童為主體，遵行兒童本位精神，秉持性別、族群、文化平等、教保並重及尊重家長之原則辦理。推動與促進兒童教保服務工作發展，為政府、社會、家庭、教保機構及教保人員共同之責任。政府對處於經濟、文化、身心、族群及區域等不利條件之兒童，應優先提供其接受適當教保服務之機會。教保機構及教保人員處理兒童相關事務時，應以兒童之最佳利益為優先考量。

第七條　居家式照顧服務分類如下：

一、照顧包括未滿二歲幼兒在內之兒童四人以下者。

二、照顧二歲至國民小學階段兒童五人以下者。

前項第一款之居家式照顧服務，每一教保人員至多照顧兒童二人；第二款之居家式照顧服務，每一教保人員至多照顧兒童三人。

本法施行滿三年之日起，提供未滿二歲幼兒居家式照顧服務者，應具備保母人員資格；提供二歲至國民小學階段兒童居家式照顧服務者，應具備教保人員資格。

居家式照顧服務應向直轄市、縣（市）主管機關辦理登記後始得收托；其登記、管理、居家環境、收退費基準、照顧服務內容、評鑑、撤銷與廢止登記及其他應遵行事項之辦法，由內政部定之。

前項登記、管理及居家環境檢查事項，直轄市、縣（市）主管機關得委由民間機構、團體辦理。

本法施行前已從事居家式照顧服務者，應自本法施行之日起六個月內，向直轄市、縣（市）主管機關辦理登記。

第八條　教保機構分類如下：

一、托嬰中心。

二、幼兒園。

三、課後照顧中心。

教保機構得提供作為社區兒童教保資源中心，發揮社區資源中心之功能，協助推展社區活動及社區親職教育。

教保機構應經直轄市、縣（市）主管機關許可設立，並於取得設立許可後始得招生。但國民小學於原校辦理兒童課後照顧服務者，不在此限。

前項國民小學辦理兒童課後照顧服務者，其辦理方式及人員資格等相關事項標準，由教育部定之。

教保機構之設置基準、設立、改建、遷移、擴充、增加幼兒人數、更名與變更負責人程序及應檢具之文件、停辦、撤銷與廢止許可、督導管理及其他應遵行事項之辦法，由教育部及內政部分別定之。

第九條　托嬰中心之照顧服務內容如下：

一、提供生理、心理及社會需求滿足之相關服務。

二、提供營養、保健及安全之相關服務。

三、提供適宜發展之環境及學習活動。

四、記錄生活及成長過程。

五、舉辦促進親子關係之活動。

六、其他有利於未滿二歲幼兒發展之相關服務。

前項照顧服務實施準則,由內政部定之。

第十條　幼兒園之教保服務內容如下:

一、提供生理、心理及社會需求滿足之相關服務。

二、提供營養、保健及安全之相關服務。

三、提供適宜發展之環境及學習活動。

四、提供增進身體動作、語文、認知、美感、情緒發展與人際互動等發展能力與培養基本生活能力、良好生活習慣及積極學習態度之學習活動。

五、記錄生活與成長及發展與學習活動過程。

六、舉辦促進親子關係之活動。

七、其他有利於幼兒發展之相關服務。

前項教保課程大綱及教保服務實施準則,由教育部定之。

第十一條　課後照顧中心之照顧服務內容如下:

一、提供生理、心理及社會需求滿足之相關服務。

二、提供營養、保健及安全之相關服務。

三、提供適宜發展之環境及學習活動。

四、提供學習輔導、興趣培養、休閒及社區生活經驗擴充等活動。

五、記錄生活及學習活動過程。

六、舉辦促進親子及友伴關係之活動。

七、其他有利於兒童發展之相關服務。

前項課後照顧服務實施準則,由教育部定之。

第十二條　直轄市、縣(市)主管機關應依兒童及少年福利法、身心障礙者保護法及特殊教育法規定,對接受教保服務之發展遲緩兒童或身心障礙兒童,加強提供早期療育或特殊教育等相關服務。

第三章　教保機構組織、教保人員與其他人員資格及權益

第十三條　教保機構應進用具教保人員資格者，從事教保服務。未
　　　　　具教保人員資格者，不得從事教保服務。教保人員資格
　　　　　證書不得提供或租借予他人使用。

第十四條　為提升兒童教保服務品質，教保機構應建立教保人員參
　　　　　與教保服務及員工權益重要事務決策之機制。
　　　　　各級政府應協助教保人員成立各級教保人員組織，並協
　　　　　助其訂定教保人員工作倫理守則。

第十五條　教保機構應提供教保人員下列資訊：
　　　　　一、人事規章及相關工作權益。
　　　　　二、教保人員資格審核之結果。
　　　　　三、在職成長進修研習機會。

第十六條　托嬰中心除行政人員得視需要設置外，應置下列專任教
　　　　　保人員：
　　　　　一、主任。
　　　　　二、保母人員。
　　　　　托嬰中心收托幼兒五人以下者，應置主任及保母人員各
　　　　　一人，每增收五人應增置保母人員一人；未滿五人者以
　　　　　五人計。
　　　　　托嬰中心收托幼兒未滿二十人者，應置特約護理人員；
　　　　　二十人以上者，應置特約醫師及專任護理人員。
　　　　　本法施行滿三年之日起，從事托嬰中心照顧服務者，應
　　　　　具備保母人員資格。

第十七條　幼兒園除國民中、小學附設者得由該校校長兼任園長
　　　　　外，應置下列專任教保人員：
　　　　　一、園長。

二、幼兒園教師、教保員或助理教保員。

幼兒園收托幼兒二十人以下者，應置教保人員二人或三人（均含專任園長）；超過二十人者，應依下列幼兒年齡就超過部分增置教保人員：

一、幼兒年齡為二歲以上未滿三歲者，每增收十人應增置教保人員一人；未滿十人者以十人計。

二、幼兒年齡為三歲以上至入國民小學前者，每增收十五人應增置教保人員一人；未滿十五人者以十五人計。

幼兒園二歲以上未滿三歲幼兒，每班以二十人為限，並不得與其他年齡幼兒混齡；三歲以上至入國民小學前幼兒，每班以三十人為限。

幼兒園有五歲至入國民小學前幼兒之班級，其配置之教保人員，應有一人以上為幼兒園教師。

幼兒園助理教保員之人數，不得超過園內教保人員總人數三分之一。

幼兒園應以特約、兼任或專任方式置醫師，並得視需要配置學前特殊教育教師及行政人員。

幼兒園及其分部（班）合計收托幼兒總數六十人以下者，得以特約或兼任方式置護理人員及社工人員；六十一人至三百人者，應以特約、兼任或專任方式置護理人員及社工人員；三百零一人以上者，應置專任護理人員及社工人員各一人以上。

幼兒園行政組織及員額編制標準，由教育部定之。

第十八條　課後照顧中心應置下列專任人員：

一、主任。

二、課後照顧服務人員。

課後照顧中心每班兒童以三十人為限。班級中有身心障礙兒童，應酌減班級人數；其應減少人數之規定，由直轄市、縣（市）主管機關定之。

課後照顧中心收托兒童三十人以下者，應置課後照顧服務人員二人（含主任），每增收二十人，應增置課後照顧服務人員一人；未滿二十人者以二十人計。國民小學於原校辦理兒童課後照顧服務，其配置人員依第八條第四項所定標準辦理。

第十九條　托嬰中心主任應具備下列資格：

一、護理人員或保母人員。

二、在教保機構擔任專任護理人員或保母人員五年以上，有直轄市、縣（市）主管機關出具之證明文件者。

三、經直轄市、縣（市）主管機關自行或委託教保專業組織辦理之托嬰中心主任專業訓練及格，或本法施行前已修畢兒童福利專業人員訓練實施方案戊類訓練課程、兒童及少年福利機構專業人員訓練主管核心課程者。

第二十條　幼兒園園長除國民中、小學附設者得由該校校長兼任外，應具備下列資格：

一、幼兒園教師。

二、在教保機構擔任幼兒園教師、教保員或助理教保員五年以上，有直轄市、縣（市）主管機關出具之證明文件者。

三、經直轄市、縣（市）主管機關自行或委託教保專業組織辦理之園長專業訓練及格者。

第二十一條　課後照顧中心主任應具備下列資格：

一、高級中等以下學校教師、幼兒園教師或教保
　　員。

二、擔任高級中等以下學校專任教師、幼兒園教
　　師、教保員、助理教保員或課後照顧服務人員
　　五年以上，有直轄市、縣（市）主管機關出具
　　之證明文件者。

三、經直轄市、縣（市）主管機關自行或委託教保
　　專業組織辦理之課後照顧中心主任專業訓練及
　　格，或本法施行前已修畢兒童福利專業人員訓
　　練實施方案戊類訓練課程、兒童及少年福利機
　　構專業人員訓練主管核心課程者。

第二十二條　第十九條第三款、第二十條第三款及前條第三款規定
　　　　　　之專業訓練類別、資格、課程及時數等相關事項之辦
　　　　　　法，由教育部及內政部分別定之。

第二十三條　幼兒園教師應依師資培育法規定取得幼兒園教師資
　　　　　　格；幼兒園教師資格於師資培育法相關規定未修正增
　　　　　　訂前，適用幼稚園教師資格之規定。

第二十四條　教保員應具備下列資格之一：

一、國內大學或經教育部認可之國外大學幼兒教
　　育、幼兒保育相關系所畢業。

二、國內大學或經教育部認可之國外大學非幼兒教
　　育、幼兒保育相關系所畢業，並修畢幼兒教
　　育、幼兒保育輔系或教保學程者。

前項相關系所及教保學程之認定標準，由教育部定
之。

第二十五條　助理教保員應具備下列資格之一：

一、國內高級中等以上學校幼兒保育相關學程、科

系畢業。

二、國內高級中等以上學校非幼兒教育及幼兒保育
相關科系畢業，並修畢助理教保員課程者。

前項相關學程、科系及助理教保員課程之認定標
準，由教育部定之。

第二十六條　保母人員應具備下列資格之一：

一、高級中等以上學校幼兒保育、家政、護理相關
科畢業，並取得保母人員丙級技術士證。

二、修畢保母訓練課程，並取得保母人員丙級技術
士證。

前項第二款之訓練，由直轄市、縣（市）主管機關
自行或委託教保專業組織辦理；其訓練課程及相關
事項之認定標準，由內政部定之。

第一項保母人員丙級技術士應檢資格之標準，由內
政部會同行政院勞工委員會定之。

第二十七條　課後照顧服務人員應具備下列資格之一：

一、高級中等以下學校教師或幼兒園教師。

二、教保員或助理教保員。

三、高級中等以上學校非幼兒教育及幼兒保育相關
科系畢業，並經課後照顧服務人員訓練及格。

四、曾任國民小學兼任、代理、代課教師或教學支
援工作人員。

前項第三款之訓練，由直轄市、縣（市）主管機關
自行或委託教保專業組織辦理；其訓練課程及相關
事項之認定標準，由教育部定之。

第二十八條　社工人員應具備下列資格之一：

一、經專門職業及技術人員考試社會工作師考試及

格，並領有社會工作師證書。

二、經公務人員高等考試三級考試、普通考試、初
等考試或相當高等考試三級考試、普通考試、
初等考試之特種考試或公務人員升（官）等考
試社會行政、社會工作職系各類科考試及格。

三、國內大學或經教育部認可之國外大學社會工作
系、所畢業，或中華民國九十年七月三十一日
前國內大學或經教育部認可之國外大學社會政
策與社會工作、青少年兒童福利、兒童福利、
社會學、社會教育、社會福利、醫學社會學等
科、系、組、所畢業。

第二十九條　護理人員應具備護理師或護士資格。

第三十條　私立教保機構人員，其待遇、退休、撫卹、福利及救濟
事項，依勞動基準法等相關法規辦理；法規未規定者，
得經直轄市、縣（市）主管機關邀集代表勞資雙方組織
協商之。

私立幼兒園專任教師，於本法施行前已準用教師法相關
規定者，仍依其規定辦理。

公立幼兒園中具公務人員身分者，其任用、考績、待
遇、退休、撫卹、保險、請假、福利及救濟等事項，依
公務人員相關法令規定辦理。

公立幼兒園具教師資格之園長及教師，其成績考核分別
準用公立高級中等以下學校校長及教師成績考核相關規
定；其聘任、解聘、停聘或不續聘、待遇、退休、撫
卹、保險、福利及救濟事項，準用公立國民小學教師之
規定。

公立幼兒園教保人員及其他人員得以契約進用；其權利

義務於契約明定。公立幼兒園之教保人員因婚、喪、疾病、分娩或其他正當事由得請假；其假別、日數、請假程序、核定權責與違反之處理及其他相關事項之規則，由教育部定之。

第三十一條　有下列情事之一者，不得擔任教保人員或在教保機構服務之其他人員；其已任用、聘任、僱用者，除有第七款情形者依規定辦理退休或資遣外，應予以免職、解聘、解僱或廢止其教保人員登記：

一、曾服公務，因貪污瀆職，經判刑確定或通緝有案尚未結案。

二、曾有性侵害、性騷擾或虐待兒童行為，經判刑確定或通緝有案尚未結案。

三、犯前二款以外之罪，經判處有期徒刑以上之刑確定，尚未執行或執行未畢。但受緩刑宣告者，不在此限。

四、依法停止任用，或受休職處分尚未期滿，或因案停止職務，其原因尚未消滅。

五、褫奪公權尚未復權。

六、受禁治產之宣告尚未撤銷。

七、罹患精神疾病尚未痊癒，不能勝任教保工作。

八、行為不檢損害兒童權益，其情節重大，經有關機關查證屬實。

教保人員或在教保機構服務之其他人員有前項各款情形者，直轄市、縣（市）主管機關應通報其他直轄市、縣（市）主管機關。

第四章　兒童權益保障

第三十二條　居家式教保人員及教保機構應公開或向家長提供下列資訊：

一、教保目標及內容。

二、教保人員及其他人員之學（經）歷、證照。

三、衛生及安全維護措施。

第三十三條　教保機構應就下列事項訂定管理規定並確實執行：

一、環境、食品衛生及疾病預防。

二、機構安全管理。

三、定期檢修各項設施安全。

四、實施各項安全演練措施及建立緊急事件處理機制，並定期檢討改進。

第三十四條　兒童進入及離開教保機構時，教保機構應實施保護措施，確保安全。

教保機構經直轄市、縣（市）主管機關核准，得以租用或購置方式提供專用車輛接送兒童；其規格、標識、顏色應符合法令規定，並經公路監理機關檢驗合格，該車輛之駕駛人應具有職業駕駛執照，並配置十八歲以上之人員隨車照護，維護接送安全。

前項專用車輛之載運人數，不得超過汽車行車執照核定數額。第二項駕駛人及隨車人員每年應接受基本救命術訓練課程至少四小時及緊急救護情境演習，教保機構應予協助辦理。

第三十五條　托嬰中心及幼兒園應建立幼兒健康管理制度，協助定期辦理幼兒健康檢查，並依檢查結果，施予健康指導或轉介治療。

托嬰中心及幼兒園應將其實施之幼兒健康檢查、疾病檢查結果、轉介治療及預防接種等資料，載入幼兒健康資料檔案，並妥善管理及保存。

托嬰中心、幼兒園、教保人員及其他人員對前項幼兒資料應予保密。但經家長同意或依其他法律規定應予提供者，不在此限。

第三十六條　教保機構應設保健設施，作為健康管理、緊急傷病處理、衛生營養諮詢及協助健康教學之資源。

教保人員每年應接受基本救命術訓練課程至少四小時及緊急救護情境演習，教保機構應予協助辦理。

教保機構為適當處理兒童緊急傷病，應訂定施救步驟、護送就醫地點，呼叫一一九專線支援之注意事項及家長未到達前之處理措施等規定。

第三十七條　托嬰中心及幼兒園應辦理幼兒團體保險；其範圍、金額、繳費方式、期程、給付標準、權利與義務、辦理方式及其他相關事項之規定，由直轄市、縣（市）主管機關定之。

第五章　家長之權利及義務

第三十八條　幼兒園得成立家長會；其屬國民中、小學附設者，併入該校家長會辦理。前項家長會得加入地區性學生家長團體。

第三十九條　父母或監護人及各級學生家長團體得請求直轄市、縣（市）主管機關提供下列資訊，該主管機關不得拒絕：

一、直轄市、縣（市）主管機關之兒童教保政策。

二、直轄市、縣（市）主管機關對教保服務品質監

　　　　　　督之機制及作法。

　　　　三、許可設立之教保機構名冊。

　　　　四、經登記之居家式照顧服務名冊。

　　　　五、教保服務收退費之相關規定。

　　　　六、教保服務評鑑報告及結果。

第四十條　　父母或監護人對教保機構提供之教保服務方式及內容有
　　　　　　異議時，得請求教保機構提出說明，教保機構無正當理
　　　　　　由不得拒絕，並視需要修正或調整之。

第四十一條　幼兒園家長代表得參與該幼兒園有關教保行政會議。
　　　　　　直轄市、縣（市）層級學生家長團體得參與直轄
　　　　　　市、縣（市）主管機關對各教保機構評鑑之規劃。

第四十二條　教保機構之教保服務有損及兒童權益者，其父母或監
　　　　　　護人，得向教保機構提出異議，不服教保機構之處理
　　　　　　時，得於知悉處理結果之日起三十日內，向直轄市、
　　　　　　縣（市）主管機關提出申訴。
　　　　　　前項申訴處理程序及相關事項之自治法規，由直轄
　　　　　　市、縣（市）主管機關定之。

第四十三條　父母或監護人應履行下列義務：

　　　　一、依教保服務契約規定繳費。

　　　　二、參加教保機構因其幼兒特殊需要所舉辦之個案
　　　　　　研討會或相關活動。

　　　　三、參加教保機構所舉辦之親子活動。

　　　　四、依教保機構請求告知兒童特殊身心健康狀況。

第六章　興辦、管理、輔導及獎助

第四十四條　政府、學校、法人、團體或個人得興辦教保機構，其
　　　　　　納入機關學校組織規程且由政府編列預算全額支應人

事費者爲公立；其餘爲私立。

政府得依法令提供建築物、土地、設備設施，由公益性質法人興辦私立教保機構。

第四十五條　幼兒園得於同一直轄市、縣（市）行政區域內設立分部（班）。

幼兒園設立分部（班）之設置基準，由教育部定之；其程序及管理自治法規，由直轄市、縣（市）主管機關定之。

第四十六條　公立教保機構之收費、退費標準，由直轄市、縣（市）主管機關定之。

私立教保機構得自行訂定合理之收費項目、用途、數額，於每學年度開始前對外公布，並報直轄市、縣（市）主管機關備查；其退費標準，由直轄市、縣（市）主管機關定之。

直轄市、縣（市）主管機關對其主管之教保機構優先招收經濟、文化、身心及族群等不利條件兒童者，應予補助；其補助之自治法規，由直轄市、縣（市）主管機關定之。

第四十七條　教保服務提供者受託照顧兒童，應與其父母或監護人訂定書面契約。

前項書面契約之格式、內容，教育部及內政部應分別訂定定型化契約範本，並依消費者保護法第十七條第一項規定公告其定型化契約應記載及不得記載事項。

第四十八條　教保機構應建立會計制度及內部控制制度，法人附設教保機構，其財務應獨立。

第四十九條　直轄市、縣（市）主管機關應對居家式照顧服務及教

保機構辦理檢查及評鑑，居家式照顧服務及教保機構不得規避、妨礙或拒絕。

前項評鑑應由直轄市、縣（市）主管機關定期自行或委託教保專業組織辦理，並公布評鑑報告及結果。

第一項評鑑對象、評鑑人員、評鑑指標、實施方式、結果公布、獎懲、追蹤輔導等相關事項之辦法，由教育部及內政部分別定之。

第五十條　教保機構及教保人員，辦理績效卓著或表現優良者，直轄市、縣（市）主管機關應予以獎勵；其獎勵事項、對象、種類、方式之自治法規，由直轄市、縣（市）主管機關定之。

第七章　罰則

第五十一條　有下列情形之一者，處負責人或行為人新臺幣六萬元以上三十萬元以下罰鍰，並命其停止招生或收托；屆期仍未停止招生或收托者，並得按次處罰：

一、違反第七條第四項規定未經登記。

二、違反第七條第六項規定屆期未辦理登記。

三、違反第八條第三項規定未經許可設立。

四、受停止招生、停辦之處分而仍招生。有前項各款情形之一者，直轄市，縣（市）主管機關並應公告場所地址及負責人或行為人之姓名。

第五十二條　教保人員、教保機構負責人或在教保機構服務之其他人員有下列情形之一者，處新臺幣三萬元以上十五萬元以下罰鍰，並得按次處罰：

一、有虐待兒童行為。

二、提供或播送有害兒童身心發展之出版品、圖
　　畫、錄影帶、影片、光碟、電子訊號、網際網
　　路或其他物品。

三、洩漏所照顧兒童資料致侵害其隱私權。

第五十三條　違反第十三條第三項規定者，處行為人新臺幣三萬元
　　　　　　以上十五萬元以下罰鍰，並得按次處罰。

第五十四條　違反第十三條第二項規定者，處行為人新臺幣六千元
　　　　　　以上三萬元以下罰鍰，並得按次處罰。

第五十五條　教保機構有下列情形之一者，處教保機構負責人新臺
　　　　　　幣六千元以上三萬元以下之罰鍰，並命其限期改善，
　　　　　　屆期仍未改善者，得按次處罰，其情節重大或經處罰
　　　　　　三次後仍未改善者，得為減少招生人數、停止招生六
　　　　　　個月至一年、停止辦理一年至三年或廢止設立許可之
　　　　　　處分：

一、違反第十三條第一項規定，進用未具教保人員
　　資格者進行教保服務。

二、違反第三十四條第二項規定，以未經核准之車
　　輛載運兒童、未依專用車輛規定載運兒童或未
　　配置十八歲以上隨車人員隨車照護兒童。

三、違反第三十四條第三項規定，載運人數超過汽
　　車行車執照核定數額。

四、違反第三十六條第三項規定，有影響兒童健康
　　之情形。

五、違反第三十七條規定，未辦理幼兒團體保險。

六、違反第四十六條第二項規定，未將收費相關規
　　定報請直轄市、縣（市）主管機關備查，或未
　　依規定辦理收費、退費。

七、招生人數超過立案許可核定數額。

第五十六條　教保機構有下列情形之一者，應命其限期改善，屆期
仍未改善者，處教保機構負責人新臺幣六千元以上三
萬元以下罰鍰，並得按次處罰，其情節重大或經處罰
三次後仍未改善者，得為減少招生人數、停止招生六
個月至一年、停止辦理一年至三年或廢止設立許可之
處分：

一、違反依第八條第五項所定辦法有關教保機構之
使用樓層、必要設置空間與總面積、室內與室
外活動空間面積數、衛生設備高度與數量、教
保機構改建、遷移、擴充、更名、停辦或變更
負責人之強制或禁止規定。

二、違反依第九條第二項或第十一條第二項所定準
則有關托嬰中心及課後照顧中心維護環境衛生
之強制或禁止規定。

三、違反依第十條第二項所定準則有關幼兒園課程
教學、環境衛生之強制或禁止規定。

四、違反第十五條、第十六條、第十七條第一項至
第七項、第十八條、第二十八條或第二十九條
規定。

五、違反第三十一條第一項、第三十二條、第
四十七條第一項或第四十八條規定。

六、經營許可設立以外之業務。

七、違反第四十九條第一項規定規避、妨礙或拒?直
轄市、縣（市）主管機關之檢查或評鑑。

八、依第四十九條第二項規定評鑑結果列入應輔
導。

第五十七條　教保機構有下列情形之一者，應命其限期改善，屆期
　　　　　　仍未改善者，處教保機構負責人新臺幣三千元以上一
　　　　　　萬五千元以下罰鍰，並得按次處罰，其情節重大或經
　　　　　　處罰三次後仍未改善者，得為減少招生人數、停止招
　　　　　　生六個月至一年、停止辦理一年至三年或廢止設立許
　　　　　　可之處分：

一、違反第十四條第一項規定。

二、違反第三十三條規定。

三、違反第三十四條第一項或第四項規定。

四、違反第三十五條第一項或第二項規定。

五、違反第三十六條第一項或第二項規定。

六、違反第四十條規定。

　　　　　　教保機構為法人，經依第五十五條、第五十六條及
　　　　　　前項規定廢止設立許可者，直轄市、縣（市）主管
　　　　　　機關應通知法院命其解散。

第五十八條　居家式照顧服務之教保人員有下列情形之一者，應命
　　　　　　其限期改善，屆期仍未改善者，處新臺幣六千元以上
　　　　　　三萬元以下罰鍰，並得按次處罰，其情節重大或經處
　　　　　　罰三次後，仍未改善者，得廢止其登記：

一、違反第七條第二項有關照顧人力配置規定。

二、違反依第七條第四項所定辦法有關收退費基準
　　或居家環境規定。

三、違反第三十二條規定。

四、違反第四十七條第一項應訂定書面契約之規
　　定。

五、違反第四十九條第一項規定規避、妨礙或拒絕
　　直轄市、縣（市）主管機關之檢查或評鑑。

六、依第四十九條第二項規定評鑑結果列入應輔
　　導。

第五十九條　本法所定命限期改善及處罰，由直轄市、縣（市）主
　　　　　　管機關爲之。

第八章　附則

第六十條　本法施行前，經政府核准立案之托嬰中心、托兒所、幼
　　　　　稚園、課後托育中心、兒童托育中心、安親班，應自本
　　　　　法施行之日起一年內，依下列規定申請改制爲教保機
　　　　　構，屆期未申請者，應命其停止招生或收托，其原許可
　　　　　證書失其效力：

　　　　　一、托嬰中心：改制後仍爲托嬰中心。

　　　　　二、幼稚園、托兒所：改制爲幼兒園。

　　　　　三、課後托育中心、兒童托育中心或安親班：改制爲課
　　　　　　　後照顧中心。

　　　　　前項改制作業，應由直轄市、縣（市）主管機關通知各
　　　　　該機構檢具立案證明文件、建築物公共安全檢查簽證及
　　　　　申報辦法規定檢查期限內申報合格結果之通知書，向直
　　　　　轄市、縣（市）主管機關申請；其作業及其他應遵行事
　　　　　項之辦法，由教育部及內政部分別定之。

　　　　　本法施行前，已合法立案之幼稚園及托兒所，於本法施
　　　　　行後改制爲幼兒園者，其人員配置於本法施行滿五年之
　　　　　日起，應符合第十七條第一項至第七項規定。

第六十一條　本法施行前已取得托嬰中心主任、托兒所所長、幼稚
　　　　　　園園長、課後托育中心主任、保母人員、助理教保人
　　　　　　員、教保人員、幼稚園教師資格，且於本法施行之日
　　　　　　在職之現職人員，依下列規定轉換其職稱，並取得其

資格：

一、托嬰中心主任：仍稱托嬰中心主任。

二、托兒所所長、幼稚園園長：轉稱幼兒園園長。

三、課後托育中心主任：轉稱課後照顧中心主任。

四、托嬰中心保母人員：仍稱保母人員。

五、托兒所助理教保人員、教保人員：分別轉稱幼兒園助理教保員、教保員。

六、幼稚園教師：轉稱幼兒園教師。

七、課後托育中心助理教保人員、教保人員：均轉稱課後照顧服務人員。

八、本法施行前原任職公立托兒所，具備公務人員任用資格之工作人員，已依師資培育法取得幼稚園教師證書者，得依其個人意願轉任幼兒園教師，其餘仍依原職稱任用。

前項在職人員名冊，由教保機構自本法施行之日起一個月內，報直轄市、縣（市）主管機關備查。

第六十二條　本法施行前曾任職托兒所一定年限，且於本法施行之日未在職之非現職保育員、教保人員及具教保員資格之所長，自本法施行之日起十年內任職幼兒園者，得由服務之幼兒園檢具教保人員名冊及直轄市、縣（市）主管機關開立之服務年資證明或勞工保險局核發之勞工保險被保險人投保資料證明文件，依下列規定向直轄市、縣（市）主管機關申請取得其資格：

一、本法施行前，高中職畢業具保育員、教保人員資格且曾任職五年以上，得取得教保員資格。

二、本法施行前，專科畢業具保育員、教保人員資

　　　　　格且曾任職三年以上，得取得教保員資格。

三、本法施行前，大學畢業具保育員、教保人員資
　　格且曾任職一年以上，得取得教保員資格。

四、本法施行前，專科畢業具保育員、教保人員資
　　格，且曾任職四年以上之所長，得取得園長資
　　格。

五、本法施行前，大學畢業具保育員、教保人員資
　　格，且曾任職二年以上之所長，得取得園長資
　　格。

第六十三條　本法施行前高中職畢業具保育員、教保人員、助理保
　　　　　育員、助理教保人員、護理人員或保母人員資格，且
　　　　　曾任職托嬰中心主任四年以上之非現職人員，自本法
　　　　　施行之日起十年內任職托嬰中心者，得由服務之托嬰
　　　　　中心檢具人員名冊及相關證明文件，向直轄市、縣
　　　　　（市）主管機關申請取得托嬰中心主任資格。

第六十四條　本法施行細則，由教育部會同內政部定之。

第六十五條　本法施行日期，由行政院定之。

附錄三 托育服務相關法規網站

教 育 類	
法規	網址
教育基本法	http://law.moj.gov.tw/Scripts/Query4A.asp?FullDoc=all&Fcode=H0020045
教師法	http://law.moj.gov.tw/Scripts/Query4B.asp?FullDoc=所有條文&Lcode=H0020040
教師法施行細則	http://law.moj.gov.tw/Scripts/Query4A.asp?FullDoc=all&Fcode=H0020041
師資培育法	http://law.moj.gov.tw/Scripts/Query4A.asp?FullDoc=all&Fcode=H0050001
師資培育法施行細則	http://law.moj.gov.tw/Scripts/Query4A.asp?FullDoc=all&Fcode=H0050007
國民教育法	http://law.moj.gov.tw/Scripts/Query4A.asp?FullDoc=all&Fcode=H0070001
國民教育法施行細則	http://law.moj.gov.tw/Scripts/Query4A.asp?FullDoc=all&Fcode=H0070008
幼稚教育法	http://law.moj.gov.tw/Scripts/Query4A.asp?FullDoc=all&Fcode=H0070007
幼稚教育法施行細則	http://law.moj.gov.tw/Scripts/Query4A.asp?FullDoc=all&Fcode=H0070009
幼稚園及托兒所在職人員修習幼稚園教師師資職前教育課程辦法	http://law.moj.gov.tw/Scripts/Query4A.asp?FullDoc=all&Fcode=H0050013
高級中等以下學校及幼稚園教師資格檢定辦法	http://law.moj.gov.tw/Scripts/Query4A.asp?FullDoc=all&Fcode=H0050012
特殊教育法	http://law.moj.gov.tw/Scripts/Query4A.asp?FullDoc=all&Fcode=H0080027

兒童及少年福利相關法規	
法規	網址
兒童及少年福利法	http://law.moj.gov.tw/Scripts/Query4B.asp?FullDoc=所有條文&Lcode=D0050001
兒童及少年福利機構專業人員資格及訓練辦法	http://law.moj.gov.tw/Scripts/Query4A.asp?FullDoc=all&Fcode=D0050013
兒童及少年福利機構專業人員訓練核心課程	http://www.cbi.gov.tw/upload/files/download/04/0603011751.doc
兒童及少年福利機構專業人員相關科系對照表	http://www.cbi.gov.tw/upload/files/download/03/0603011801.doc
兒童及少年福利機構設置標準	http://www.cbi.gov.tw/upload/files/download/07/603021012.doc
私立兒童及少年福利機構設立許可及管理辦法	http://www.cbi.gov.tw/upload/files/download/07/603021007.doc
兒童教育及照顧法草案	http://www.ece.moe.edu.tw/
特殊教育設施及人員設置標準	http://law.moj.gov.tw/Scripts/Query4B.asp?FullDoc=所有條文&Lcode=H0080034
特殊教育相關專業人員及助理人員遴用辦法	http://law.moj.gov.tw/Scripts/Query4A.asp?FullDoc=all&Fcode=H0080040
特殊教育教師登記及專業人員進用辦法	http://content.edu.tw/primary/sp_edu/td_fh/r10-10.htm
身心障礙保護法	http://www.scu.edu.tw/sw/data/welfarelaw/welfare_8.htm

托育服務類	
法規	網址
幼托整合規劃結論報告書（草案）簡明版	http://www.cbi.gov.tw/upload/files/download/06/06030113201.doc
托兒所設置辦法	http://law.moj.gov.tw/Scripts/Query4A.asp?FullDoc=all&Fcode=D0050004
發放幼兒教育券實施方案	http://www.cbi.gov.tw/upload/files/download/07/603021019.doc
發展遲緩兒童到宅服務實施計畫	http://www.cbi.gov.tw/upload/files/download/04/0603011522.doc
中低收入家庭幼童托教補助實施計畫核訂版	http://www.cbi.gov.tw/upload/files/download/07/603021023.doc
原住民幼兒就托公私立托兒所托育費用補助要點	http://www.cbi.gov.tw/upload/files/download/07/603021024.doc
社區保母系統實施計畫	http://www.cbi.gov.tw/upload/files/download/01/0603011003.doc
各縣市保母系統一覽表	http://www.cbi.gov.tw/upload/files/download/01/0610190944.doc
教育部補助公立幼稚園辦理課後留園服務作業要點	http://www.edu.tw/EDU_WEB/EDU_MGT/EJE/EDU5147002/LAW/96/960124-2.doc?FILEID=151720&UNITID=271&CAPTION=教育部補助直轄市縣（市）公立幼稚園辦理課後留園服務作業要點
安親班定型契約範本暨說明	http://www.cbi.gov.tw/upload/files/download/01/0602241401.doc

幼教叢書 21

托育服務概論——政策、法規與趨勢

主　編　者╱劉翠華
作　　　者╱劉翠華、黃澤蘭、許雅喬、許芳玲
出　版　者╱揚智文化事業股份有限公司
發　行　人╱葉忠賢
總　編　輯╱閻富萍
地　　　址╱台北縣深坑鄉北深路三段 260 號 8 樓
電　　　話╱(02)2664-7780
傳　　　真╱(02)2664-7633
　E-mail　╱service@ycrc.com.tw
郵撥帳號╱19735365
戶　　　名╱葉忠賢
印　　　刷╱鼎易印刷事業股份有限公司
　I S B N　╱978-957-818-812-9
初版二刷╱2010 年 4 月
定　　　價╱新台幣 450 元

國家圖書館出版品預行編目資料

托育服務概論：政策、法規與趨勢＝ Day care /
services : policies, regulations and trends /
劉翠華等著. – 初版. -- 臺北縣深坑鄉：揚
智文化, 2007 [民 96]
　　面；　公分（幼教叢書；21）

ISBN 978-957-818-812-9(平裝)

1.兒童福利　2.兒童保護　3.托兒所

548.13　　　　　　　　　　　　96004492